老友、爱人和大麻烦

马修·派瑞回忆录

[加拿大]马修·派瑞 著 陈磊 译

Friends, Lovers, and the Big Terrible Thing

Matthew Perry

译林出版社

给所有受苦的人。

你知道我在说你。

最好的出路永远是勇往直前。

罗伯特·弗罗斯特

你只需帮我再撑过一天。

詹姆斯·泰勒

序　言

丽莎·库卓 [1]

"马修·派瑞最近怎么样？"

从多年前第一次被人问起这个问题以来，这就成了我在不同场合中最常被问到的事。我理解为何会有如此之多的人提出这个问题，那是因为他们爱马修，希望他能安然无恙。我也一样。但我听到媒体提出这个问题后总是火冒三丈，因为我不能说我想说的："他的故事得他自己来讲，我没有权限，对吧？"我还想说："这属于非常私密的隐私，除非本人亲自告诉你，不然在我看来就是在八卦，我可不想跟你八卦马修。"我知道完全不回应可能会造成更大的伤害，所以有时我会简单地说一句："我想他最近还不错。"这样至少不会放大焦点，或许能让他在对抗疾病时拥有一小部分私人空间。不过说实话，我并不全然清楚马修当时的情况。正如他将在本书中告诉你的那样，他一直在保密。他花了些时间，等感觉足够自在之后，才把部分经历告诉我们。那些年里，我未曾真正尝试去干涉或插手他的事，因为根据我对成瘾症的有限认知，他是否清醒不是我所能控制的。但我有时也会怀疑，我没有做出行动，没有付出更多，这样是不是不对。不过，我的确了解到，这种疾病在不屈不挠地壮大自己，下定决心要耗下去。

于是，我就只把注意力放在马修身上，他有能力逗得我每天都开怀大笑，让我每周都有一次要笑到流眼泪，笑到喘不过气。他在我们身边，马修·派瑞，机灵……迷人，体贴，善解人意，特别通情达理。虽然要和各种事情战斗，但他依然在我们身边。就是这个马修，从一开始为了剧集片头而在那座喷泉里辛苦夜拍时，就有本事提振我们所有人的士气。"简直想不起来不泡在喷泉里的日子是啥滋味了！""我们是啥，落汤鸡吗？""简直想不起来不湿身的时候是啥样子了……神啊！"（片头我们所有人在喷泉里大笑，都是拜马修所赐。）

拍完《老友记》后，我不能再每天都见到马修，我甚至没办法猜测他的健康状况。

读了这本书，我才第一次知道，与那样的成瘾症做斗争具体是何种境况，他又是怎样挺过来的。马修曾经给我讲过一些，但没有详细到这种程度。这一次，他是在邀请我们走进他的头脑和内心，巨细无遗，尽皆坦诚。终于，谁也不需要再向我或其他任何人打听马修的近况。由他本人来告诉你。

他从极其艰难的困境中坚持了下来，我无法想象他经历了多少悬于一线的时刻。我很高兴你走到了这里，马蒂。干得漂亮。我爱你。

丽莎

1　丽莎·库卓（Lisa Kudrow），《老友记》中菲比·布菲一角的饰演者。（本书注释均为译注，后文不再一一标明。）

目　录

开场白　　　　　　　　　　　　　　　　　　　　*1*

1. 风景　　　　　　　　　　　　　　　　　　　*17*

　　插曲：纽约　　　　　　　　　　　　　　　*51*

2. 又一代人陷入绝境　　　　　　　　　　　　*57*

　　插曲：叫马特的男人　　　　　　　　　　　*83*

3. 行李　　　　　　　　　　　　　　　　　　　*90*

　　插曲：死亡　　　　　　　　　　　　　　　*121*

4. 就像我以前去过那里一样　　　　　　　　　*130*

　　插曲：变焦　　　　　　　　　　　　　　　*157*

5. 没有第四面墙　　　　　　　　　　　　　　*159*

　　插曲：空洞　　　　　　　　　　　　　　　*202*

6. 布鲁斯·威利斯　　　　　　　　　　　　　*203*

　　插曲：天崩地裂　　　　　　　　　　　　　*229*

7. 朋友的益处   *239*

    插曲：口袋   *264*

8. 奥德赛   *267*

    插曲：创伤营   *284*

9. 三人不成行，三毁灭一切   *287*

    插曲：好莱坞的暴力   *299*

10. 大麻烦   *304*

    插曲：吸烟区   *338*

11. 蝙蝠侠   *352*

致谢   *365*

开场白

嗨，我叫马修，不过你认识我可能是因为另外一个名字。朋友们叫我马蒂。

原本，我应该已经死了的。

如果愿意，你可以把接下来将要读到的内容当作一条从另一个世界传来的信息，来自另一个世界的我。

今天是**疼痛的第七天**。我所谓的**疼痛**，并非踢到脚趾或是《整十码》带来的那种疼痛。我之所以加粗**疼痛**二字，是因为这是我有生以来所感受过的极限之痛——是**柏拉图式的理念之痛**，是对疼痛一词的最佳示范。我听人说过，至痛莫过于分娩，那么这么说吧，这是人所能想象到的极限之痛，但痛到最后我也没能收获怀抱新生儿的喜悦。

而且，这不仅是**疼痛的第七天**，也是**无法动弹的第十天**。你如果明白我的意思，我已经十天没拉过屎——对，我就是这个意思。有些事情出了错，非常严重的错。这不是头疼那种隐隐的一跳一跳的疼痛，甚至不是我在三十岁时经历过的胰腺炎那种尖锐的刺痛。这是一种不同类型的**疼痛**。就像我的身体即将爆裂。就像我的五脏六腑都想强行挤出我的躯壳。这是一种"绝他妈不是闹着玩"的**疼痛**。

还有那些声音。我的神啊，那些声音。一般来说，我是个相当沉默的人，凡事都闷在心里消化。但是这天晚上，我在声嘶力竭地喊叫。有些夜晚，当风向正好，汽车都停好过夜的时候，你能听到在好莱坞山中，有什么被土狼撕碎，发出凄厉的叫声。起初，那些声音听起来像是从很远很远的地方传来的孩子们的笑声，但最后你意识到并不是——那声音来自死亡的山麓。当然，最可怕的要数啸鸣平息的时刻，因为你知道，不管刚刚遇袭的是什么，此刻都已死亡。这里是地狱。

是的，地狱是存在的。不要听信任何人的不同言论。我去过那里，它存在，讨论到此为止。

这天夜里，遇袭的动物是我。我那时仍在号叫，拼命作战以求生存。沉默意味着尽头。只是我不知道，我离尽头已多么近。

我当时住在南加州的一所戒瘾治疗机构。这没什么奇怪——我有半辈子都是在这种那种治疗中心或戒瘾机构中度过的。这种事如果发生在你二十四岁时，那没什么大不了；如果发生在你四十二岁时，情况就不那么妙了。我那时四十九岁，仍在奋力摆脱泥淖。

在那个时候，我对药物和酒精成瘾问题的了解，超过我在那些机构看过的任何教练和绝大多数医生。遗憾的是，这类自我认知毫无用处。如果通往清醒的金色门票需要的是勤奋和掌握详尽的信息，那么这头野兽将不值一提，只能给人留下一段不甚愉快的模糊记忆罢了。为了活下去，我已把自己变成了一个专业的病人。我们还是别粉饰太平了。在四十九岁那年，我依然害怕独处。独自一人时，我疯狂的大脑（顺便一提，疯狂仅限于这个区域）便会寻找各种借口，做那些不堪设想的事：喝酒和用药。眼看着我人生几十年的岁月都被这些事毁了，我很害怕重蹈覆辙。我不怕在两万人面前讲话，但把我一个人丢在电视机前的长沙发上，我会吓坏的。那种恐惧源于我自己的大脑；我害怕我自己的思绪，害怕我的大脑会催促我去用药，这种事以前曾发生过很多次。我的大脑极欲除掉我，我知道这一点。我的内心总是充斥着一种潜藏的孤独感，一种渴望，固执地以为身外的某种东西能治愈我。但我已然拥有身外世界所能给予的一切！

朱莉娅·罗伯茨是我的女友。那不重要，你必须喝酒。

我刚买下梦想的房子——它能俯瞰整座城市！不找个药贩，可没法子享受这一切。

我一周能赚一百万美元——我赢了，对吗？你想喝酒吗？何必问，当然想。非常感谢。

这就是我所经历的。但它们全都是骗局。没有任何东西能解决这个问题。我甚至用了好些年才明白，还有解决方法这种东西。请不要误解我的意思。所有那一切——朱莉娅、梦想之家、周薪百万美元——都棒极了，我将永远心怀感激。我是这颗星球上最幸运的人之一。我真的很尽兴。

只不过，那些事情不是我要找的答案。如果我必须重新来过，那我还会参加《老友记》的试镜吗？你百分百能赌对，我会。我还会酗酒吗？你百分百能赌对，我会。如果没有酒来抚慰我的神经，帮助我找乐子，我可能在二十多岁时就从某座高楼上一跃而下了。我的祖父、了不起的奥尔顿·L.派瑞是在一个酗酒的父亲身边长大的，但结果是，他一生从未沾过一滴酒，他活了九十六岁，真是了不起的一生。

我不是我的祖父。

我写下这些，不为博取任何人的同情——我写下这些文字是因为，它们是真实发生的事。我写下这些是因为，旁人可能会困惑于这样一个事实：他们知道自己应该戒酒——像我一样，他们了解所有信息，他们理解可能导致的后果——但他们依然无法停止酗酒。你并不孤单，我的兄弟姐妹。（词典里"成瘾者"一词的下方，应该印上我写满困惑的、四处张望的脸。）

在南加州的那所戒瘾机构，我的窗外是西洛杉矶的风景，我有两张大双人床。另外那张是给我的助理兼最好的朋友埃琳睡的，埃琳是同性恋者，我珍视与她的友谊，因为这段关系能让我体会到有女性陪伴的喜悦，而不涉及爱情会带来的压力，那样的压力似乎曾摧毁过我与异性恋女性的友谊（更不用说，我和埃琳还能一起谈论性感女人）。我是四十七岁时在另一家康复机构认识埃琳的，她之前一直在那边工作。那一次我没能戒瘾，却发现她在方方面面的表现都异常出色，于是立即将她从那家康复机构抢了过来，让她做了我的助理，她后来也成了我最好的朋友。埃琳也明白成瘾症的本质，慢慢变得比我看过的任何医生都更能理解我的挣扎。

在南加州的那段岁月，尽管有埃琳的安慰，但我依然度过了许多无眠之夜。睡眠于我而言是道真正的难题，尤其是身处那些机构时。确切地说，我想在我整个人生中，我从没有过连续入睡超过四小时的时候。那时我们除监狱纪录片外什么影片都不看，即便如此，也无济于事——阿普唑仑[1]用量过大，戒断之后我的大脑极度疲惫，以至于确信我真的是囚犯，而那家戒瘾机构真的是一座监狱。我有一位心理咨询师，他常说"现实是一种越品尝越有风味的东西"——可是，在那个时候，对于现实的味觉和嗅觉我已双双失去；我的理解能力感染了新冠病毒，我彻底陷入了迷惑之中。

但我说的**疼痛**绝不是妄想，事实上，我疼得连烟都戒了，如果你知道我抽烟抽得有多凶，那你就会发现，那是一个相当确定的信号，说明事态非常严重。戒瘾机构的一名职员，不妨将其胸牌上的名字读作"臭脸护士"，建议我洗个泻盐浴，以缓解"不适"。就像你不可能拿创可贴去治疗车祸造成的伤，你也不会让一个如此**疼痛**的人去掺满了他自身苦汁的水里泡澡。但记住，现实是一种越品尝就越有风味的东西，所以我真的洗了泻盐浴。

我坐在那里，光着身子，疼痛难忍，号得像一只被土狼群撕成碎片的狗。埃琳听到了我的号叫——真要命，圣迭戈的人都听到了。埃琳出现在浴室门口，低头看着赤身裸体的我疼得直打滚的可悲模样，直截了当地问道："你想去医院吗？"

如果埃琳觉得情况糟到得去医院的程度，那事实就是那么糟糕。况且，她已经观察到，我连烟都戒了。

"我觉得这想法棒极了。"我在号叫的间歇答道。

埃琳于是设法帮我挪出浴缸，给我擦干身上的水。我开始穿衣时，一个咨询师——大概是听到了刚刚狗被残杀时的嘶吼——正好出现在门口。

"我带他去医院。"埃琳说。

咨询师名叫凯瑟琳，恰好是个金发美人，据说我一到这里就向她求了婚，所以她可能不太喜欢我。（不开玩笑，我们过来的那会儿，我迷糊得厉害，前脚向她求婚，后脚就从楼梯上摔了下去。）

"这只是觅药行为而已，"我继续穿衣时，凯瑟琳对埃琳说，"他是要去医院开药。"

我心想，唉，这桩婚事算是完蛋了。

到这个时候，号叫声已经点醒了其他人，他们意识到浴室地板上可能到处都是那只狗的内脏，要么就是有人遭遇了真正的**疼痛**。首席咨询师查尔斯——请想象：这是一个模范父亲、流浪母亲般的男子形象——也走到门口来了，同凯瑟琳一起挡住了我们的去路。

挡住了我们的去路？我们是什么人，十二岁的捣蛋鬼吗？

"他是我们的病人，"凯瑟琳说，"你没有权利带走他。"

"我了解马蒂，"埃琳坚持道，"他不是要去开药。"

接着，埃琳朝我转过身来。

"你需要去医院吗，马蒂？"我点点头，又号了几声。

"我要带他去。"埃琳说。

我们设法从凯瑟琳和查尔斯身边挤了过去，出大楼进了停车场。我说"设法"不是指凯瑟琳和查尔斯为了阻止我们而大动干戈过，而是因为我的双脚只要一着地，**疼痛**就变得越发难忍。

在天上，有一个明黄色的圆球，正无视我的痛苦，轻蔑地看着我。

那是啥？我在一阵阵的痛苦中思索着。哦，是太阳。对……我不怎么出门。

"有个名人要来就医，腹部剧痛。"埃琳开车门时对着手机说道。汽车是俗不可耐的蠢物，但等到你被禁止驾车之后，它们就变成了自由的魔法盒，成了此前的成功人生的标志。埃琳将我扶上副驾驶座，我躺了下来。我的肚子一阵绞痛。

埃琳钻进驾驶座，转身对我说："你想快点到那儿，还是希望我避开洛杉矶的烂路？"

"能到就行，女人！"我挣扎着说道。

这时候，查尔斯和凯瑟琳已下定决心要加大力度阻挠，他们此刻就站在车子前方，堵截我们。查尔斯还举起了双手，手掌朝向我们，像是在说"不能走！"，仿佛靠他手掌的力量就能拦停三千磅重的机动车。

更糟的是，埃琳发动不了车。让车打着火的方法是，扯着嗓子命令它出发，因为你知道，我演过《老友记》。凯瑟琳和手掌哥纹丝不动。一旦埃琳搞清楚该如何启动那该死的破车，接下来就只剩一件事要做了：埃琳发动引擎，挂上挡，一个急转把车开上了路缘石——光是这个动作所引发的颠簸，就震得我全身发麻，几乎让我当场死亡。她让两只车轮轧着路缘石，加速从凯瑟琳和查尔斯身边开了过去，开上了街道。他们两个只能干看着我们驾车离开，而我本该敦促埃琳从他们身上轧过去的——无法停止尖叫是非常可怕的状态。

如果我这么做只是为了去开药，那我的演技值得拿一个奥斯卡奖。

"你是专门瞄准减速带在开吗？我不知道你有没有注意到，我现在有点儿吃不消。慢一点儿。"我求她。我们两个都已经泪流满面。

"我得开快些，"埃琳说，她那双满怀同情的棕色眼睛关切又恐惧地看了看我，"我得尽快把你送到医院。"

差不多就是从这个时候开始，我渐渐失去了意识。（顺便说一下，疼痛量表中的 10 级指的就是失去意识。）

（请注意：本书接下来的几段将是一篇档案记录，而非回忆录，因为我当时已经不在现场。）

离戒瘾机构最近的医院是圣约翰医院。多亏埃琳有先见之明，提前打电话提醒院方有贵宾要就医，所以急诊室停车处有人接车。埃琳打电话时并不知晓我的病有多严重，她担心的是我的隐私。但医院的人看得出来，问题很严重，于是赶紧将我推进了治疗室。他们说，进去以后听到我说："埃琳，沙发上为什么会有乒乓球？"

那里没有沙发，也没有乒乓球——我那完全是在幻想。（我不知道疼痛会让人产生幻想，但现在你知道了。）接着，地劳迪德（世界上我个人最爱的药物）击中我的大脑，我短暂地恢复了意识。

我被告知需要立刻接受手术，突然间，加利福尼亚所有的护士都来到了我的房间。其中一个转身对埃琳说："准备开跑！"埃琳做好准备，我们所有人都跑了起来——好啦，是他们跑了起来，我只是躺在轮床上，被高速推进了一间手术室。我刚对埃琳说"请别走"，几秒钟后她就被请了出去，接下来我闭上眼睛，整整两周都没再睁开。

是的，没错：女士们先生们，我昏迷了！（而戒瘾机构的那些混账竟然想堵我的车？）

我陷入昏迷之后发生的第一件事是，我通过呼吸管吸气，那相当于把十天分量的毒素直接灌进了我的肺里。我的双肺不太喜欢那种呼吸方式——立刻感染了肺炎——而我的结肠就是在那时破裂的。让我再说一遍给那些后排的听众：我的结肠破裂了！之前有人说过我满嘴喷粪，但这一次我真被说中了。

我很庆幸我当时昏迷了。

那一刻几乎可以肯定，我就要死了。结肠破裂是我的不幸吗？或者该说，破裂发生在南加州的一间手术室里，而现场就有医生能够处理，那是我的幸运？不管怎样，现在我面临的是一场七小时的手术，这至少给了所有我爱的人充足的时间，让他们可以赶来医院。每一个人到达后都被告知："马修有百分之二的概率能挺过今晚。"

每个人都情绪激动，有几个人甚至在医院大厅当场瘫倒。我母亲和其他人竟然听过那样可怕的通知，我不得不怀着愧疚度完余生。

医院告知，手术至少要持续七个小时，并保证一定会尽其所能，我的家人和朋友们于是当晚就回家补觉了，而我的潜意识在手术刀、管子和血液中挣扎求生。

剧透警告：我的确熬过了那一晚。但并未脱离险境。

家人和朋友们被告知，唯一能让我在短期内存活的只有体外膜氧合器（简称ECMO）。上ECMO的这一步往往被唤作"万福玛利亚"——首先，那一周加州大学洛杉矶分校医疗中心有四个病人上了ECMO，但是这四人全部去世了。

让情况愈发棘手的是，圣约翰医院没有ECMO。他们给西达赛奈医学中心打了电话——中心的人看了一眼我的病历，回答显然是："马修·派瑞不能死在我们医院。"

谢了，各位。

加州大学洛杉矶分校医疗中心也不肯收治我——可能出于相同原因？谁说得准？——不过，他们至少愿意送一台ECMO，并派一个团队过来。我被连上机器，治疗了几个小时，这似乎起了效！接着，我被推上一辆载满医生护士的救护车，转送进了分校医疗中心。（如果上的是一辆普通汽车，那我绝对撑不过这十五分钟，尤其是考虑到埃琳开车的架势。）

在分校医疗中心，我被送进了心肺重症监护病房，在接下来六周里，那儿将成为我的家。当时我仍处于昏迷状态，但老实说，我可能很享受那段时间。我躺在病床上，整个蜷成一团，而他们在给我注射药物——还有比那更好的事儿吗？

我被告知，在昏迷期间，我从未有过被单独撇下的时候，一次也没有——病房里总有一个家人或朋友在守护。他们举行了烛光守夜会，围成圈祈祷。爱就在我身边。

最后，我奇迹般地睁开了双眼。

（回到回忆录部分。）

我最先看见的是我的母亲。

"怎么回事？"我挣扎着发出嘶哑的声音，"我究竟是在哪儿？"

昏迷前我所记得的最后一件事，是和埃琳在车上。

"你的结肠破裂了。"妈妈说。

听到这个消息，我做了任何一名喜剧演员都会做的事：我白眼一翻，又昏睡了过去。

有人告诉我，人在真正病重时，会出现一种断片反应——一种名为"神只透露你能处理的信息"的机制会发挥作用。至于我，怎么说呢，刚从昏迷状态中醒来的那几周里，我拒绝听任何人讲述我身上究竟发生了什么。我太害怕听到这是我的错，听到这都是我自己造成的。所以我没有谈论这件事，而是做了我感觉自己能做的唯一一件事——在医院的那段时间，白天我让自己投入到家庭之中，花时间与我美丽的妹妹埃米莉、玛莉亚、玛德琳相处，她们逗我笑，关心我，守在我身边。晚上则有埃琳。我永远不会孤身一人。

最后，有一天，玛莉亚——派瑞家族的核心人物（我妈妈是莫里森家族的核心人物）——觉得，是时候让我知道真相了。玛莉亚讲述之时，我仍卧床不起，像机器人一样连着五十根电线。我那些担心都是真的：事情是我造成的，是我自己的错。

我哭了——哦，天哪，我真的哭了。玛莉亚尽了最大的努力来安抚我，但这件事是无可安慰的。我差一点杀死自己。我从来都不是什么派对狂——服用所有那些药物（的确是相当多的药）都只是一个徒劳的尝试，想让自己感觉好受些。想来，我是把"尝试让自己感觉好受些"这个想法带到了死神门口。但我还在这里，依旧活着。为什么？我为什么能被赦免？

但是，触底之后才会反弹。

似乎每天早上都会有医生走进我的病房，告诉我更多坏消息。会出错的事，就总会出错。我已经装了一个结肠造瘘袋——感谢上帝，至少我被告知这东西还能拿掉——但这一次，显然又出现了一根瘘管，也就是我的某段肠道上有个裂口。问题在于，他们找不到在哪里。为方便起见，我又被装了一个有恶心的绿色物质渗出的口袋。而新装的这个口袋意味着在他们找到裂口之前，我不能吃也不能喝。他们每天都在寻找那根瘘管，我则变得越来越饥渴。我简直是在求着要喝健怡可乐，还梦见一罐巨大的健怡雪碧在追捕我。整整一个月后——一个月！——他们终于在我结肠后面的某段肠道上找到了那根瘘管。我心想：嘿，伙计们，既然你们要在我的肠子里找一个裂口，那为什么不从已经破裂的那根死玩意儿的背后开始找呢？既然他们已经找到裂口，那就能开始修补了，我也可以重新学习走路了。

当我意识到我被他们指派给我的心理治疗师给迷住了时，我知道自己在回来的路上了。的确，我的腹部有一个巨大的疤，但反正我从来都不爱赤膊。我不是马修·麦康纳，冲澡时我只需要确保闭上双眼就行。

如我所说，在那些医院住院期间，自始至终我从未被单独撇下——一次也没有。所以，黑暗中是有光的。它就在那里，你只需要仔细寻找。

在度过了非常漫长的五个月后，我获释了。我被告知，一年之内，我体内的一切都将会痊愈，那样我就能接受第二次手术，拿掉结肠造瘘袋。但是现在，我们收拾好了我所有的过夜旅行包——过了五个月的夜——我们踏上了回家之路。

那么，我是蝙蝠侠。

1

风　景

没有人相信，糟糕透顶的事情会发生在自己身上。直至厄运真的降临。没有人能在发生肠穿孔、感染吸入性肺炎、上了 ECMO 后幸存。直至有人真的活了下来。

那就是我。

我写这段话时正坐在一栋租来的能俯瞰太平洋的房子里。（我自己的房子也在这条街上，正在翻修——他们说要花六个月时间，所以我估计大概需要一年。）一对红尾鹰在下方的峡谷中盘旋，宝马山花园住宅区就是沿着这条峡谷向下延展至水边。这是洛杉矶一个绚丽的春日。这天上午我一直在忙着往墙上挂画（或者确切来说，是请人挂——我不是那么方便）。过去这几年，我爱上了艺术，如果你看得够仔细，会发现一两幅班克西[1]的作品。我也在忙着写一部电影剧本的第二稿。玻璃杯里有刚倒的健怡可乐，口袋里有一整包万宝路。有的时候，有这两样东西就已足够。

是有的时候。

我不断回想这个无法逃避的奇异现实：我还活着。考虑到我所面对的不利条件，这四个字的神奇程度超乎你的想象；于我而言，它们具有一种反常而耀眼的质地，像是从一颗遥远星球上带回的岩石。没有人敢十分确信。如果你死了，人们会感到震惊，但没有人会觉得意外，生活在这样一个世界，实在是非常奇怪。

这四个字——我还活着——首先让我感觉到的，是一种深刻的感激之情。如果你曾有过像我那样靠近天堂的经验，你其实没有选择或不选择感恩的机会：它实际上就坐在你客厅的桌子上，像一本供咖啡桌摆放的大书——你几乎不会注意到，但它就在那里。然而，潜伏在那种感激之中，深埋在健怡可乐淡淡茴芹和隐隐甘草的气息里，如每支烟的每一口那般充满我肺叶的，是一种挥之不去的痛苦。

我忍不住要问自己一个难以回答的问题：为什么？我为什么还活着？关于答案，我有一点眉目，但它尚未成形。它离帮助他人不远，我知道这一点，但不知道具体该如何回答。我所能做的最大善事，无疑是如果有酗酒的同类找到我，问我能否帮他们戒酒，我会说可以，然后切实跟进，采取行动。我能帮助绝望之人获得清醒。我想，"我为什么还活着"这个问题的答案就隐藏在这件事之中的某处。毕竟，我发现这是唯一能让我真正获得满足的事情。不可否认的是，上帝就存在于这件事之中。

但是，你知道，当我感觉自己不够好的时候，我无法对"为什么"这个问题做出肯定答复。不曾拥有的事物，你是无法放弃的。而且绝大多数时候，我总会被困在这些缠人的思绪中：我不够好，我无关紧要，我太过渴求关注。这些思绪让我感到不适。我需要爱，但我不相信爱。如果我把我的职业，把钱德勒这个角色抛到一边，向你展示我的真实面目，你可能会注意到我，但更糟的是，你可能会注意到我，然后离开我。而我接受不了。我承受不了那种结局。再也无法承受。那会将我变成一粒尘埃，使我湮灭。

所以，我会先离开你。我会在脑海中编造借口，假装你出了问题，然后我会信以为真。我会离开。但他们不可能全都出问题吧，马修。这里的共同点是什么？

现在该说说我肚子上的这些伤疤了，说说这些破裂的恋情。离开瑞秋。（不，不是剧里的瑞秋，是现实中的瑞秋。我梦中的前女友瑞秋。）凌晨 4∶00，当我躺在我那座位于宝马山花园的海景房里无法安睡时，是这些事情在困扰着我。我五十二岁了。失眠不再是那么可爱的一件事。

我住过的每一座房子，窗外的风景都很好。那对我是最重要的一个因素。

五岁时，我被送上飞机，从我和妈妈居住的加拿大蒙特利尔前往加利福尼亚的洛杉矶，去看望我的爸爸。我当时就是所谓的"无陪儿童"（我一度还打算用这个称谓作为本书的书名）。那时人们经常送孩子独自乘坐飞机——人们会让那个年纪的孩子独自飞行。那样不对，但人们还是做了。或许有那么一毫秒的工夫，我以为这将是一次激动人心的探险，但接着我就意识到，我太小了，没有能力一个人乘飞机，这件事太可怕（也太荒谬）。你们倒是派一个人来带我啊！我才五岁。大家都疯了吗？

那个选择害我在心理治疗上花掉的数十万美元？请问我能把钱拿回来吗？

当你作为一个无陪儿童独自乘坐飞机时，你的确能获得各种福利，比如你的脖子上会挂一个写着"无陪儿童"字样的小牌子，还可享受提前登机权、儿童专用休息室、多到数不清的零食、专人护送登机……这或许本应该是一种很棒的体验（后来，我成名以后，在许多机场也享受过所有这些以及更多特殊待遇，但每一次都让我想起第一次乘飞机的经历，因此我憎恨这些待遇）。空乘人员本该照看我的，但他们忙着在经济舱供应香槟酒（在任何事情都有可能发生的20世纪70年代，他们的确是那么做的）。就在我独自乘坐飞机前不久，两杯酒的上限也被取消了，因此那次飞行感觉就像是在索多玛和蛾摩拉待了六个小时。到处都是酒臭味，坐在我旁边的家伙一定喝了十杯古典鸡尾酒。（两小时后我停止为他计数。）我无法想象，为什么会有成年人想要一杯又一杯地喝同一种酒……唉，我太天真了。

胆量够大时，我会按下小小的服务按钮，不过这种时候并不多。空乘人员身穿20世纪70年代风格的热辣靴子和短裤，走过来揉揉我的头发，然后继续忙自己的事。

我他妈的吓坏了。我试图阅读我的《亮点》[2]杂志，但每次只要飞机在空中发生颠簸，我就知道我即将死去。没有人告诉我这是正常的，没人能给我一个安慰的眼神。我的双脚甚至够不到地板。我太害怕了，都不敢调低座椅靠背打个盹，于是只能保持清醒，等待下一次颠簸的到来，一遍又一遍地担心，从三万五千英尺的高空掉下去该是怎样的感觉。

我没有掉下去，至少不是字面意义上的掉下去。最终，飞机开始下降，落入加利福尼亚美丽的夜晚。我能看见灯光闪烁，街道向四面八方展开，像一块闪闪发光的巨大魔毯，上面有一条又一条宽宽的暗影（我现在知道了，那是山丘），我将小脸贴在机舱窗户上，城市搏动着向我迎来。我无比清晰地记得，我当时以为那些灯光和所有那些美景，意味着我即将拥有一位家长了。

那趟飞行旅程中没有家长陪伴，是导致我一生都困于一种被抛弃感的诸多原因之一……如果我足够好，那他们就不会丢下我一个人无人陪伴，对吗？一切不都应该按照这种逻辑运转吗？其他的孩子就有父母陪伴。我却只有一个小牌子和一本杂志。

所以我买新房子时——我一直在买（永远不要低估一个新地方的吸引力）——一定得能看到风景。我想要这种感觉：当我向下望去，望到的是一种安全感，望到的是某个有爱意萦绕的地方，而那里有人在想着我。就在那下面，在那个山谷中的某个地方，或者在太平洋海岸公路外的那片广阔海洋里，在红尾鹰闪闪发光的羽翼之上，那里是养育子女的地方。是爱意萦绕的地方。家所在的地方。现在我感觉安全了。

那个小家伙为什么独自乘坐飞机？真要命，或许该有个人飞到加拿大去接他？我经常疑惑这个问题，但从没敢问出口。

我并不喜欢针锋相对。我有很多问题想问。只是都没有大声说出口。

有很长一段时间，我发现自己不断地陷入困境，于是试图找个可以怪罪的对象，任何事、任何人都行。

我的人生有很长时间都是在医院里度过的。住院会让我们之中最优秀的人也开始自我怜悯，而我在自怜方面付出了巨大的努力。每次躺在病床上，我都会发现自己在回溯过往的人生，将每一个时刻翻来覆去地检视，仿佛它们是考古挖掘中令人困惑的新发现，而我试图找到某个原因来解释我的人生为何有如此之多的时间都陷于不安和痛苦的情绪中。我一直都明白真正的痛苦源于何处。（我一直都知道那一刻我为什么会有身体疼痛——答案就是，好吧，你不能喝那么多酒啊，混蛋。）

首先，我想责怪我那对慈爱的、好心的父母……慈爱、好心，而且散发着迷人的魅力。

让我们回到1966年1月28日，这天是周五——地点是安大略省的滑铁卢路德会教会大学。

我们正在参加每年一度的加拿大大学雪后小姐比赛，这是第五届（"评选标准是智力、学生活动参与度、个性以及美貌"）。那些加拿大人不遗余力地宣传新一届雪后小姐赛事；这里将会举办一场"有花车、乐队和竞赛选手参加的火炬游行"，外加"一次户外野餐和一场冰球赛"。

雪后小姐这项殊荣的候选名单中包括苏珊·朗福德——位列十一，代表多伦多大学。与她竞争的是一群名字都很美妙的美丽姑娘，比如不列颠哥伦比亚省的露丝·谢弗、渥太华的玛莎·奎尔，甚至还有来自麦吉尔大学的海伦·"小姐"·富雷尔，海伦将昵称"小姐"写在了中间名的位置，可能是想淡化她的姓氏散发出的不祥气息，毕竟第二次世界大战才刚结束二十多年。[3]

但这些年轻女人都不敌美丽的朗福德小姐。在那个寒冷的一月夜晚，前任冠军为第五届加拿大大学雪后小姐加冕，跟随这一荣誉而来的还有一条绶带和一项职责：来年将王冠传递给新任冠军现在就成了朗福德小姐的责任了。

1967 年的盛会也同样激动人心。这一年，奇缘乐队将在比赛现场举办一场音乐会，这是一个与妈妈爸爸乐队[4]类似的组合，主唱碰巧叫约翰·本内特·派瑞。奇缘乐队即便在民谣盛行的 20 世纪 60 年代也是个异类——他们最火的（也是唯一火的）单曲《别让雨落下》改编自一首英国童谣，即便如此，这首歌仍在 1964 年 5 月位列当代成人单曲榜第 2 名和公告牌百强单曲榜第 6 名。不过我们还是应该客观一些，承认这项成绩的意义，因为当时的轰动事件是披头士乐队包揽了榜单的前五名——《真爱无价》、《扭动与呐喊》、《她爱你》、《我想握住你的手》以及《请取悦我》。不过约翰·派瑞并不在乎——他已经走上音乐道路，是个职业音乐人，用歌唱换取晚餐，而且，还有比在安大略省加拿大大学雪后小姐盛会上演出更棒的事吗？那天晚上他一边高兴地唱着"这个罗锅小老头和他的罗锅猫，逮到一只罗锅鼠，他们全都住进了一座歪歪扭扭的小房子"，一边透过麦克风跟去年的雪后小姐苏珊·朗福德调情。那个时候，他们是这颗星球表面最美的两个人——你应该看看他们婚礼时的照片——你肯定忍不住想一拳揍在他们轮廓分明的完美脸庞上。他们根本没有别的选择。当两个人都那么漂亮的时候，他们就会开始同类相吸。

约翰演出一结束，调情就变成了共舞，事情原本可能到此为止，但这天晚上，一场声势浩大、命中注定的暴风雪席卷了整座城市，奇缘乐队无法离开。于是，就促成了这桩美丽的邂逅：一个民谣歌手和一个选美皇后于1967年在加拿大一个被雪围困的小城里相爱了……这颗星球上最英俊的男人遇见了这颗星球上最美丽的女人。现场的其余人还是早早回家的好。

那天晚上，约翰·派瑞留了下来，苏珊·朗福德对此非常高兴，而在这个蒙太奇场景发生的一两年后，她发现自己去了约翰的故乡，马萨诸塞州的威廉斯敦，她体内的细胞正在分裂和征服。或许在那些简单的分裂中，某些东西脱离了既定路线，谁说得准呢——我所知道的就是，成瘾症是一种疾病，而我就像我父母相遇时那样，也没有半点儿别的选择。

我出生于 1969 年 8 月 19 日，一个周二，是前奇缘乐队成员约翰·本内特·派瑞与前加拿大大学雪后小姐苏珊·玛丽·朗福德的儿子。我出生的那天晚上赶上一场巨大的暴风雨（当然要有）；等待我露面的过程中，所有人玩起了大富翁游戏（当然要玩）。我来到这颗星球的那天，是在人类登月的大约一个月后，伍德斯托克音乐节结束的第二天——因此，在宇宙完美天体与雅斯格农场[5]所有烂摊子之间的某个地方，我拥有了生命，打断了某人到好莱坞滨海大道[6]建酒店的机会。

我号哭着来到人世，哭得停不下来。哭了好几周。我是个害了腹绞痛的孩子——我的胃从一开始就有问题。父母被我停不下来的哭声逼疯了。这孩子是疯了吗？担心之下，他们带我去看了医生。那是 1969 年，与现在相比堪称史前时代。也就是说，我不知道得是多先进的文明才会认为，给一个刚刚在神恩赐的空气中呼吸满一月的婴儿服用苯巴比妥——往好了说——能算得上是一种值得考虑的儿科治疗方法。不过，在 20 世纪 60 年代，给腹绞痛患儿的父母悄悄开具一剂巴比妥类药物并不罕见。一些年长的医生对这种疗法的作用深信不疑——这种疗法，我的意思是，"给一个刚出生没多久、哭得停不下来的婴儿开具巴比妥类药物"。[7]

我想在这个问题上明确地表达我的观点。我并不因此责怪我的父母。孩子没日没夜地哭个不停，显然是哪里出了问题，医生开了一种药，不止他一个医生认为这是一种好的治疗方案，于是你把药给孩子服下了，孩子停止了哭泣。毕竟那是一个不同的时代。

当时的我在焦虑重重的母亲的膝头，冲着她二十一岁的肩膀大声哭喊，而某个身穿白大褂的恐龙坐在他宽大的橡木办公桌后，几乎头也没抬一下，他口臭的嘴巴喷了几声，抱怨"现如今这些当父母的"，然后在处方笺上写下了一种会让人成瘾的、主要的巴比妥类药物。

我吵个不停，时刻要人照顾，而回应我的是一粒药。（呃，那听起来和我该死的二十多岁时的情形差不多。）

我听说，我在出生后的第二个月，也即三十天到六十天之间，就服用了苯巴比妥。那是婴儿发育的重要时期，尤其是就睡眠而言。（五十年过去了，我依然睡不好。）苯巴比妥一旦开始发挥药效，我就会昏睡过去。场面显然是，我哭个不停，然后药来了，接着我就晕了过去，此情此景引得我父亲爆笑出声。他倒不是无情，嗑了药的婴儿确实很好笑。从我婴儿时期的一些照片中，你可以看到我简直跟嗑嗨了似的，明明只有七周大，却像个上瘾者一样疯狂点头。我猜，对于一个在伍德斯托克音乐节结束第二天出生的孩子来说，这可以说是莫名地得体了。

我渴望被关注；我不是大家期盼的那个挂着可爱微笑的孩子。我会吃下这剂药，然后闭上我的臭嘴。

讽刺的是，多年来，巴比妥类药物和我维持着一种非常奇怪的关系。你们应该会很惊讶，如果知道从2001年以来，我绝大多数时间都是清醒的。除了这些年里我遭遇过六七十次事故。当这些事故发生时，如果你想保持清醒（我每次都想），那么你就会领到能帮助你清醒的药物。你会问，是什么药？你猜到了：苯巴比妥！当你想清除体内其他那些不管是什么的垃圾时，巴比妥类药物能帮助你平静下来；而且，我从三十天大时就开始吃这种药了，所以作为一个成人，我只是将丢下的东西又捡起来了而已。脱瘾治疗期间，我非常需要情感支持，感觉非常不适——很抱歉地说，我是世界上最糟糕的病人。

脱瘾治疗就是地狱。脱瘾时只能躺在床上，看着时间一分一秒地流逝，心里知道自己距离好起来还差得远。脱瘾治疗期间，我感觉我正在死去。我感觉治疗将永无止境。

感觉我的内脏正试图从我的身体里爬出来。我在发抖，我在流汗。我就像那个没开药之前哭得停不下来的婴儿。我知道接下来我将在地狱里煎熬七天，但还是选择嗨四个小时。（我告诉过你，这个阶段的我是疯子，对吧？）有时候，我不得不被关几个月，才能打破这种恶性循环。

脱瘾治疗期间，"好"是一种遥远的记忆，或者是贺曼贺卡公司的卡片上才能看到的词汇。我像个小孩一样，乞求任何能帮助缓解症状的药物——这个在《人物》杂志的封面上看似光鲜的成年男人，正在乞求解药。我愿意放弃一切——每一辆车，每一座房子，所有的钱——只要能让症状消失。当脱瘾治疗终于结束后，你万分庆幸，信誓旦旦地说，你再也不会让自己经历那一切。直至三周后，你又落入了完全相同的境况。

真是疯了。我疯了。

就像婴儿时那样，我不想花费太长时间来处理内在问题，因为既然有药物能解决，好啊，那就简单了。而那就是我所接受的教育。

在我大约九个月大时，我的父母都觉得受够了彼此，于是将我塞进汽车安全座椅，从威廉斯敦一路开到加拿大边境——开了五个半小时。我能想象那一路上该是多么安静。我没有说话，这是自然，而前座上那对从前的爱侣已经厌倦了与对方交流。但是，那一路的寂静一定震耳欲聋。一件大事正在发生。远处，尼亚加拉大瀑布在轰鸣，我的外祖父、军人般的沃伦·朗福德在等待我们，他正来回踱步，跺脚取暖，也可能非常沮丧，或者两种状况兼有。等我们停车后，他冲我们招手，仿佛我们即将展开一段欢乐的假期。看到他我很兴奋，然后如我后来知道的那样，父亲将我从安全座椅上抱下来，递到了外祖父的怀里，就这样，他静静地抛弃了我和我的母亲。接着，妈妈才终于下车，我、妈妈、外祖父站在那里，听着水流奔下山崖，隆隆地坠入尼亚加拉峡谷，看着父亲快速离开，永远离开。

看样子，我们终究还是不能一起住在一座歪歪扭扭的小房子里。我想象着那时他们告诉我，爸爸很快就会回来。

"别担心，"我的母亲可能说过，"他只是去工作而已，马修。他会回来的。"

"来吧，小家伙，"外祖父可能说过，"我们去找外婆。她做了你最爱的意大利面给你当晚餐。"

所有的父母都会出门去工作，但他们总会回家。通常都是这样。没有什么可担心的。不会带来腹绞痛、成瘾症、贯穿一生的被抛弃感、我不够好的感觉、持续不断的不安、对于爱的急切渴求、我不重要的感觉。

我的父亲疾驰而去，天知道他去了哪里。第一天他没有下班回来，第二天也没有。我以为他三天后会回来，然后以为他或许一周后会回来，然后延长到一个月，但大约一个半月后我就不再期待了。我当时还太小，不知道加利福尼亚在哪里，也不明白"追随他的演员梦"是什么意思——"演员"是什么玩意儿？我的爸爸究竟在哪儿？

我的爸爸后来成了一个出色的父亲，但这个时候他把他的孩子留给了一个二十一岁的女人，他明知道这个女人还太年轻，没有能力独自养育一个孩子。我的母亲很了不起，感情丰富，她那时只是太过年轻。她和我一样，也被抛弃了，就在美加边境口岸的那座停车场。母亲怀我时只有二十岁，到了二十一岁，她成了一个新手母亲，也成了单身母亲。如果我在二十一岁时就有了孩子，那我可能会试着用喝酒来逃避现实。她尽了最大努力，这很能说明她是一个怎样的人，但她真的还没准备好承担这份责任，而我也没准备好解决任何问题，毕竟我才刚刚出生。

妈妈和我都被抛弃了，事实上，此时我们甚至还不了解彼此。

爸爸走后，我很快明白了我在家里要扮演的角色。我的工作是耍宝、哄人、逗大家笑、抚慰、取悦、做这个小小宫廷里的弄臣。

哪怕在我彻底失去身体的一部分之时。事实上，尤其是在那时。

苯巴比妥成为过去——就像记忆中褪色的父亲的脸一样，这种药物的效力也消散了——我干劲十足地投入到幼儿阶段，在这期间我学会了如何做一个守护者。

幼儿园期间，一个笨小孩摔门夹住了我的手，当大朵的血花不再如焰火一般划出弧线之后，有人想起为我包扎，然后将我送去了医院。到医院后，事情变得很明显，我失去了中指的指尖。他们给母亲打电话，要她尽快赶来医院。母亲泣不成声地走进门（可以理解），看见我站在一张轮床上，手上缠着一团巨大的绷带。不等她张口，我说："你没必要哭——我都没哭。"

那一刻我准备好了：我是表演者，是取悦者。（谁知道呢——也许我甚至来了一点钱德勒·宾经典的延迟惊讶，以配合那句话？）即便是在三岁时，我也已经明白，我必须成为家里的男人。我必须照顾好我的母亲，哪怕我的手指刚刚被削掉了一截。我猜我在三十天大时就已经了解到，我如果哭泣，就会被药物击晕，所以最好是不要哭；或者我知道我必须确保每个人，包括我母亲在内，都感到安全和舒适。或者，那只不过是一个幼儿像大佬一样站在轮床上所说的一句酷毙了的话。

变化并不大。如果你为我提供我所能承受的最大剂量的奥施康定止痛片，我会感觉自己是被人照顾的，而当我被人照顾时，我就能够照顾其余每一个人，环顾四周，为别人提供服务。但如果没有药物，我感觉自己会溅入一片虚无的大海。这样一来，当然也就意味着我几乎不可能在一段关系中发挥效用，提供服务，因为我只能挣扎着熬到下一分钟、下一小时、下一天。那是一种可怕的不适感，一种无能为力的苦涩。沾一点这个药，滴一滴那个药，我就能好起来——当你对某件事物着迷的时候，其余任何东西你都尝不出滋味。

（回到"9·11"事件之前的岁月，孩子们——以及好奇的成人——乘坐飞机时有时能获准进入驾驶舱参观。大概九岁时，我被带进了驾驶舱，我被按钮、机长和所有信息迷住了，以至于六年来第一次忘记将手插进口袋。我之前从来不敢展露那只手，我感到非常羞耻。但是那位飞行员注意到了，他说："让我看看你的手。"我难为情地伸过去给他看了。之后他说："给你，你也看看我的。"原来他的右手中指和我的一模一样，也缺了同样的一小截。

这个人掌控着整架飞机，懂得所有按钮的用处，明白驾驶舱里所有那些迷人的信息，而他的手指也缺了一小截。

从那天起——现在我五十二岁——我再也没有隐藏过我的手。事实上，因为多年的抽烟史，许多人都注意到了那根手指，会问我是怎么回事。

那起被门夹事故至少让我有了一个还不错的笑话——许多年来，我总会抱怨，自从失去了半截手指，我就只能竖一半中指，那架势就像骂人只能骂一半，"去你——"。）

我可能没有父亲，也没有完整的十根手指，但我有一个转得快的脑子，和一张动得也快的嘴巴，哪怕是在小时候。我还有一位母亲，一位非常忙碌、重要的母亲，而她的脑子和嘴巴也很快……说起来，有时候我很乐意教训一下我的母亲，说她对我关心不够，不过，只能说我的训导并不是那么有用。这里需要指出的是，我永远都不可能得到足够的关注——不管她做什么，我都觉得不够。而且我们不要忘记，她要做两个人的工作，因为我亲爱的老爸这时正忙着在洛杉矶与他自己的心魔和欲望搏斗。

苏珊·派瑞（她在工作场合保留了我爸爸的姓氏）基本上就像是艾莉森·珍妮在《白宫风云》中扮演的角色——一名媒体公关。她是时任加拿大总理、喜欢闲逛的皮埃尔·特鲁多[8]的新闻秘书。（《多伦多星报》曾为他们两人的一张照片搭配了这样一行解说："新闻助理苏珊·派瑞为加拿大最知名人士之一——总理皮埃尔·特鲁多——工作，不过她自己很快也成了名人；只因在后者身边露面。"）想象一下，仅仅是因为站在皮埃尔·特鲁多身边，你就成了名人。他是一位温文尔雅、交际广泛的总理，曾约会过芭芭拉·史翠珊、金·凯特罗尔、玛戈·基德[9]……他派驻华盛顿的大使曾经抱怨，他有一次邀请了不止一位而是三位女性朋友用餐，所以对于一个如此迷恋女人的男人来说，就需要有许多的公关。因此，我母亲的工作就意味着，她经常需要外出——我但凡想获得一点点关注，都要与一个西方主要民主国家的持续关切及其迷人的剑客领袖展开竞争。（我记得当时有个说法是"挂钥匙儿童"——一个乏味的术语，形容被独自留在家中的悲惨儿童。）于是，我学会了搞笑（掉凳儿，一句话一个梗，你知道规矩），因为我不得不这么做——我的母亲工作压力很大，本来就已经非常情绪化（再加上被抛弃的经历），我搞搞笑往往能让她平静下来，可以去做些食物，同我一起在餐桌边坐下来，听我说话，不过当然了，我得先听她讲。但是我不怪她的工作——总得有人赚钱给家里买培根。这只是意味着，我有大量时间用来独处。（那时的我会告诉别人我是个"孤独子"，我把"独生子"这个词听错了。）

所以我是个脑子快、嘴皮子更快的孩子，但我说过，母亲也是个脑子和嘴巴都很快的人（我想知道我这方面是遗传自谁）。我们经常争吵，而被迫结束发言的总是我。有一次，我和她在楼梯间吵了起来，她让我产生了有生以来最愤怒的感觉。（我那时十二岁，而你不可能打你的母亲，因此愤怒转向了内心——就跟我成年之后一样，至少我礼貌地变成了一个酒鬼和瘾君子，而不是责怪他人。）

我总是被抛下。次数如此之多，以至于每次有飞机从我们在渥太华的房子上空飞过时，我总会问外祖母："我母亲在那架飞机上吗？"因为我老是担心她会消失，就像父亲一样（但她从未消失）。我的母亲很美，她是她所进入的每一个房间里的明星。而且她毫无疑问是我搞笑的原因所在。

爸爸去了加利福尼亚，而妈妈美丽、聪明、迷人，是她所进入的每一个房间里的明星，要和男人约会，他们也会立即回约她，毫无疑问，我会将他们每一个都变成我的爸爸。再一次地，当有飞机飞过我们的房子上空时，我会问我的外祖母："那是（迈克尔）（比尔）（约翰）（插入妈妈新一任男友的名字）飞走了吗？"我不断地失去我的父亲，我不断地被丢弃在边境。尼亚加拉河的咆哮声永远在我的耳畔激荡，即便是一剂苯巴比妥也无法让其安静。外祖母会柔声哄我，给我开一罐健怡可乐，淡淡茴芹和隐隐甘草的味道让我的味蕾充满了失落。

至于我真正的爸爸，他每个周日都会打电话来，这很好。结束与奇缘乐队的合作后，他将音乐舞台上的表演技巧转化为演员的演技，先是去了纽约，然后去了好莱坞。虽然他就是人们有时所说的收入可观但不知名的演员，但他的工作相当稳定，最后他还成了欧仕派品牌的广告模特。我在电视和杂志上看到他的次数比在现实中要多。（或许那正是我成为演员的原因。）"什么样的男人会用口哨吹欧仕派的曲子？他是我爹地！"这是1986年一则广告的画外音，画面中留着西瓜头的金发小男孩用双臂搂着我父亲的脖子。"我那近乎完美的丈夫，"金发妻子满面笑容地吟咏道（这则广告虽然是在开玩笑，我却从来不觉得好笑），"你可以依靠他，他是一个挚友……"

然后，等过了足够长的时间，虽然很不合适，但我还是脖子上挂上一个写着"无陪儿童"的牌子，被送去机场，然后到达洛杉矶。无论何时，每次只要我去看他，我都会再一次地意识到，我的爸爸魅力超凡、风趣、迷人而且超级帅气。

他是完美的，而即便是在那么小的年纪，我也会喜欢我无法拥有的事物。

但最重要的是：爸爸是我的英雄。事实上，他是我的超级英雄。每次我们去散步时，我都会说："你是超人，我是蝙蝠侠。"（聪明的心理学家可能会发现，我们是在扮演角色，而非承担我们自身拥有的爸爸与马修的身份，因为我们的现实身份让我太过迷惑。但我对这种说法不予置评。）

等我再次回到加拿大，他的脸和他公寓里的气味将在几个月内逐渐消失。然后，我的生日再度到来，母亲会尽她所能地弥补父亲不在身边的缺憾，接着会出现大得过分的蛋糕，上面插满了正在滴蜡油的蜡烛，每一年我都会许同一个愿望，我会在脑中嘀咕：我希望我的父母能重新在一起。或许，如果我的家庭生活能更稳定一些，或者如果爸爸就在身边，或者如果他不是超人，或者如果我的脑子和嘴皮都不快，或者如果皮埃尔·特鲁多……那我可能就不会一直都过得这么不舒坦。

我会很幸福。健怡可乐会很可口，而非仅在必要时饮用。

整个一生，如果没有合适的药，那我就会一直不舒服，而且会把爱情搞得一团糟。用伟大的兰迪·纽曼[10]的话来说："要我假装自己是别人，那我需要大量的药。"我猜我不是唯一一个这样想的人。

"喂，苏珊在吗？"

"在，我能告诉妈妈是谁打的电话吗？"

"是皮埃尔……"

电话铃响时，妈妈和我正一起欢度最美好的一天。我们玩了一整天的游戏——我们甚至玩了大富翁，不过因为只有两个玩家，玩起来很难——接着夜幕降临，我们发现小小的电视机里正在播放《安妮·霍尔》，看到伍迪·艾伦扮演的角色住在摩天轮下面的房子里，我们笑得前仰后合。（我看不懂性与恋爱方面的笑话，但即便只有八岁，我也能明白一个喷嚏打掉价值两千美元的某种白色粉末好笑在哪里。）

和妈妈坐在一起，观看那部电影——那绝对是我最爱的一段童年记忆。可这时候加拿大总理打电话来了，所以我又要失去我的妈妈了。妈妈接起电话，我听到她换上了媒体公关风格的职业化的声音；是另一个人的声音，是苏珊·派瑞的声音没错，但不是我妈妈的声音。

我关掉电视上了床，给自己盖上被子，在不需要巴比妥的情况下——这时还不需要——不安地睡着了，直至清晨的阳光照亮我那扇位于渥太华的卧室窗户。

我记得差不多就在这个时候，我看到母亲在厨房里哭，我心想，她为什么不喝酒？我不知道我为什么会有这样的想法，觉得喝酒能止住哭泣。八岁的我当然不曾喝过酒（还得再等上六年），但我周围的文化环境通过某种方式教会了我，喝酒等于笑声和欢乐，是摆脱痛苦的急救良药。

妈妈在哭，那她为什么不喝酒呢？喝了酒她就会醉，就不会有那么多的情绪，对吗？

她哭泣或许是因为我们一直在搬家——蒙特利尔、渥太华、多伦多——不过我童年的大部分时间是在渥太华度过的。很多时候我都是一个人待着；有过好几任保姆，但她们坚持的时间都不长，所以我就把她们也加进了抛弃过我的人的名单之中……我只管继续搞笑，反应敏捷，伶牙俐齿，只为了生存下去。

因为站在皮埃尔·特鲁多身边，而且相貌出众，我的母亲立刻就成了名人，有名到多伦多的环球电视台邀她担任全国性新闻的主播。

多好的机会啊——这是一份她无法拒绝的工作。而且她也很擅长，直至有一天，电视台要宣传一个选美比赛。我母亲说："我敢肯定，我们所有人都会盯着那一位目不转睛。"这句话很幽默——而且从一个选美冠军的口中说出来显得有些超现实——但她当天晚上就被辞退了。

我原本就对搬去多伦多不满意——首先，那个决定甚至根本没有问过我的意见。其次，我将再也见不到我的朋友们。母亲也已怀孕九个月——那时她已和《加拿大早安》节目的主持人基斯·莫里森结了婚——是的，就是后来美国全国广播公司（NBC）的《日界线》节目中那个有头发的主持。我甚至被选中在婚礼上将母亲交给新郎。这真是个奇怪的选择——无论从比喻意义来说，还是从字面意思来说。

但很快我就有了一个妹妹！凯特琳无比可爱，我立刻就爱上了她。只是现在有一个家庭在我的周围成长了起来，一个我并不真正觉得自己属于其中的家庭。也就是在这个时候，我有意识地做出了选择：去他的——人各为己。我的不良行为也是从那时开始的——我的成绩很糟，我开始抽烟，我揍皮埃尔的儿子贾斯廷·特鲁多（他后来也成了总理）。（当他被委任掌管整个军队时，我决定停止与他争论。）我选择活在自己的头脑里，而非活在自己的心里。活在头脑里更安全——在那里你不会受伤，反正到现在为止都没有。

我变了。我开始快言快语，再也没有人能靠近我的心。没有人。

那年我十岁。

七年级时，我们回到了渥太华，回到了我们所属的地方。我开始见识到逗人们笑带来的力量。初中我是在渥太华的男校阿希伯瑞学院念的，在班上做活宝的间隙，我还在学校戏剧老师格雷格·辛普森排演的戏剧《偷偷摸摸的菲奇的死与生》中努力扮演"西部最快的枪手"拉克姆一角。那是个重要角色，我很喜欢——逗人们笑让我感觉像是拥有了一切。涟漪变成波浪，所有家长都在假装对孩子们的成绩感兴趣，直至他们发现：哇！那个姓派瑞的孩子真的能让人们大笑。（在所有解药中，那一种至今仍是最有效的，至少它能给我带来快乐。）成为这部戏的明星尤其重要，因为它给了我一个可以脱颖而出的机会。

我非常在乎陌生人对我的看法——现在依然如此，事实上，这是我人生的关键线索之一。我记得我以前求着妈妈把后院刷成蓝色，这样人们乘飞机从上空飞过，俯瞰我们的庭院时，会以为我们拥有一个游泳池。也许飞机上有个无人陪伴的小孩，那这个孩子往下看时就能从中获得安慰。

我这时候虽然已经是家里的大哥，但依然是个坏孩子。有一年圣诞节前，我翻遍了家里所有的衣橱，想看看我的礼物都是些什么；我还偷钱，烟越抽越多，成绩越来越差。有一段时间，老师们将我的课桌放到教室后面，面朝墙壁，因为我的话实在太多，而且所有的时间都在逗别人笑。有一位老师，也就是韦布博士说："你如果不改改你现在的样子，那你永远都不会有任何成就。"（我是否该承认，当我登上《人物》的封面后，我买了一本寄给韦布博士，还附了一张便笺，写着"我猜你错了"？不，那样做太粗鲁了。）

我改了。

作为我糟糕成绩的弥补，我是每部戏的主角，而且是有全国排名的网球运动员。

我四岁时，外祖父开始教我打网球，到八岁时，我就知道我能打败他——但我一直等到了十岁。我每天都会打八到十小时，还一连几小时地对着后挡板打，假装自己是吉米·康纳斯[11]。我打了一局又一局，一盘又一盘，我发出的每一个球都属于康纳斯，我击中的每一个球都属于约翰·麦肯罗。[12]我挥舞球拍，接住迎面而来的球，我把球拍背在身后，就像正在把它放进背包里。我觉得我早晚会打上温布尔登，冲着爱我的球迷亲切而谦虚地点头，然后热身，与约翰·麦肯罗打上五盘，在他痛斥某个古板的英国裁判时耐心等待，接着用反拍大力杀一个斜线穿越球，赢得联赛。然后我将亲吻金色奖杯，喝一杯罗宾逊果汁，这是一款与胡椒博士气泡水迥异的饮品，我会很喜欢。当然，那样一来我就能吸引母亲的注意。

　　（1982年温网决赛，吉米·康纳斯以微弱优势险胜备受喜爱的约翰·麦肯罗，那是我有史以来最爱的一场比赛。吉米获胜后登上了《体育画报》的封面，我将那幅封面装裱起来，挂在我的墙上，直到今天还在。我是他，或者说他是我——不管怎样，在那一天，我们两个都赢了。）

　　至于真实世界中的实际比赛，我那时在渥太华的罗克利夫草坪网球俱乐部打球。在这家俱乐部，你必须穿一身白。有一段时间，俱乐部门口竖着一块牌子，上面写着

"仅限白色"¹³，直至有人想到，这句话可能造成歧义。（牌子上的文字迅速改成了"仅限白色服装"，人们这才放心。）俱乐部有八个球场，大多数顾客都是老人，我会花上一整天时间在那里等待，如果某个场地有人没到场，缺第四个人，那我就能加入。老年人喜欢我，因为我每个球都能接到，不过我脾气也很暴。我会扔掉球拍，恼火大骂，如果输得很惨，我还会哭。这之后我通常会赢回来——我会落后一盘；5 比 1 落后；0 比 40 落后，哭泣，然后在第三盘赢回来。这期间我会一直哭，但心里也会想，我会赢，我知道我会赢。对其他人来说，赢并不是那么必要。

到十四岁时，我已经是在全加拿大都排得上名次的选手……不过也就是在那一年，发生了其他一些事情。

我第一次喝酒是在十四岁。我已经尽我所能地拖延时间了。

这时候，我经常和默里家的两兄弟克里斯和布莱恩混在一起。不知为何，从三年级起，我们养成了这样一种说话方式："还能再热点吗？"（Could it *be* any hotter?）"老师还能再凶点吗？""我们被留堂的次数还能再多点吗？"——如果你是《老友记》的粉丝，或者如果你注意过过去二十年美国人的说话方式，你可能会认出这种腔调。（说钱德勒·宾改变了美国人的说话方式，我觉得这并不夸张。）郑重声明：那种改变直接源自马修·派瑞、克里斯·默里和布莱恩·默里在 20 世纪 80 年代的胡闹。不过只有我靠着这种说话方式发财了。幸运的是，克里斯和布莱恩从未因此而攻击我，他们至今仍是我亲密的、幽默的朋友。

有天晚上，我们三个在我家后院里玩。家里没有人；在天上，月光穿透云层照射下来，我们谁都不知道，某件极为重要的事情即将发生。我躺在加拿大的草丛和泥泞中，对此一无所知。

我还能再无知一点吗？

我们决定喝酒。我忘了是谁出的主意，我们谁都不知道，我们正在让自己面对的是什么。我们喝了六瓶百威啤酒和一瓶名为安德烈斯小鸭的白葡萄酒。我喝了葡萄酒，默里兄弟喝了啤酒。顺便说一下，我们喝得正大光明——我们就在我家后院。我的父母不在家——那是个大惊喜——于是我们就开喝了。

十五分钟之后，全部的酒都喝完了。默里兄弟在我旁边呕吐，我则只是躺在草地上，我的身上发生了一些事。那件让我在身体和精神上都区别于同伴的事情发生了。我当时躺在草丛和泥泞中，看着月亮，周围都是默里兄弟的呕吐物，我意识到，有生以来第一次，没有任何事情在困扰我。世界是有意义的，它没有变形和发疯。我是完整的，平静的。我从未有过比那一刻更快乐的时候。这就是答案，我想，这就是我一直缺少的东西。这一定就是正常人一直以来的感觉。我没有任何问题。所有问题都消失了。我不需要关注。我得到了照顾，我很好。

我沉浸在幸福之中。在那三个小时里，我没有任何问题。我没有被抛弃；我没有和妈妈吵架；我没有在学校表现糟糕；我不怀疑生活的意义，以及我在其中的位置。酒带走了一切问题。

根据我现在所了解的成瘾症的渐进性发展的本质，我很惊讶那时候的我竟然没有在第二天晚上喝酒，第三天晚上也没有——我等待着，酗酒的祸害尚未钳住我。所以那个晚上并未导向喝酒的习惯，但可能播下了种子。

我后来会渐渐明白，问题的关键在于：我不仅缺乏精神引导，也缺乏享受任何事情的能力。但与此同时，我又对刺激上瘾。这是一种毒性极大的组合，我无法取得平衡。

但当时的我当然并不明白这些，如果不去寻找刺激，不兴奋不喝醉，我就没有能力享受任何事情。用来形容这种症状的词语很花哨，叫作"快感缺乏"，为了这个词和这种感觉，我将在心理咨询和治疗中心花费数百万美元去探索和理解。这或许就是我只会在落后一盘，差一点就要输的情况下才能赢得网球赛的原因所在。或许这就是我做每一件事的原因所在。顺便说一下，《快感缺乏》还是我最爱的电影，也就是母亲和我一起看过的《安妮·霍尔》原本的名字。伍迪懂那种状态。伍迪懂我。

家里的情况越来越糟。妈妈与基斯组建了一个很棒的新家庭。埃米莉出生了，她一头金发，可爱至极。和凯特琳出生时一样，我立刻就爱上了埃米莉。然而，我常常都是站在外面观看，我依然是那个远在云层之上，乘飞机前往别处，没有人陪伴的小孩。妈妈和我总是吵架；网球场是唯一能让我快乐的地方，但即便是在打网球时，我也会生气、哭泣，打赢了也不例外。作为一个少年，我该怎么办呢？

我的父亲该上场了。我想要了解他。是时候去一个更大的地方闯荡。

是的，洛杉矶，还有我的父亲，新生活在召唤，但我只有十五岁，离开会破坏我的家庭生活，撕碎妈妈的心。但她也没问过我，是不是接受她和基斯结婚、搬去多伦多、再生两个孩子……而且在加拿大，我会生气、哭泣、喝酒，我和妈妈会吵架，我无法完全融入这个家庭，我在学校表现很差，而谁又知道我是不是马上又要搬家，等等等等。

而且，真要命，孩子总是想了解他的父亲。

我决定去。父母已经讨论过这个问题，想着洛杉矶是否更有益于我的网球职业发展。（我不知道的是，在南加州，我最好的出路是成为一名出色的俱乐部球员，在一个全年365天都能打球的地方，标准要高得多，而在加拿大，在极寒冰霜出现之前，能有两个月的打球时间都算幸运。）但是，即便考虑到这些，我离开的决定也还是在我的家庭中撕开了一道巨大的裂口。

出发的前一天晚上，我待在家中的地下室里，只有那晚我是在地下室睡的，事实证明那将是我人生中最糟糕的夜晚之一。在楼上的主屋，地狱风暴正在酝酿；那里有摔门声，有窸窣的交谈声，偶尔还有吼叫声、蹀步声，有个孩子在哭，没人能止住这哭声。我的外祖父母会定期下来冲我嚷嚷；在楼上，我的母亲在尖叫和哭泣，然后所有的孩子都哭了起来，我的外祖父母在喊叫，孩子们也在喊叫，而我被抛弃在下面，沉默不言、决心坚定、充满恐惧、无人陪伴、满心焦虑。那三个强势的成年人会走下楼来，一遍又一遍地告诉我，我的离开会让他们心碎。但我别无选择，事情已经变得如此之糟。我是个破碎的人。

破碎？是变形。

第二天清晨，我母亲体贴地驾车将我送到机场，那一趟路对她来说一定非常艰难，她看着我飞走，离开了她，离开了她的余生。我不知道我是如何鼓起勇气踏上这趟旅程的。直至今日我仍会怀疑，这样做是否正确。

我依然是个无陪儿童——但现在我已经是个专业人士了——我要飞去洛杉矶了解我的父亲。我非常担心，害怕就连好莱坞的喧嚣可能也无法抚慰我的心。但很快我就会看到那座城市的灯火，再一次拥有一个家长。

1 班克西（Banksy），生于 1974 年，英国著名街头艺术家，虽然享誉涂鸦界，但真实身份一直未公布。

2 《亮点》（Highlights），美国儿童杂志，创办于 1946 年，读者对象主要是 6—12 岁的儿童。

3 富雷尔即德语的 Führer，意思是"领导"，二战期间希特勒曾用 German Führer（德国元首）作为自己的头衔。

4 妈妈爸爸乐队（The Mamas & The Papas），美国乡村摇滚组合，成名于 20 世纪 60 年代，1998 年入选摇滚名人堂。著名的《加州之梦》（California Dreamin'）一曲正是出自妈妈爸爸乐队。

5 雅斯格农场（Yasgur's Farm），1969 年伍德斯托克音乐节的举办地。

6　滨海大道（Broadwalk），好莱坞海滩上一段著名的滨海步道，有发达的旅游业和酒店业。

7　巴比妥类药物，诞生于 20 世纪的镇静催眠药，一度流行于临床，后因极易产生耐药性和成瘾性，在 20 世纪后期逐渐淘汰，现为严格管制的处方药。苯巴比妥即该类药物的一种。

8　皮埃尔·特鲁多（Pierre Trudeau，1919—2000），加拿大第 15 任总理，于 1968 年至 1984 年间两度担任总理。他的儿子贾斯廷·特鲁多生于 1971 年，是加拿大现任总理。

9　芭芭拉·史翠珊（Barbra Streisand），生于 1942 年，美国歌手、演员，获得多项奥斯卡、格莱美、金球奖、托尼奖荣誉。金·凯特罗尔（Kim Cattrall），生于 1956 年，英国裔加拿大演员，代表作有《欲望都市》等。玛戈·基德（Margot Kidder，1948—2018），加拿大裔美国演员，因在 20 世纪七八十年代的旧版《超人》系列中饰演超人的女友路易丝·莱恩而成名。

10　兰迪·纽曼（Randy Newman），生于 1943 年，美国创作歌手、配乐家、演员、编剧，配乐代表作有《玩具总动员》等，曾多次荣获奥斯卡金像奖。这句话来自他的歌曲《罪》。

11　吉米·康纳斯（Jimmy Connors），生于 1952 年，前世界排名第一的美国职业网球运动员。

12　一场网球比赛一般由一到五盘组成，每一盘包括数局，最先赢得规定局数的选手赢得一盘，最先赢得规定盘数的选手赢得比赛。约翰·麦肯罗（John McEnroe），生于 1959 年，美国前职业网球运动员，曾四次荣获美国全国单打冠军。

13　原文为"仅限白色"（whites only），也可以理解为"仅限白人"。

插曲

纽 约

　　在医院住了五个月后回到家中，我做的第一件事是点燃一根烟。经过那一切之后，吸一口，烟雾涌入我的肺中，感觉就像我有生以来第一次吸烟。感觉像是第二次回家。

　　我不再感到**疼痛**——肚子上的大规模手术导致皮肤出现了瘢痕组织，这反过来又导致我的肚子感觉像是全天候不停地在做仰卧起坐，不过那实际上并不痛。那种感觉更多的是一种烦恼。

　　不过，没必要让任何人知晓那一点，所以我告诉大家我很痛，这样就能拿到奥施康定。很快，我骗他们说，每天 80 毫克的奥施康定已经不起作用，我需要更大剂量。当我向医生要求更大剂量时，他们说不行；我打电话给一个药贩，他说可以。现在我必须要想个办法，在不被埃琳发现的情况下，从我那间价值两千万美元的顶楼公寓下到四十层楼之下的地面。（我之所以买这间公寓——我向上帝发誓——是因为蝙蝠侠布鲁斯·韦恩在《黑暗骑士》中就住在这样的地方。）

接下来的一个月里，这样的事情我尝试了四次。我被抓住了——你猜得没错——四次。我在这方面很不擅长。自然，上帝也就发了话，说这个人需要再去康复中心。所以——

结肠破裂后，我做了第一次手术，需要挂上一个相当引人注意的结肠造瘘袋——即便是我，也无法驾驭那种形象。要到第二次手术时才能拿掉造瘘袋，但在两次手术之间，我被禁止吸烟（吸烟者往往会留下难看得多的瘢痕，所以有了这条禁令）。更不用提我还缺了两颗门牙——因为咬一片涂了花生酱的吐司把它们崩碎了，还没找到时间去补。

所以，让我来搞搞清楚：你们要求我在戒掉止痛药的同时也戒烟？我根本不在乎瘢痕，我是个大烟鬼，这样的要求太高。这意味着我必须去纽约的康复中心，戒掉奥施康定，并戒掉烟瘾，而且是同时戒除，我吓坏了。

我一进入康复中心，他们就给我吃速百腾[1]来帮助排毒脱瘾，所以情况倒也没那么糟。我住进了我的房间，然后开始计时。到第四天时，我快崩溃了，第四天一直是最艰难的一天。我意识到他们在戒烟这件事上有多么认真。他们的决定是，我在脱瘾期间可以抽烟，而一旦搬到三楼，就必须扔掉香烟。

他们很坚决，坚决到将我锁在了大楼里，不许我出去。我在三楼，能听到纽约在远处发出颤鸣，忙它自己的事，过它自己的生活，而他们最喜爱的讽刺情景喜剧明星却又一次深陷地狱。如果仔细倾听，我能听到地铁在脚下的地底发出的声音——F线，R线，4号、5号、6号线列车，或者也可能是其他某种东西所发出的隆隆声响，某种不请自来、令人恐惧、无法阻挡的东西。

这座康复中心是监狱，我对此深信不疑。是一座真正的监狱，不像我以前编造的那座。红砖、黑铁栏杆。不知为何，我竟然走进了监狱。我从未犯过法——好吧，是我从未被抓住——然而，此时的我就在这里，这里是监牢，是班房，是 D 之屋[2]。缺了两颗门牙的我甚至就像是囚犯该有的样子，而每个咨询师都是看守。我的饭菜说不定就是他们通过紧锁的门上一个长条洞口塞进来的。

我恨这个地方的一切——他们没有任何东西可以教给我。我从十八岁起就开始接受心理治疗了，说实在的，到了这个时候，我已经不再需要任何治疗——我需要的是两颗门牙以及一个不会破损的造瘘袋。当我说我醒来时满身都是自己的屎，我是在说，这样的情况发生了五六十次。

在造瘘袋没有破的早上，我注意到一个新的现象：我醒过来，慢慢揉掉眼屎，享受了大约三十秒的自由，然后现实就会击中我，我会以梅丽尔·斯特里普[3]都要嫉妒的速度泪流满面。

哦，而且我需要一根烟。我提过这事吗？

到了第四天，我坐在我的房间里，做着天知道是什么的事情，就在这时，有某种东西击中了我，我不知道是什么。就像是有某种东西在从体内捶打我。但是，即便我已经接受过超过三十年的心理治疗，已经学不到什么新东西，我也还是必须做些什么，来让我的思绪远离尼古丁，所以我离开我的牢房，朝走廊前方走去。我漫无目的，不知道我要做什么，不知道我要去哪里。

我认为我是想走出我自己的身体。

我知道所有的治疗专家都在楼下，但我决定不走电梯，而是朝楼梯间走去。我并不知道发生了什么——直至今天我都无法描述当时的情况，我只记得我有些惶恐、困惑，处于一种神游的状态，那股强烈的疼痛感又出现了——不是**疼痛**，但相当接近。我完全困惑了。我想吸烟想得不得了。于是我停下脚步，站在楼梯间里，想到了这些年来的痛苦，想到那个院子从未被粉刷成蓝色，想到该死的皮埃尔·特鲁多，想到那个时候我是一个无人陪伴的儿童，现在也依然如此。

就好像我人生中糟糕的部分一下子都出现在我面前。

我永远都不可能解释清楚接下来发生了什么，但突然间，我开始用脑袋撞墙，竭尽人类所能地撞墙。15 比 0。砰！ 30 比 0。砰！ 40 比 0。砰！比赛。一记又一记发球得分，一次又一次截击空中球，我的脑袋是球，墙是水泥球场，所有的疼痛都像球一样被挑高抛起，但持续时间很短，我伸出手，用脑袋撞墙，血溅在水泥地面，溅在墙上，溅得我满脸都是，完成了大满贯，裁判大喊："**比赛，一盘，对手，无陪儿童，6 比 0，需要爱，6 比 0。害怕爱。**"

到处都是血。

这样令头脑麻木的撞击来了大约八次之后，一定是有人听到了声音，于是拦住了我，并问了唯一合乎逻辑的问题：

"你为什么要那么做？"

我凝视着她，就像洛奇·巴尔博亚⁴在每部电影最后一幕中那样，我说："因为我想不到还有什么更好的事可做。"

楼梯间。

1 速百腾（Subutex），丁丙诺啡的商品名，用于止痛，也用来
治疗阿片类药物成瘾。

2 D 之屋（House of D），2004 年上映的美国电影《心碎往事》
（*House of D*）中一所监狱的名称，该片由大卫·杜楚尼执导，
安东·叶利钦、罗宾·威廉斯主演，讲述一个男孩的成长
故事。

3 梅丽尔·斯特里普（Meryl Streep），生于 1949 年，美国演
员，十余次获得奥斯卡提名，曾获最佳女主角和最佳女配角
奖。她出演的电影包括《走出非洲》《廊桥遗梦》《妇女参政
论者》等，演技备受好评。

4 洛奇·巴尔博亚（Rocky Balboa），美国系列电影《洛奇》的主
角，由史泰龙扮演，讲述业余拳手洛奇追寻拳击梦想的故事。

2

又一代人陷入绝境

那年夏天，似乎整个世界的人都走进了洛杉矶国际机场的抵达大厅。

世界级的业余体操运动员、短跑运动员、铁饼运动员、撑竿跳高运动员、篮球运动员、举重运动员、跳跃障碍赛马术骑手和他们的马、游泳运动员、击剑运动员、足球运动员、花样游泳运动员、全球各地的媒体、官员、赞助商、经纪人……哦，还有一个来自加拿大的十五岁业余网球选手，他们都在1984年的夏天被冲上了洛杉矶的沙滩，不过只有一个人是为了换个新地方重新开始。

那年洛杉矶举办了奥运会，那是阳光灿烂、肌肉健美的黄金年代，十万人挤在纪念体育馆和玫瑰碗球场，玛丽·卢·雷顿需要在跳马项目中拿到10分才能赢得体操个人全能赛冠军，她成功了，而卡尔·刘易斯因为跑得够快、跳得够高，拿到了四枚金牌。

也是在那一年，我移居到了美国，一个老二似乎不管用的迷茫的加拿大男孩，前往好莱坞同父亲一起生活。

还在渥太华时，在我离开之前，曾有一个女孩试图与我做爱，但我太紧张了，就在事前喝了六瓶啤酒，因此没能成功。到那时为止，我已经喝了好几年酒了——我开始喝酒，是在将母亲交给那个善良的男人基斯之后不久。

我说他"善良"是认真的。基斯为我母亲而活。基斯唯一让人恼火的地方，是他总是站在我母亲那一边。他是她的保护人。我没办法告诉你，我母亲做过多少让我想和她大吵一架的事，基斯却告诉我，从没发生过那种事。有人会说这是煤气灯效应[1]，另一些人也会说这是煤气灯效应——而这的确就是煤气灯效应。不过，我的家庭是被一个人维系在一起的，而那个人就是基斯·莫里森。

不管怎样，回到我的老二上来。

我没能将酒与私处不灵验的问题联系起来。不能让任何人知道这件事——任何人都不行。所以，我在这颗星球上四处走动，想着性爱是其他人的事情。这样的情况持续了很长一段时间，有好几年。性爱听起来非常有趣，但不在我的宝库之中。也就是说，至少在我的脑海和裤子里，我从生理上来说，是（先天）阳痿。

如果去了洛杉矶，我就会快乐……那就是我的想法。说真的——那就是我认为的"新地方，新起点"，远在我知道这究竟意味着什么之前。我与那些同样站在行李传送带前等候的肌肉发达、训练有素的运动员十分相称。我们不是都带着某种疯狂的梦想来到了这座疯狂的城市吗？如果有一百个短跑运动员，但每个项目仅有三枚奖牌，那你说他们比我理智多少？事实上，我可能比他们更有可能取得职业成功——毕竟，我爸爸是演员，而我的梦想也是成为演员。他所需要做的就是帮我推开本就已经微微打开的门，不是吗？就算我半途而废，那又怎么样呢——我可能也拿不到奖牌，但至少我能离开渥太华，离开一个似乎不想工作的老二。离开一个我并不真正属于的家庭，等等等等。

我最早的计划也和运动有关。我的网球水平已经提升到家里认真考虑过让我去佛罗里达的尼克·博莱蒂耶里网球学院学习的程度。博莱蒂耶里是最好的网球教练——他帮助过莫妮卡·塞莱斯、安德烈·阿加西、玛利亚·莎拉波娃、维纳斯·威廉斯和塞蕾娜·威廉斯两姐妹——而一旦到了洛杉矶，事实很快明晰，我最多只能成为一名完美的俱乐部球员，仅此而已。我记得我参加过一场卫星锦标赛，爸爸和我的新家成员都去观看了。（他于 1980 年和黛比结了婚，黛比是个可爱的女人，也是 20 世纪的风云人物，他们的女儿玛莉亚那时还很小。）我在第一场比赛中一分都没拿到。

南加州的标准极高，这里气温每天都在 72 华氏度，每一家的后院和每个街角似乎都有网球场，而在加拿大的冰雪荒原，运气好的话，12 月到第二年 3 月间，气温都在零度以下，从那里来的孩子很难成为有影响力的人物。这有点类似要在伯班克成为一名真正出色的曲棍球运动员。[2] 因此，事实证明，当我面对加州各位古铜色皮肤的大神发出的时速 100 英里的球时，我成为下一个吉米·康纳斯的梦想很快就消退了，而且与我对打的大神才十一岁，名叫查德（ChaD），最后一个字母 D 要大写。

是时候寻找一份新职业了。

尽管迅速认清了现实，但我还是立刻就爱上了洛杉矶。我爱这里的广袤，爱它的可能性，爱重新开始的机会——更不用说气温每天都在 72 华氏度，比渥太华好多了。此外，当我意识到我不可能靠网球谋生时，有人告诉我，做演员真的可以让人赚到钱，我于是迅速改变了职业目标。这件事没有看起来那么遥不可及；首先，我的爸爸就是演艺界人士，我有一种预感，人们的关注会把我像圣诞树一般点亮。我在老家时就经历过扎实的训练；每当气氛紧张，或者我需要关注时，我都会磨炼自己发表撒手锏言论的技巧。如果表演得好，那么一切都会顺利，我也会得到照顾。我或许是个无陪儿童，但当我赢得笑声时，所有观众——我的母亲、我的妹妹、默里兄弟、学校里的孩子们——都会起立为我鼓掌。我进了一家非常有名又昂贵的新学校（多谢了，爸爸）读高二，才入学三周，就被选为学校戏剧演出的主角，这也没什么坏处。就是这样，女士们先生们——你们看到我演的是桑顿·怀尔德的作品《我们的小镇》里的乔治·吉布斯。[3] 表演对我来说是很自然的行为。我怎么会不愿意假扮成另一个人呢？

上帝哪……

我认为我爸爸一早就感觉到了这是注定要发生的。当我确定出演《我们的小镇》后，我飞奔回家分享这个大好消息，却发现我的床上摆着一本名为《风格表演》的书。里面的题词写着：

又一代人被打入地狱。爱你的，爸爸。

表演是我的另一种药，而且它没有导致酒精此时已开始造成的破坏。事实上，这时的我已越来越难以在通宵喝酒之后保持清醒。上学的日子我不喝酒——还没升级到那么严重的程度。但可以肯定的是，我每个周末都喝。

但首先，我必须接受正规教育。

我是个肤色苍白、快言快语的加拿大小孩，外来者的某些特质会引发青少年的好奇心——我们看起来很有异国风情，尤其是还操着加拿大口音，能说出多伦多枫叶队[4]全部球员的名字。而且，我爸爸是欧仕派的广告代言人；好些年，同学们看到我爸爸在电视上打扮成上岸休假的水手形象——穿着水手外套，戴黑色水手帽——将标志性的白色瓶子扔给胡子剃得干干净净的龙套演员，提醒他们："用欧仕派清洁你的生活！"虽然他演的不是莎士比亚的作品，但他足够出名，而且高大英俊，还非常风趣，他是我的爸爸。

爸爸也是个酒鬼。每个晚上，不管是去了什么片场，或者根本没去片场，他回到家后都会给自己倒上一大杯伏特加汤力，然后宣称："这是我一整天碰到的最好的一件事。"

这就是他对喝酒的评价。他在洛杉矶，和儿子并排坐在沙发上。然后他会再喝四杯，端着第五杯上床睡觉。

爸爸教了我很多好东西。但他确实也教会了我如何喝酒。我喜欢喝的酒是双份伏特加汤力，每次喝酒我都会想：这是我一整天碰到的最好的一件事。这自然不是巧合。

不过有一个区别，一个很大的区别。第二天早上七点，爸爸总会雷打不动地准时起床，精神焕发；他会冲个澡，涂上须后水（从来不用欧仕派），然后去银行或者去找他的经纪人或者直接去片场——他从来不会耽误任何一件事。爸爸是典型的高功能酗酒者。与之相反，我这时候要醒来就已经很挣扎了，而且还会和周围一起喝酒的人嘀咕。

我看到父亲连喝六杯伏特加汤力，却过着完全正常的生活，于是就觉得这样做是可行的。我觉得我也能做到。但有些东西潜伏在我的阴影和我的基因之中，就像黑暗中潜伏的一只令人毛骨悚然的野兽，那是我有而父亲没有的东西，要等到十年之后，我们才会知道那是什么。酗酒、药物成瘾——不管你想怎么称呼这件事，我选择叫它，**大麻烦**。

但我也是乔治·吉布斯。

我不记得班上的同学们怎么看我这个操加拿大口音的皮肤苍白的新人了，不过我不在乎。文学指南网站SparkNotes这样描述吉布斯："一个典型的美国男孩。他是当地的棒球明星，高中毕业班班长，纯真且敏感。他是个好儿子……（但）对乔治来说，控制自己的情绪虽然不是绝无可能，但很困难。"

好吧，相当准确。

不过，在家里，爸爸把伏特加摆得整个房子里到处都是。有一天下午，他和黛比出门了，我决定喝一大口伏特加。当它温暖的香气顺着我的喉咙和食管流淌而下，发出刺耳的声响时，我体会到了那种幸福，那种轻松，那种一切都会好起来的感觉，我看到了渥太华老家后院上空的云层，我想我要出门去，进入洛杉矶，行走在这乐园，这72华氏度的天堂之中，于是，一个校园戏剧明星像醉酒的奥德修斯一般在巨星云集的街道上游荡。为伦敦《观察家报》撰写1984年洛杉矶奥运会新闻报道的克兰西·西格尔指出，无论何时到访这座城市，他都感觉自己"正在穿透一层将洛杉矶与真实的痛苦世界隔绝开来的软膜"。此时的我也正在穿透那层柔软的、被伏特加软化过的薄膜，进入一个没有痛苦的世界，在那里，世界既真实又不真实……然而，当我转过一个拐角，另一些我之前从未想过的东西击中了我——是死亡，以及对于死亡的恐惧，是一些问题："我们为什么都在这里？""这一切意味着什么？""有什么意义？""我们都是怎么抵达这里的？""人类是什么？""空气是什么？"所有这些问题如海啸一般涌入了我的大脑。

而我只不过是在绕过一个该死的街角！

那杯酒和那次行走，打开了我体内一道现在依然存在的裂口。我如此不安，我是一个糟糕透顶的人。问题接踵而来，就像倒入杯中的酒；我所做的只是和西格尔一样——我抵达了洛杉矶，和体操运动员、短跑运动员、马匹、作家、演员、追梦人、过气明星以及欧仕派的广告演员一道，但现在，在我的脚下出现了一片巨大的虚空。我站在一个巨大的火坑边缘，就像土库曼斯坦中部卡拉库姆沙漠的"地狱之门"[5]。那杯酒和那次行走造就了一个思考者，一个探求者，但他探求的并不是什么柔焦的佛教废话——那是一个徘徊在火焰深坑边缘的人，困扰他的是答案的缺失，是无人陪伴，是想要爱但又害怕被抛弃，是想要刺激但又无法享受，是一根用不了的老二。我面对的是最后的四件事：死亡、审判、天堂和地狱。一个面对着末世论长大的十五岁男孩，他离末世论的面庞如此之近，都能闻到它呼吸中的伏特加气息。

若干年后，我的父亲也将进行一次他自己的有意义的行走：那天晚上他过得很糟，喝醉了酒，摔进了一片灌木丛还是什么地方，第二天早上他对黛比说起，黛比说："这是你想要的生活方式吗？"他说不是——然后他去散了步，戒了酒，从此以后滴酒未沾。

我没听错吧？你去散了一次步，然后就戒了酒？我为戒酒已经花了超过七百万美元。我已经参加过六千次酗酒者互戒协会的会议。（不是夸张，可以说是一种有根据的估算。）我进过戒瘾康复机构十五次。我进过精神病院，三十年里每周接受两次心理治疗，去过死亡之门。而你却只是散了那么一次步？

我将告诉你，你可以去哪里散步。

但我爸爸不会写剧本，不能出演《老友记》，不能帮助无助之人。而且他也没有七百万美元可供其花在任何地方。我猜，命运自有其权衡。

这就引出了一个问题——我愿意和他交换位置吗？

我们为什么不晚点再讨论那个问题？

我会往自动点唱机里投几个十分钱的硬币，一遍又一遍地播放彼得·加布里埃尔和凯特·布什的《不要放弃》；有时也会播放鲍勃·西格的《主街》或披头士的《太阳升起》。我们之所以热爱101咖啡馆，有一个原因就是他们至今仍保留着自动点唱机；此外，那里感觉像是过去的好莱坞，有焦糖色的皮革卡座，好像随时都可能有超级巨星走进店里——你知道的，他们来是为了假装名气不曾改变任何事情。[6]

到1986年时，我已经非常确信，名气会改变一切，而我比这颗星球上的任何人都更渴望出名。我需要名气。它是唯一能治愈我的东西。我确信无疑。在洛杉矶生活，你时不时地会碰到名人，或者你会在即兴演出中看到比利·克里斯托[7]，发现尼古拉斯·凯奇在隔壁卡座，我只知道他们没有问题——事实上，是他们所有的问题都被解决了。因为他们是名人。

我一直在参加试镜，甚至还得到过一两个演出机会——最值得一提的是，我参演了《查理当家》第一季。我扮演埃德，一个穿格子毛衣、系领带的古板预科生，他用缓慢庄重的语调，自信地说了一句重要台词："我父亲毕业于普林斯顿，是外科医生——我要追随他的足迹！"不过这只是工作，是电视里的事情，我没来得及多想，就发现我已经开始逃学了，为了和女孩们在餐馆晃悠，她们喜欢我的口音、我的快言快语、我刚刚起步的电视事业、我倾听她们说话的能力。多亏了我在加拿大所受的培训，我知道我能倾听和帮助遭遇危机的女性。（如果你是一位女性，身陷困境之中，你把你的经历唱成歌，我会一遍又一遍地聆听。）于是我就在101咖啡馆和一群年轻女人谈笑风生，讲很密的笑话，傻笑，倾听；一离开环球影城的停车场，我就抛弃了《查理当家》中的学院风服饰，打扮得和20世纪80年代中期任何一个时髦的青少年一样：牛仔外套搭格子衬衫，可能还会穿一件奇想乐队的文化衫（然后回家去听空气补给乐队）。[8]

快满十六岁时，日子似乎没有尽头，尤其是当你在好莱坞某家廉价小饭馆里迷倒了一大群年轻女孩的时候。那天我一定也非常亢奋，因为在我开玩笑时，一个中年男人走过卡座，将一张字条放在我面前的餐巾上，然后便离开，直接出了门。女孩们都停止了说笑；我看着男人离开的背影，来了一个钱德勒式延迟惊讶的原型表演，引发了更多笑声。

"哎呀，快看看写了什么！"一个女孩说。

我小心翼翼地拿起那张字条，仿佛它的表面沾满了毒药，然后慢慢展开。上面用弯曲细长的笔迹写着：

我想找你出演我的下一部电影。请往这个号码给我打电话……威廉·里克特。

"写的是什么？"另一个女孩问。

"写的是：'你还能再帅一点，再有才一点吗？'"我故作严肃地说。

"不，"第一个女孩说，"才不是！"

她男高音一般不肯相信的语气引发了另一轮大笑，我说："哦，非常感谢。"等笑声一停，我又说："上面写的是：'我想找你出演我的下一部电影。请往这个号码给我打电话。威廉·里克特。'"

一个女孩说："嗯，这听起来还有些合理……"

"是吗？"我说，"这部电影要在一辆没有窗户的面包车的车厢里拍摄。"

那晚回到家，我问爸爸该怎么做。他当时正在喝第三杯伏特加汤力——他的大脑油箱里只剩下足够给出一个有用答案的力气。这个时候，他因为我的职业开始有了起色而感到有点挫败；他并不嫉妒，但他意识到我比他年轻，道路正在我面前自行展开，如果我打好我的牌，那我的事业可能会比他的更成功。我的意思是，他除了支持从未有过任何其他表示——他可不是电影《霹雳上校》里那种专制又蛮横的爸爸。⁹我的爸爸是我的英雄，而且他以我为傲。

"嗯，马蒂，"他说，"打个电话又不妨事。"

不过，不管爸爸说什么，我知道我都会打那个电话。我第一次看那张字条时就知道了这一点。毕竟这里是好莱坞——事情就该这么发展，对吧？

事实证明，威廉·里克特并不打算在面包车的车厢里拍电影。

里克特那天一直在 101 咖啡馆看我为女孩们表演，看够了《马修·派瑞秀》，想找我出演一部他根据自己的小说《热夜狂欢》改编的电影。[10] 小说和电影的背景都设定在 20 世纪 60 年代初的芝加哥；里尔登是个被迫去念商学院的少年，但他真正想做的是赚到足够多的钱，买一张去夏威夷的机票，他的女友住在那里。我要演的是里尔登最好的朋友弗雷德·罗伯茨，这个角色就像《查理当家》中的埃德一样，家境富裕，有点势利，因为一直是处男而饱尝烦恼。（我可以理解。）我又一次抛弃了学院风装扮，因为弗雷德要穿戴的是灰色毛呢鸭舌帽、皮夹克内搭西装衬衫及领带，哦，还有黑色皮手套。在电影中，里尔登一角要和我的女友睡觉，但没关系，因为能被里尔登背叛是一种荣幸。

领先于时代的天才的名单实在太长，在这里无法一一列出——我只想说，在任何一张这样的名单中，接近榜首的都应该是我在《热夜狂欢》中的搭档瑞凡·菲尼克斯 [11]。这部电影是我的第一份工作，我清楚地意识到，如果电影大获成功，故事将更加精彩，不过，真正重要的是，我学到了如何拍电影，我认识了瑞凡，他在各个方面都堪称美的化身。那家伙周身散发着光芒，但和他相处太轻松自在了，你根本不可能嫉妒他。那时候《伴我同行》才刚上映——他在里面相当突出——当你和他一同走进一个房间时，他的魅力能让你立刻变成家具的一部分。

《热夜狂欢》在芝加哥拍摄，于是刚满十七岁的我就去了那座风之城[12]，没有父母在身边，没有任何东西，再一次成了一个无陪儿童，不过这一回我感觉到的是自由，仿佛我生来就该享有这份自由。我有生以来从未如此兴奋。正是在芝加哥，在这部电影里，在和瑞凡·菲尼克斯搭档的时候，我深深地爱上了表演——而在这段极其神奇的时光里，最让我高兴的是，瑞凡和我成了挚友。他和我曾在北拉什街一起喝啤酒、打台球（《金钱本色》[13]刚上映，打台球成了热门活动）。我们是论日计酬；我们与女孩们调情，虽然对我而言最多也只到调情而已，呃，你知道原因。

瑞凡是个美丽的男人，从里到外都是——事实证明，他太过美丽，为这个世界所不容。瑞凡作为演员比我更出色；我更有趣。但我在我们共同出现的场景中当然也保持了自己的风格——几十年后回过头来看，我认为这实在是一个不小的成就。不过，更重要的是，瑞凡看世界的方式不同于我们所有人，那让他无比迷人，充满魅力，而且，是的，也让他显得那样美丽，但不是盖璞广告中的那种美（虽然他也有那种风格的美）——而是一种"世界上再没有其他人像他　样"的那种美。更不用说他当时正以火箭般的速度走红，但你永远都不可能知道了。

而在所有这些神奇的故事中，瑞凡·菲尼克斯和我一起拍了一部电影。

　　后来，瑞凡说他对自己在《热夜狂欢》中的表演并不满意，声称他不是这个角色的合适人选。但对我而言，他是所有角色的合适人选。他有能力做任何事。我记得在电影《通天神偷》[14] 中看到他的情景——他做了别人都不会做的选择。更不用说他在罗伯特·雷德福和了不起的西德尼·波蒂埃等传奇人物面前依然保持了自己的特色。（如果你还没看过这部电影，你应该看看——超有意思。）

　　我们一起参与的电影最终遭遇了票房惨败，但这并不重要。我们已经见识过某个美丽而神奇的地方，哪怕只是在芝加哥寒冷的北拉什街。那是我人生中最棒的体验——我明白这一点。我的戏份大约三周就拍完了，但他们（实际上可能是瑞凡）非常喜欢我，让我留在那里，一直待到电影拍摄结束。再也不可能有比这更棒的事了。

　　拍摄即将结束时，有一天晚上，我独自待在特里蒙特酒店的小房间中，跪下来对宇宙祈祷："你永远不要忘记这段经历。"

　　我没有忘。

　　但魔法从不长久；不管你填补的是什么洞，它们似乎都会不断地重新爆裂开来。（就像打地鼠游戏一样。）这或许是因为我总是试图用物质实体填补精神漏洞……我不知道。不管怎样，到了拍摄的最后一天，我坐在芝加哥酒店房间里的床上哭。我一直哭啊哭，因为即便是在当时，我也知道我再也不可能有那样的经历了——我的第一部电影，远离家乡，可以自由自在地调情、喝酒，和瑞凡·菲尼克斯这样才华横溢的年轻人混在一起。

七年之后，1993年的万圣节，我将再度哭泣，因为瑞凡死在了西好莱坞毒蛇屋的门前。[15]（我听到我的公寓里传来尖叫声；回到床上；醒来看见了这条消息。）他去世以后，他的妈妈提到药物使用问题，这样写道："（瑞凡）这代人的活力正在被消磨殆尽。"在那个时候，我每天晚上都要喝酒。但要等到若干年后，我才能明白她所指的究竟是什么。

《热夜狂欢》杀青后，我从芝加哥飞回洛杉矶，以重返高中校园的形式回到了地球这颗行星。我仍会大量试镜，但并没能获得多少关注。找我出演的多是喜剧，最后差不多都只是友情客串。但我的成绩还是很糟，后来以2.0的平均绩点毕了业。我对毕业的全部要求就是父母都能出席典礼，他们很体贴地来了。随后的晚餐尴尬到让人难以置信，而这似乎更强调了一个事实，即他们共同的孩子注定要不得自在，哪怕他往往同时是房间里最有趣的人。不过，那晚的餐桌上，我只能算第三有趣的人，以及第三漂亮的人。至少让他们在一起的童年梦想实现了，哪怕只有一晚，甚至哪怕现场只有尴尬的沉默，以及你来我往的冷嘲热讽，像是有什么天大的怨气。

我很感激父母参加了那次晚宴——他们真是令人难以置信地体贴，他们原本完全没有参加的必要。但那让我明白了某些我之前不曾预想过的事。我开始明白，他们不在一起是对的。他们不该在一起。他们分开是正确的。他们两个随后都找到了注定要在一起的人。我为他们感到无比高兴。马蒂无须再许愿让父母重归于好。

他们再一次一同出现在一个房间里，将是几十年后的事了。而那个时候，他们是为了一个截然不同的原因。

扮演的角色，敏捷的头脑和伶俐的嘴巴，与瑞凡的友谊，格子衬衫套牛仔夹克的穿搭，这一切组合在一起，帮我找到了一个名叫特里西娅·费希尔的女朋友。（埃迪·费希尔和康妮·史蒂文斯的女儿——没错，凯丽·费希尔同父异母的妹妹。这个女孩可谓见惯了魅力人士。[16]）

光是她那动听又诗意的名字足够让人神魂颠倒了——以及，这时的我已经十八岁了，对所有事都很有把握，除了和另一个人类在一起的时候。我把阳痿像一个丑陋的巨大秘密一样随身携带，就像随身携带的其他任何物品一样。因此，随着我与特里西娅·费希尔关系的加深，身体结合的想法浮上水面，但我如罗马天主教徒般自信地宣布，我想再等等——顺便一提，说这话的十八岁男性可不多，他们也不该说这话。这自然引起了特里西娅的兴趣。当她追问我为什么时，我扯了些"承诺""未来""地球现状""我的事业"之类的鬼话，事实上任何理由都可以，只要能避免告诉她，一旦到了关键时刻，我可是比101咖啡馆的焦糖色卡座还要软。我不可能让事态发展到关键时刻，否则我的秘密就要泄露。

我的坚定，至少是我等待的信念，坚持了两个月。但堤坝会崩溃，不导向任何结果的亲热让我们两个都开始过度紧张。特里西娅·费希尔做出了决定。

"马蒂，"她说，"我已经受够了这样。我们走。"

她牵着我的手，将我拉到我那间位于韦斯特伍德区的小小的单身公寓的床上。

我很惊恐，但也觉得兴奋，尽管我的内心依然回荡着充满恐惧的对话：

——也许这一次，和我深爱的人一起，我之前的无能历史会烟消云散……烟消云散——是个坏词。

——我该提前喝杯硬性烈酒吗？嗯，问题就出在硬这个字上，伙计。

——也许并不像我担心的那么难。不难？马蒂，别再那样自欺……

在这段简短的对话变成一部三分钱歌剧前，特里西娅已经脱掉了我们两个的衣服，将我们两个都拉到了床上。我清楚地记得，性爱的山麓就已经是一种纯粹的幸福，但我就像一个登山新手，担心过了某个大本营，再多的氧气也无法帮助我爬得更高。而事实证明果真如此。还能怎么说呢？——我就是没有办法让那东西正常工作。我什么都想过，任由各种复杂、性感的影像在我混乱的大脑中旋转，希望能抓住什么——抓住一样立刻就能扭转全局的东西——让我能够步入极乐世界。毫无效果；毫无。我再一次感到惊恐，我离开特里西娅·费希尔爱的怀抱，轻轻地将我单薄赤裸的身体挪到了公寓里的一把椅子上。（就好像是，只要你愿意，你尽可以把我折成两半。）我坐在那里，瘫软、悲伤，两只手像晚祷的修女一样抱着膝盖，尽全力掩盖我的尴尬，可能还掉了一两滴眼泪。

特里西娅·费希尔再一次拒不接受。

"马蒂！"她说，"这究竟是怎么回事？你难道不觉得我有吸引力吗？"

"哦，不，我当然觉得你很有吸引力！"我说。生理问题已经够糟的了，但更糟的是，我能感觉到一种正不断加深的被抛弃的感觉从房间的窗户钻了进来。如果特里西娅离开我，那该怎么办？如果我一如既往，还是不够好，那该怎么办？如果我注定要再一次成为无人陪伴的人，那该怎么办？

我绝望了；我真的喜欢她；而且我真的想要相信，爱能拯救我。

只有一件事可做。我必须告诉她一切。

"特里西娅，"我说，"我还在渥太华的时候，因为要和一个女孩亲热，紧张到喝了六瓶啤酒……"我没有任何隐瞒，将整个羞耻的故事和盘托出，全部告诉了特里西娅，最后承认我阳痿，而且以后永远都将如此，它没有用，没有任何办法，我对她的渴望是任何有形、有名、有实之物都无法相提并论的。但我也无比希望她不要抛弃我，所以如果我能做点什么来留住她，那她全部所需要做的，就是提出她的要求，我一直一直说个不停，像是春天里汩汩流淌的小溪。

亲爱的特里西娅·费希尔——她任由我喋喋不休，因为我正尽最大努力让她相信，不管她有多么美丽——她当然确实非常美——那都不重要：我注定要在余生岁月重复渥太华的那一夜。

最终，我平静了下来，深吸了一口气。特里西娅非常镇静、非常轻松地说："跟我来。那种事再也不会发生。"

说完，她朝我走来，拉住我的手，将我领回床上，让我躺了下来，毫无疑问……纯粹的荣耀，整整持续了两分钟！那天晚上，凭借神奇宇宙的力量，以及在一个美丽的年轻女人（她值得更好的一切）帮助下，我终于先是暂时弄丢了我的童贞，然后彻底失去了它，从此以后，阳痿再也不属于我的词汇表，正如她所承诺的那样，再也不会发生。我的一切——至少在身体层面上——都运行得刚刚好。

这个女人用你所能想象的最有意义的方式之一，拯救了你的生命。那么，请告诉我，派瑞先生，你是如何偿还这样一笔沉甸甸的债的？

哎呀，优秀的读者，我为了报答特里西娅，几乎和南加州的每一个女人都睡过。

（有一次，我和另一个十八岁的女孩约会，吃饭时她突然停了下来，说："我们回你家去做爱吧。"

性爱对我来说依然挺新鲜，所以我立刻就同意了。我们回了我的公寓，就在我们跨过门槛时，她拦住我说："等等，等等！我做不到！你得送我回家。"

我当然也照做了。

第二天，我对夜里发生的事感到困惑，当时我已经开始进行心理治疗了，于是就把这件事告诉了心理咨询师。

"我给你讲一个故事，会对你有所帮助，"他说，"当一个女人来到你的住处，脱掉了她的鞋子，那你就有机会和她上床。如果她不脱，那你就没有。"

我那时十八岁；现在我五十二岁了；他说的话百分之百正确。我曾经作过弊，在门口放几双鞋子，暗示进屋前要脱鞋。但每一次结果都验证，那个心理咨询师的观点是对的——如果一个女人不脱鞋，那你们最多只能到亲热为止。）

若干年后，特里西娅和我将再度约会，当时正值《老友记》最受欢迎的时候。她没有抛弃我，但过去的恐惧爬了回来，最后是我结束了那段关系。我真希望那时的我能从内心里感觉到她并没有抛弃我，能从内心里相信这一点。那么结局或许会更好。那么伏特加汤力或许就不会成为我的首选饮品。

那么，每一件事或许都会变成另一副模样。或者也有可能，不会改变。

但对于特里西娅，以及在她之后的女友们，我想要感谢你们。对于所有那些我主动离开的女人（那只是因为我害怕她们会离开我），我发自内心地感到抱歉。如果我当时就明白我现在才懂的事该多好……

1　煤气灯效应，源于 1940 年的英国电影《煤气灯下》(*Gaslight*)。这部电影讲述青年安东为夺取少女宝拉继承的遗产，用尽各种手段想将其逼疯，送进精神病院。该术语后引申为一种心理操纵形式。

2　伯班克 (Burbank)，毗邻好莱坞的一座城市，好莱坞电影公司和主流媒体云集于此，例如，华特·迪士尼、华纳兄弟、美国全国广播公司等都在此设立总部或分支机构。在伯班克，电视电影产业才是主流，想在此发展曲棍球运动员生涯或许有些风马牛不相及。

3　《我们的小镇》(*Our Town*)，美国著名剧作家、小说家桑顿·怀尔德 (Thornton Wilder, 1897—1975) 于 1938 年创作的经典话剧，以一个美国小镇为背景，讲述人与人之间平凡而又隽永的故事。剧情围绕吉布斯家和韦伯家展开，乔治·吉布斯作为其中的重要角色，与艾米丽·韦伯发展出一段动人的恋爱和婚姻。

4　多伦多枫叶队 (Toronto Maple Leafs)，加拿大多伦多的国家冰球联盟队伍，成立于 1927 年。

5　"地狱之门"，位于卡拉库姆沙漠的一个天然气坑洞，直径约70 米，坑洞内的大火至今仍未熄灭，如同地狱之火一般，故得此名。

6 101 咖啡馆（101 Coffee Shop），洛杉矶著名地标，以 20 世纪 60 年代的复古装饰风格而闻名，曾出现在大热影视作品中。2020 年已永久性停业。

7 比利·克里斯托（Billy Crystal），生于 1948 年，美国演员、导演、制片人，早年在咖啡馆表演脱口秀，后以《周六夜现场》等喜剧节目走红。1989 年，他出演电影《当哈利遇到莎莉》的男主角，大获成功。

8 奇想乐队（The Kinks），英国摇滚乐队，成立于 1964 年，活跃时间与披头士、滚石等乐队同期，曲风偏流行摇滚，1990 年入选摇滚名人堂，1996 年解散。空气补给乐队（Air Supply），又译"空中补给乐队"，成立于澳大利亚的流行摇滚乐队，于 20 世纪七八十年代走红全球，三次荣获格莱美音乐奖。

9 《霹雳上校》（The Great Santini），美国电影，上映于 1979 年，讲述一名空军士兵在退役归家后，因继续以军中绝对服从的纪律要求妻儿，而引发一系列冲突与反省的故事。该片获两项奥斯卡提名。

10 《热夜狂欢》（A Night in the Life of Jimmy Reardon），电影名直译为《吉米·里尔登的一夜》，上映于 1988 年，美国电影，由威廉·里克特（William Richert）编剧和执导。影片以高中生吉米·里尔登（瑞凡·菲尼克斯饰）的故事为主线，通过他的一夜经历，探索了青少年的爱情、责任和自我认知等主题。

11 瑞凡·菲尼克斯（River Phoenix，1970—1993），美国演员，以其出色的演技和敏锐的角色诠释而闻名，其成名作是 1986 年上映的电影《伴我同行》，其他知名作品包括《春色一箩筐》《不羁的天空》等。他在 1993 年因药物过量不幸去世，年仅 23 岁。

12　风之城（Windy City），芝加哥的别称，因其常有大风乃至飓风天气而得此名。

13　《金钱本色》（*The Color of Money*），美国著名导演马丁·斯科塞斯执导的电影，1986 年上映。影片中，一位老练的台球手埃迪·弗尔森（保罗·纽曼饰演）在一个俱乐部遇到了文森特·塞巴斯蒂安（汤姆·克鲁斯饰演），弗尔森遂决定成为塞巴斯蒂安的经纪人，指导他成为一名优秀的台球手，一个关于尊严、金钱、竞争和成长的故事由此展开。保罗·纽曼凭借本片赢得奥斯卡最佳男主角奖。

14　《通天神偷》（*Sneakers*），1992 年上映的美国电影，是一部以计算机技术和网络安全为主题的惊险犯罪片，主要角色由罗伯特·雷德福（Robert Redford）、西德尼·波蒂埃（Sidney Poitier）等一线演员担任，在上映后获得了一定的商业成功。

15　毒蛇屋（Viper Room），由演员约翰尼·德普等人共同创办的俱乐部，于 1993 年在西好莱坞开张，迅速成为好莱坞著名娱乐和社交场所之一。1993 年 10 月 31 日，德普的好友、年轻的演员瑞凡·菲尼克斯在毒蛇屋门口猝死，这一事件引起了广泛的报道。由于一系列经营问题和法律纠纷，毒蛇屋于 2004 年停业。

16　特里西娅·费希尔（Tricia Fisher），生于 1966 年，美国演员。她的父亲是美国著名歌手埃迪·费希尔（Eddie Fisher），母亲则是美国著名演员康妮·史蒂文斯（Connie Stevens），两人于 1969 年离婚。凯丽·费希尔（Carrie Fisher）则是埃迪·费希尔与其前妻、著名影星黛比·雷诺兹（Debbie Reynolds）的女儿，出生于 1956 年，也从事演艺行业，因饰演《星球大战》中的莉亚公主而广为人知。

插曲

叫马特的男人

"我要开始推销了,"我说,"你准备好了吗?"

亚当说:"当然!朝我放马来吧!"

我长长地吸了一口万宝路,将电话贴近脸颊,长长地吐一口气,有焦油、尼古丁和痛苦的气息,然后开始推销。

"好,"我说,"故事是关于这个家伙的。你会认出他的。他叫马特,大概五十岁。他因为多年前出演了一部超级火爆的电视剧而非常非常有名。但是现在呢,在电影开场时,我们看到他腆着个大肚子——他的公寓里堆满了空的比萨盒,全都摞在一起,像《第三类接触》[1]中的那个图腾柱,你知道,就是他们用土豆泥做的那个……总之,他的生活有点儿混乱。他很迷茫。然后,他的一个远亲突然过世,留给他二十亿美元的遗产。他用那笔钱变成了一个超级英雄。"

"我爱这个故事。"亚当说。

接着他又问:"你真继承了二十亿美元?"

亚当是个幽默的家伙。

"不,不!"我说,"继承钱的是这个角色。有哪个部分激发了你的灵感火花了吗?如果有,我们下一步该怎么办?你是扛大梁的。"

"我不算是真正扛大梁的人。"亚当说,尽管我们两个都知道他是。我很感谢他的谦虚,但谦虚在好莱坞连一句"去你妈的"都换不来。

"你说什么?"我说,"你当然是扛大梁的……"

他毕竟是亚当·麦凯[2],执导了《王牌播音员》《非亲兄弟》等一大堆卖座影片的家伙。就在我们聊天的这段时间,他正在制作《不要抬头》,这部影片讲述的是一颗巨型彗星即将撞击地球的故事,你知道,演员包括莱昂纳多·迪卡普里奥、詹妮弗·劳伦斯、提莫西·查拉梅、马克·里朗斯、凯特·布兰切特、泰勒·派瑞、乔纳·希尔,甚至还有爱莉安娜·格兰德和梅丽尔·斯特里普——真是令人惊叹的阵容。

我也参与了《不要抬头》的演出,当时我正要前往瑞士的康复机构,不过还是去波士顿拍摄了我的戏份。在片场,我给亚当抛了个梗,他很喜欢,加到了戏里,于是那个梗成了那场戏的亮点，这绝对就是我一直在期待的那种结果（但他最后没用那场戏——世事无常，没什么大不了）。重点在于，亚当·麦凯和我真的处得很好，所以他打了这通电话，听我推销故事。

那时我正因为手术导致的瘢痕组织而疼痛难忍，我需要止痛药，当然了，我会对药物上瘾，而那只会对我的内脏造成更严重的损害……但接到亚当打来的电话让人高兴，我感觉好了一点儿。我们只单纯在聊天，但在好莱坞是没有单纯聊天这种事的，所以我想知道究竟是怎么回事——他为什么给我打电话。但他似乎一直都不能进入主题，我于是抓住时机，开始向他推销我的点子。

"总之，扛大梁先生，"我无视他的假谦虚，说道，"你觉得如何？"

你知道那种情况吧？就是谈话出现了停顿，你事后回想起来，会希望停顿能永远持续下去，那样一来，你就不用听后面的话。

"我想你是弄错了说话对象。""亚当"说。

"啥？那么，你是谁？"我问。

"我是亚当·麦克莱恩。我们六年前见过。我是电脑推销员。"

如果你看过《不要抬头》，那你就知道，在影片的最后……好吧，我们这么说吧，当我意识到电话那头是亚当·麦克莱恩，而非亚当·麦凯，一颗该死的巨型彗星砸进了我的脑袋。

这种破事在我身上还发生过一次。多年前，布鲁斯·威利斯凭借《第六感》获得美国人民选择奖最佳男主角奖，组委会邀请我去为他颁奖。那天晚上，我在后台遇见了海利·乔·奥斯蒙和 M. 奈特·沙马兰，和他们俩交谈了大约十分钟。[3]

六个月后，我和几个朋友在日落侯爵酒店，当时进来的人如果不是 M. 奈特·沙马兰还能是谁呢？

"嘿，马修，"他说，"好久不见！我能坐下来吗？"

他能坐下来吗？他刚编写并执导了《第六感》。他可是下一个史蒂文·斯皮尔伯格，他当然能坐下！我当时喝了几杯酒，玩得很开心。（在这个时候，光喝酒对我来说还能起作用。）

最后，我的朋友们都不见了，只剩 M. 奈特和我坐在那里瞎聊。我记得我当时在心里记了一笔，我们根本没聊演艺事业，就只在谈论爱情、失去、女孩、洛杉矶以及人们在酒吧常常谈论的其他话题。他似乎也特开心——不管我讲什么蠢笑话，他都会大笑——我开始合计，嘿，这家伙喜欢我！他一定是《老友记》的超级粉丝什么的，因为他看起来真的很关注我说的每一件事。

我一般是不会这么做的——我已经被这种思维方式折磨过太多次——但这一次我开始疯狂幻想，这对我的事业可能会带来怎样的影响。他告诉我，市区那头刚开了一家酒吧，问我想不想跟他一起去。我想不想跟他一起去？他可是该死的 M. 奈特·沙马兰！我当然想和他一起去。

我们于是去停车场取了车，然后我跟着他穿过城市到了那家新开的酒吧，一路上都很确信，我将出演他的下一部巨作——是的，即将诞生一部绝赞、烧脑的新电影，而且揭晓反转大结局的人将会是我！

我的脑袋在翻跟头。我无法解释原因——他似乎就是喜欢我，喜欢我的作品，而我正好也喝高了，以为这将是一个改变我人生的夜晚。我们在那家新开的酒吧里坐下来，我感到很舒服（请读：醉了），于是便说，我们应该找个机会一起工作。突然间，他的脸上闪过一种奇怪的表情，我记得我当时立刻就后悔说了这句话。他去了趟卫生间，他不在的时候，有个我不是很熟的人走过来问我那晚过得怎么样。

我说："嗯，我跟 M. 奈特·沙马兰混了一晚上，我告诉你，那家伙爱我。"我的朋友大为吃惊……直到 M. 奈特从卫生间回来。

"马蒂,"我的朋友盯着 M. 奈特仔细地看了看,"我能私下跟你说句话吗?"

这可真是奇了怪了,不过喝酒能让几乎所有事情都变得合理,于是我便从与 M. 奈特共度的神奇夜晚暂时离开了一会儿。

"马蒂,"朋友小声说,"那不是 M. 奈特·沙马兰。"

听到这个惊天大披露,我奋力集中我那因伏特加而模糊的视线,穿透酒吧里昏暗的光线,用力地眯缝着眼睛看向那位非奈特·沙马兰。

甚至。

毫无。

相似之处。

事实证明,那位"M. 奈特"其实是一位印度绅士,跟 M. 奈特·沙马兰长得一点也不像(或许他叫 N. 奈特·沙马兰?),他实际上是我在洛杉矶经常去的时髦餐厅周先生比弗利山庄分店的领班……后来我不再常去那里用餐,因为我曾告诉那里的领班,我们应该找个机会一起工作。他觉得他正在度过一个什么样的夜晚呢?我想。

1　《第三类接触》(*Close Encounters of the Third Kind*)，上映于1977年，史蒂文·斯皮尔伯格的科幻电影，讲述外星人降临地球的故事。

2　亚当·麦凯(Adam McKay)，生于1968年，美国电影导演、编剧、演员。2015年，他执导的电影《大空头》获得奥斯卡最佳影片、最佳导演、最佳改编剧本等五个奖项的提名。

3　《第六感》(*The Sixth Sense*)，1999年上映，美国电影。布鲁斯·威利斯(Bruce Willis)在其中饰演一名儿童心理学家，海利·乔·奥斯蒙(Haley Joel Osment)饰演一个有着灵异第六感的男孩。这部电影取得了极大的反响，获奥斯卡多项提名，除两位主演获得广泛赞誉之外，导演M.奈特·沙马兰(M. Night Shyamalan)也一举成名。M.奈特·沙马兰，印度裔美国人，1970年生，导演、编剧、制片人。

3
———

行 李

　　我的生活永远都处在《土拨鼠日》一般的循环状态之中。[1] 我之所以最爱那部电影，是有原因的。

　　每天晚上，我都会和朋友们一同去西好莱坞圣莫尼卡大道的福尔摩沙咖啡馆 [2]。那儿的吧台上方有两块标识牌：大头照下方的那块写着"明星用餐地"，另一块则写着"按杯供应葡萄酒"。不过，我们并不按杯喝酒——我们按品脱、夸脱、加仑喝……而且喝的是伏特加，而非葡萄酒。

　　"我们"指的是汉克·阿扎利亚、戴维·普雷斯曼、克雷格·比尔克，还有我。我们组成了我们自己的迷你鼠帮。[3]

　　我最早认识的是汉克，当时我十六岁。我们在哥伦比亚广播公司（CBS）的片场，为艾伦·格里尼主演的《异形奇花》[4] 试播集试镜。我们两个都入选了，他在试播集中扮演我的叔叔。我们关系很铁，所以后来我搬出来一个人住时，就在他住的那栋楼里挑了一套单身公寓。他那时就特别幽默，我认识他时，他正在做大量的配音工作。那份工作最终将为他带来难以置信的财富，不过在一开始，我们想要的只是名气。名气、名气、名气，那就是我们想要的全部。还有女孩，以及，呃，还是名气。我们之所以只在乎名气，是因为，至少对我来说，我认为出名能填补我内心里那个正不断长大的巨洞。

但在出名之前，我是在用酒精填补那个洞。

我一直都在喝酒 —— 大学几年我都在福尔摩沙喝酒——事实上，我在喝酒这门课上拿到了 4.0 的平均绩点，而且还是喝酒联谊会的会员。对于酒精的爱确实已经成了我人生的舵手，不过我想我并未意识到酒对我的控制有多深，直至有一天晚上，我和当时的女朋友加比一起出门。加比后来将为《副总统》[5]和其他许多剧集撰写剧本，并将成为我的终生好友，但那天晚上，我和她以及一群朋友去环球影城看了一场魔术表演。我记得我点了一些特调饮品，满是酒精的那种，一边喝一边看那个家伙从帽子里往外掏兔子之类的东西，不过最后他袖子里的丝绸围巾一直拉不完，我们都看烦了，于是回到加比的公寓玩。加比的家里什么酒都没有，这当然没问题，但对于二十一岁的我来说，突然间，一种渐渐滋生的感觉第一次笼罩了我。我感觉我的血液在燃烧，我想喝更多的酒；我特别想再喝一杯，除此以外我无法思考任何事情。

就在那个晚上，我第一次感觉到我对酒精的沉迷。我注意到，其他人似乎都没有为加比家没有酒而感到丝毫的焦虑——而我却感受到一股无法抵抗的吸引力，就像有一个巨大的磁铁，而我只是一个小小的铁片。我被这件事吓坏了，尤其是看到我——而且似乎只有我——在奋力挣扎。所以，我决定那天晚上不再找酒……但这让我无法入睡，怎么都不舒服，翻来覆去，一败涂地。不安、急躁、不满，直至太阳终于升起。

我怎么了？我出了什么事？为什么只有我急切地想再喝一杯？我无法告诉任何人发生了这样的事，因为连我自己也觉得理解不了。我想，多年来，我酗酒一直是一个秘密——好吧，至少我喝酒的程度对大家来说是秘密。当然仅限于那时。我还是一个大学生，我把大学时间全浪费在酒和女人身上，还有就是逗我的男女朋友们笑。有什么可坦白的？

但没有人知道的是，我都是独自喝酒——那在当时仍是个秘密。我独自喝酒时究竟喝了多少，答案完全取决于年纪。终于，我的酒量一路增长到，派对用的那种带手柄的酒瓶——我一个人两天就能喝完。但即便如此，在那个看魔术表演的夜晚，我也还是吓坏了。发生了什么？我长这么大从未体验过这种感觉。除了喝酒，我为什么就他妈的连一件其他的事都无法思考？如果你在酒吧，那你只需要再点一杯酒……但是在午夜时分，你一般不会清醒地躺在床上，希望手里有杯酒。我这时才意识到这件事。这不一样。这很吓人。而且这是个秘密。

十年之后，我在《酗酒者互戒协会大书》[6]中读到这样一句话："饮酒者认为他们是在试图逃避，但事实上他们是在试图克服一种他们不知道自己患有的精神疾病。"

有了——有人理解我。但读到那句话的感觉既美好又恐怖。那意味着我并不孤单——还有其他人和我有相似的感受——但也意味着，我是一个酗酒者，在我的余生中，我将不得不每天戒一次酒。

那我往后怎么可能还快乐得起来？

我无法判断，我到底喜不喜欢人类。

人类有需求，他们会撒谎、欺骗、偷窃，甚至更糟，他们会想要谈论自己。酒是我最好的朋友，因为它从来不想谈论自己。它只是一直在那里，像是我脚边的一只缄默的小狗，仰望着我，随时准备着去散步。它带走了如此之多的痛苦，让我忘了这样一个事实：当我一个人时，我是孤独的；当我和人们在一起时，我依然是孤独的。它让电影变得更好，让歌曲变得更好，让我变得更好。它让我满足于眼下所处的环境，不再希望自己在别的什么地方，任何地方。它让我满足于和眼前的这个女人约会，而非继续期待，如果和其他人约会，生活是否会变得更好。它让我在自己的家庭里不再当一个局外人。它移除了我周围的所有墙，哪怕只是一阵子。它让我能控制自己的感觉，而在这个过程中，也让我能够控制我的世界。它像一个朋友，总在那里陪伴着我。而且我相当确信，没有它我会疯掉。

顺便说一下，在这一点上，我是对的，没有它我会疯掉。

它让我想要变成一个完全不同的人。放弃它似乎完全不可能做到。学着在没有它的情况下继续生活，这就等同于要求某个人在不呼吸的情况下继续过日子。为此，我将永远感谢酒精。它终究让我进入了理智的状态。

根据马尔科姆·格拉德威尔[7]的说法，在某件事情上投入一万小时的时间，你就能成为专家。这让我成了两个领域的专家：20世纪80年代的网球界和酗酒界。而这两个领域，只有一个拥有足以拯救生命的重要意义。

我让你猜猜看是哪一个。

不过，当我不想在人群中感到那么孤独时，我就会找汉克·阿扎利亚、戴维·普雷斯曼，最后是克雷格·比尔克。

巧合的是，我曾在剧集《飞越比弗利》[8]中扮演过一个姓阿扎里安的角色。那部作品的第一季共有二十二集，我客串的是第十九集，拿到这个角色属实是件大事。在我扮演罗杰·阿扎里安这个角色时，《飞越比弗利》尚未达到成为文化现象的高度，那个角色是比弗利山高中的网球明星，他的父亲是个干劲十足但性情冷漠的商人——那一集的主题（青少年抑郁症、自杀、学习障碍）标志着剧集不会回避真实的困境，无论故事发生在多么优越的环境之中。

　　那一集的名字借用自 T. S. 艾略特的一句诗（"四月是最残忍的月份"），开场就是我狠抽网球的场景，展示了我在加拿大排名靠前的良好成绩、我有力的正手球、进攻性十足的反手制胜球，证明我真的能打网球。我甚至用的是一把比约·博格[9]风格的多奈牌复古小头拍，我在现场打得太用力，把它打断了。杰森·普雷斯利扮演的布兰登·沃尔什注意到我毫不掩饰的愤怒，于是问我一周要用坏多少把球拍，在那个艺术模仿生活的时刻，我说："取决于我在墙上看到的是谁的脸。"

　　即便是在电视剧中扮演虚构角色时，我也无法摆脱那个楼梯间。在这一集末尾，我和布兰登出现在同一幕场景中，我喝醉了，拿枪对准自己的脸，最后被关进了精神病院——只有举枪那部分是在演戏，其余的都堪称方法派[10]。

我那时还不到二十二岁。好几年来我一直在当客串演员，这里客串一部戏，那里客串一部戏，都是客串的角色。

但重点是，我在工作。我第一次取得重大突破是在剧集《第二次机会》中，只是我入选的喜悦却被一个没入选的人蒙上了阴影。

我至今依然认为，《第二次机会》的故事设定很棒：一个名叫查尔斯·拉塞尔的四十岁男人于一场气垫船事故中死亡（这种事常有发生），然后去面见圣彼得。他上了审判台，如果照在他身上的光是金色，那他就上天堂；如果是红色，那他就下地狱——但如果是蓝色，正如拉塞尔先生遭遇的那样，他就会被叫作蓝光人，意思是，他们不知该判他去哪里。所以，圣彼得就决定让他重返地球，找到他十五岁时的自己，并引领他做更好的决定，过更好的生活。就这样，等他到了四十岁，再一次乘上气垫船，第二次死去之后，由于他已经成为更好的人，照在他身上的光就从"我们不知该如何审判你"的蓝色，变成了"我们被说服了，欢迎来到永生世界"的金色。你能想到比这更合适的父子档故事的背景吗？父亲和我都按时参加了试镜。然后，灾难发生了——我拿到绿灯，被选中出演蓝光人的儿子，爸爸却根本没有拿到灯。

"他们要你。他们不要我。"爸爸听到消息后说。我猜我当时扔给他的是一个难以解读的表情——毕竟，我拿到了一个大角色，即便他没能拿到。我想我当时的表情应该既有为他所感受到的悲伤，也有为我自己所感受到的欢欣——因此他说："要我再说一遍吗？他们要你。他们不要我。"

先撇开父亲受伤的心情不说，我刚刚拿下了我的第一部电视剧戏约。我因此每周能挣到五千美元；我才十七岁。我的自我意识强到爆棚；我觉得我牛上天了，就像每个人对这部剧的看法。结果，《第二次机会》在那一季九十三部剧中排名第九十三位。过了开始的十三集后，后面的九集完全抛开了圣彼得和蓝光人的设定，转而追随我和同伴们的各种冒险。所以，该剧在九十三部剧中排名第九十三名的成绩并不重要——有重要人士喜欢我，甚至愿意为我打造一部剧集，这更是让我的自我意识爆到了史诗级的高度。而且很可能也为我后来的成功奠定了基础。

父亲对这件事的态度是，除了杀青戏，他从没来探过班。我想，他有他的理由。

于是，从那以后我就开始得到各种客串演出的机会，两年后我接到了另一个角色，这次是瓦莱丽·贝蒂内利[11]主演的一部剧。剧名是《悉尼》，讲述瓦莱丽扮演的私人侦探（！）的精彩故事，我演她花言巧语的弟弟——关于那部十三集的电视剧，这就是你需要了解的全部内容（《悉尼》只播了半季就被取消了制作）。尽管这部作品没能点燃观众的热情，但有两件事我永远不会忘记。

首先，瓦莱丽在剧中的律师爱人是由一个名叫克雷格·比尔克的演员扮演的——我几乎是在片场一见到克雷格，就打电话给汉克·阿扎利亚，说："他听起来和我们是一样的人！"这是我能给予他人的最高褒奖。不过，在我真正发现克雷格有多幽默之前，我应该先告诉你关于《悉尼》的第二件事——在拍摄期间，我疯狂地爱上了瓦莱丽·贝蒂内利，她当时显然正陷在婚姻危机之中，而且真的很享受这颗星球上最有趣的两个家伙对她的崇拜与关注。

瓦莱丽·贝蒂内利——这七个字曾经搅动了我灵魂的每一个角落，也搅动了我的其他部分。

20 世纪 90 年代初，没有人比瓦莱丽更有吸引力。她不仅魅力惊人、充满活力，还拥有响亮而动人的美妙笑声，克雷格和我一整天都渴望听到她的声音。现在克雷格和我被选中出演，那简直就相当于瓦莱丽拥有了两个可供玩乐的小丑，于是我们便全情投入到角色之中。我们三个玩得很开心。

但对我而言，出演《悉尼》以及同瓦莱丽一起扮丑可不只是好玩这么简单——我是认真的。工作期间，我只能将对她的爱意隐藏起来（这种事不会是最后一次发生），而这难得要命。我的这场暗恋拥有毁灭一切的力量；这不只是因为我根本不可能追到她，还因为她当时已经和这颗星球上最出名的摇滚明星之一艾迪·范·海伦结婚了。在我们拍摄《悉尼》期间，艾迪的乐队正处于四张冠军专辑连发的巅峰时段——他们可谓 20 世纪 80 年代末 90 年代初这颗星球上最伟大的乐队，而艾迪可以说是当时这颗星球上最伟大的摇滚吉他手。[12]

至于我呢，好吧，我总是能追到女孩，因为我能逗她们笑，但我知道，搞笑的魅力总是敌不过音乐的。（在音乐的世界里，也有等级制——我的观点是，贝斯手一般是最先追到女孩的，因为他们稳重又冷酷，他们的手指动作温柔却有力，不过保罗·麦卡特尼是例外，他永远不可能先追到；排第二的是鼓手，因为他们全都爆发力十足、毅力坚强；接下来是吉他手，因为他们会各种花哨的独奏；奇怪的是，再往下才轮到主唱，因为尽管他站在最前面，但他必须把脑袋向后仰、露出白齿才能飙上高音，所以看起来从来都不是那么性感。）不管正确的排序是怎样，我知道我都远远落后于艾迪·范·海伦——这不仅是因为他是个乐手，也就是说他追女孩比笑星更容易，还因为他已经和我渴望的对象结婚了。

这里必须指出一点，我对瓦莱丽的感情是真的。我完全被她迷住了——我的意思是，我沉迷于她，并且幻想着她能离开艾迪·范·海伦，与我共度余生。我当时十九岁，住在伯班克劳雷尔峡谷大道的一套单身公寓（提醒一下，公寓楼叫加利福尼亚俱乐部）。不过，幻想和初恋是不考虑房产的，它们不考虑任何现实问题。

我连一个该死的机会都没有。这是当然。

说起来，有一天晚上……我去了瓦莱丽和艾迪的家，四处转悠，望着瓦莱丽，想要逗她笑。当你把她逗笑了的时候，你会觉得自己有十英尺高。随着夜幕的降临，艾迪显然喝葡萄酒喝得有些多，终于又一次昏睡了过去，距离我们不到十英尺远，睡得一动也不动。我的机会来了！如果你认为，我真的一丁点儿机会都没有，那你就错了，亲爱的读者——瓦莱丽和我亲热了很长一段时间。事情发生了——或许她也有和我一样的感觉。我告诉她，我想这样做已经想了很长时间了，她也对我说了同样的话。"天堂"之门最终关闭了，我跳上我的黑色本田CRX，在返回加利福尼亚俱乐部的路上，我勃起的下体足以撑起比萨斜塔，我十九岁的脑袋里充斥着与我爱慕、沉迷的对象共度余生的各式美梦。

第二天，我把这件事告诉了克雷格·比尔克，他提出了一些我极其需要的建议，也为我分析了现实，只是我还没准备好接受他的建议。

"小心点。"他说。他只是在吃醋而已，我一边想着，一边为第二天的工作做准备，但这一次瓦莱丽是我的新任女友了。

可第二天到了工作现场，情况并没有按照我预期的那样展开。瓦莱丽没提昨天的事，而且表现得——就像她应该有的样子——仿佛这只是一个平常的日子。我立刻明白过来，也扮演了我应该演的角色，但内心早已崩溃。许多个夜晚我都是在泪水中度过的，白天大部分时间则因为宿醉在我的小房车里睡觉——更不用说还要一连数小时地看到，随着瓦莱丽爱意的加深，克雷格的戏份变得越来越多——这一切让我变成了一个幻想破灭、无限悲伤的少年。那部剧的成绩非常糟糕，在那个宿命之夜的四周之后，制作就被取消了，我对此无限感激，我再也不用见到瓦莱丽。

她当然没做错任何事，而我明明每天都看到她，却要假装一切正常的样子，此情此景让我清楚地想起从前在加拿大渥太华的生活，那时候我在母亲面前也只能做同样的事情。

我一生都被无法得到的女人所吸引。不用取得心理学学位也看得出，这事和我与母亲的关系有关。我的母亲走进任何一个房间都会成为焦点。我清楚地记得，六岁时在某个时髦的舞厅，她一进门，所有人都转过头来看。我希望她能在那样的时刻回头看看我，但她要工作，没办法回头——我花了三十七年时间才弄明白这件事。

从那以后，我就对"回头"上了瘾。一旦某个女人回了头，我就能逗她笑，让她对我产生性欲。一旦性爱结束，现实降临，我就会意识到，我根本不了解这些女人。我能得到她们，所以我对她们没有渴求。我必须返回那个努力让她们回过头来的时刻。这就是我要和这么多女人上床的原因所在。我想要重现我的童年，然后取得胜利。

当然，当时的我还不知道这些，我只觉得是那些女人有问题。但说来也怪，每一个加拿大年轻男演员都有一些重大的妈妈问题。

但当时的我才十九岁，每个人的生活都在快速向前。一年之后，范·海伦发布了名字恰如其分的专辑《非法媾和》[13]，我也回到了在福尔摩沙追逐女孩的日子。并且竭尽所能地重新创造"回头"的机会。

有时我能成功；但每一次我在凌晨1：40离开后，都会冲向最近的酒类商店，好给自己弄到更多伏特加，彻夜地喝。我会坐在那里，喝干瓶子里的最后一滴（最终酒量上升到能喝干带手柄的派对酒瓶），看《再见女郎》甚或是迈克尔·基顿主演的《梦醒人生》（特别要指出这部作品），直至像艾迪·范·海伦一样昏睡过去。[14] 这时，一个尖锐的想法进入了我的大脑——不是什么大问题，但总归是一个问题：你每天晚上都在喝酒。只是就连这个想法也会立刻被下一口酒冲掉。

第二天，我总会想方设法地把自己拽起来吃午饭，我会跟克雷格·比尔克碰头，这个习惯维持至今。他是我迄今为止见过的喜剧思维最敏锐的人。我以为我的脑子转得就够快了，但还是不如克雷格·比尔克。汉克·阿扎利亚成了我们这群人里最富有的一个，因为他从1955年就开始为《辛普森一家》配音。我将会成为最出名的一个，而戴维·普雷斯曼将变成和他爸爸劳伦斯·普雷斯曼一样的收入可观但不知名的演员，也是我们之中最疯狂的一个。戴维喜欢光着身体冲进超市，大喊"我有大麻烦，请哪位行行好帮我剃剃毛"，然后再狂奔出去。（他一直到四十好几还干这事儿；我有时也会和他一起，在公共场合脱衣服，不过我三十过半就戒了，因为我是成熟的人。）

直至今日，克雷格·比尔克仍是最能逗乐我的人。几乎不可能有人比汉克、戴维和我三人组更搞笑，但克雷格除外。比除戴维外的汉克和我二人组更搞笑的人也是从未听说，但克雷格还是能做到。我们会出去吃午饭，克雷格会讲一些非常好笑的事，以至于午饭结束十五分钟之后，我驾车回家途中还不得不把车停到路边，因为我依然笑得停不下来，克雷格开车经过，看到我在笑，就知道为什么。没有人比克雷格更好笑。没有。

除了努力成为头脑最敏锐、最搞笑的人，推动我们友谊的另一个动力是名气——我们毫无疑问都渴望成名。汉克因为给《辛普森一家》配音，挣的钱最多，但配音并不是他所渴望的能与阿尔·帕西诺比肩的职业。至于我，好嘛，虽然已经拍过大量电视剧，但没有一部为我带来哪怕一丁点儿名气——名气、名气、名气，这才是我们几个想要的东西。在欢声笑语之间——在我们分享完最近失败的试镜、读过的讨厌剧本之后——那些安静的时刻总是充满了深深的担忧、沉默的渴望以及恐惧，我们害怕自己永远也无法成功，害怕名气会不知缘故地与我们擦身而过。我们是四个强大的自我，四个有趣的人，机智妙语如弹片一般满天飞，但战斗仍在激烈进行，那是为名气而进行的战斗。

我坚定地相信，名气将会填满我内心深处那个无人陪伴的空洞，那个瓦莱丽拒绝填补的空洞。但这时候只剩下我和伏特加在尝试着完成这项看似不可能的任务，而且一败涂地。当我终于成名，好了……我们马上就要讲到这个部分了。

我曾经和戴维·普雷斯曼亲热过，或者说尝试着亲热过，虽然无论情况如何，那都不是我的本意。

在二十岁出头的时候，有他有我，还有另外两个朋友，我们一起往东去过拉斯维加斯，做一些人们在拉斯维加斯会做的事。我们基本上都没钱，不过这个理由从来都不可能阻止四个傻瓜前往罪恶之城。我想当时我的口袋里应该有两百多美元；我们四个在拉斯维加斯大道的汽车旅馆开了一个房间，里面有两张床。我和戴维睡一张床；睡到半夜里，我猜我是梦到了前女友加比，所以挨得离戴维越来越近，最后还说着"啊，宝贝""你真好闻""我保证会很快"之类的梦话。幸运的是，他当时也睡着了，但他的潜意识还清醒着，于是不停地说"不""退后""别烦我"。最后，我开始亲吻他的后颈，这把我们两个都吓醒了——看到他惊恐的表情，我说"啊，忘了吧"，然后迅速退回我睡的那一侧。

显然，我们都需要一些释放。

第一天晚上，我们去了赌场，我不知怎的运气很好，玩 21 点赢了 2 600 美元，那是我们几个有生以来拿到过的最大一笔钱。

是时候用那钱来干些蠢事了。

我举起双臂，像国王一样呼喊："我要和每个人上床！"

出租车司机将我们带到城外一个叫多米尼恩斯的地方，他向我们保证，那地方一定能满足我们的需求（他每次专门把几个蠢小伙往荒漠中的多米尼恩斯带，应该能拿佣金。）。一个没有脖子的男人告诉我们，要想进这么个好地方，我们得保证至少消费1 000美元，鉴于我在赌桌交了好运，付钱的特权于是就落在了我的身上。最终，我为区区一瓶香槟酒豪掷1 600美元，接着我们每个人被分别护送到了一个四四方方的独立房间，里面有一个年轻女郎在等待。

我想着，我已经花了1 600美元，应该够满足我接下来的需求了，但不幸的是，我错了。事实上，除非我再交300美元，否则根本就没有机会，我当然交了，但不等我为这晚的事务画上句点，戴维·普雷斯曼和另外两个朋友来到了我的门口，索要他们自己的那份300美元资金。满足了他们的经济需求后，我回到手头的事务。（我当时没想到合计一下数目，不过以防你需要：我一开始有200美元，赢了2 600美元，香槟酒花了1 600美元，每个人又追加了300美元，合计2 800美元——花光了我的全部家当。）

资金到位后，年轻女郎开始对着我跳舞，虽然远在房间的那一头，也稍显一种"罗克斯伯里[15]校园女生"的羞涩，但她旋转的舞姿堪称完美，我已经准备好，要将我们的关系推向新的水平。

"这究竟是怎么回事？"我隐晦地问道。

"什么？"她说。

"什么？我们应该做爱！"我说，"我在这里可是已经花了一小笔钱了！"

接着她向我解释，出于某种原因，我可以把枕头放在任何我想摆放的地方。

"那太好了，我对枕头很感兴趣——真的——但我们现在不是应该在做别的事情吗？"我问道，或者说乞求道。

"你是警察吗？"她问。

"不！"我说道，不过我已经开始觉得，是否该打电话举报诈骗，"你要的钱我都付了。我们说好的——"

"哦！"她打断我，"那只是跳舞的钱……"

此时，一阵敲门声告诉我，我的每个密友都迎接了同样令人失望的命运。但是到这一步我们已经花光了所有的钱，于是我们四个被接纳（又没被接纳）的失败者眼含泪光地走入了漆黑的莫哈韦沙漠，踏上了步行返回汽车旅馆的漫长路途。

第二天，一个叫尼克的朋友倒是真的带着他的女孩去看了《少壮屠龙阵2》，所以也算是有所收获。而且《少壮屠龙阵》的第一部留有许多未解悬念。[16]

1994年试播季[17]，克雷格·比尔克成了热门人物。我们几个都在到处为最新的情景喜剧和其他剧集试镜，但克雷格才是人人争抢的对象。不仅如此，他记台词也比我快。他的外貌也比我好看许多，不过我们就不往下继续讨论了吧——我们可不想看到一个作者在书里哭哭啼啼。我本该恨他的，但有趣的人总是能赢，所以我决定继续爱他。

那年我二十四岁，百分之五十的试镜都失败了。我作为一个演员，正在逐渐被行业淘汰。在与试镜进行的那场战争中，酗酒正在缓慢却坚定地取胜，反正没有人对我真正感兴趣。我没有拿下任何电影，在电视剧中出演的角色都很难点燃这个世界。我有半数时间都处于宿醉状态，剩余的一半时间则是在去福尔摩沙咖啡馆吃午餐的路上。有一天，我的经理人让我坐下来，告诉我，我渴望成为的那些人——迈克尔·基顿、汤姆·汉克斯——他们都拥有我正努力打造的个人风格。但他们的形象看起来很棒，而根据经纪人每日从选角导演和制片人那里收到的反馈，我看着邋里邋遢。

汉克也开始担心自己在浪费生命，于是不再来福尔摩沙参加有趣的午餐聚会——他一直非常认真地对待自己的身体和职业。

我其实不该感到惊讶的，但在那个时候，我接到我当时的业务经理打来的一个电话。

"马修，你没钱了。"

"给你个小提醒，"我吓得要死，又说，"你有没有想过，你几个月之前本该给我提个醒的？你知道，你可以给我打个电话，说一句'嘿，马修，你的资金看起来有点儿贫血'，而不是一直等到我现在破产了才说。"

电话那头一阵安静，仿佛在破产之前关注客户的收入对业务经理来说是一个全新的概念。

幸运的是，我刚好还有一些精力，够我在一个糟糕的试播集中拿下一个角色。挂断这位前业务经理的电话后，我给我的各位经纪人打了电话，说我没钱了，需要一份工作，任何工作都行，而且必须立刻开工。

温柔的读者，如果你以为我就这样获得了《老友记》的片约，那你可能需要冷静一下。那通电话为我带来的工作差一点就让我错过了《老友记》。

《洛杉矶国际机场 2194》是一出讲述该机场行李员故事的"科幻喜剧"。你真的应该就此打住，但还有更多信息：

剧名中的数字透漏了玄机——故事设定在两百年后的未来，而机场乘客将是外星人。瑞安·斯蒂尔斯[18]将在剧中扮演一位口音奇怪的机器人办公室经理（说真的，瑞安是个很风趣的演员，但那个口音是要干啥），我扮演的可怜人不得不成为这个烂摊子里的主角，为入境的外星人解决行李问题，而那些外星人刚好由头戴滑稽假发的袖珍人演员出演。

如果这一切听起来都很平庸，那么请记住，实际情况比这还要糟。首先，我必须穿一件未来主义风格的衬衫。尽管我有所顾虑（重复一遍，这是一部关于行李员的"喜剧"，时间设定在两百年后的未来，外星人由袖珍人演员饰演），但这个试播集付我的片酬是 22 500 美元，够我在福尔摩沙吃喝好一阵子……不过它也造成了其他一些影响：因为我加盟了《洛杉矶国际机场 2194》，就无法再参与其他所有剧集。

接着，灾难降临了，我不是说《洛杉矶国际机场 2194》被预订了一季——谢天谢地，那没有发生。真正发生了的情况是，一部新剧《像我们这样的朋友》（*Friends Like Us*）的剧本成了那一季的热门读物。每个读过它的人都知道，这将是一部很棒的剧；我也读了剧本，然后立刻给帮我签下《洛杉矶国际机场 2194》的经纪人打去了电话。

"你一定得让我演《像我们这样的朋友》。"我说。

"不可能，"我的经纪人说，"你接了那个行李员的戏。

他们已经给你量过尺寸，要给你准备未来主义风格的衬衫和其他道具了。"

我无比绝望。我读到《像我们这样的朋友》的剧本时，感觉就像是有人跟了我一年，偷走了我的笑话，复制了我的做派，翻印了我厌世又风趣的人生观。其中的一个角色让我印象尤其深刻：不是我觉得我能演钱德勒，而是我就是钱德勒。

但我也是《洛杉矶国际机场2194》的布莱恩。饶了我吧，大家都在开玩笑吗？我是这颗星球上最不幸的人吗？

情况还在继续恶化。因为《像我们这样的朋友》是当季的热门剧，每个人都在读剧本，每个人都在参加试镜，而且似乎每个人都觉得钱德勒这个角色和我神似，还有人到我家来请我帮他们为试镜做准备。有几个甚至还根据我的选择，只因为我的选择，就通过了好几轮试镜。汉克·阿扎利亚太看好这部剧了，他为乔伊一角试镜了两次。没错，他参加了试镜，但被拒绝了，他又求着再试镜一次，又遭到了拒绝。（后来，汉克将在几集中扮演菲比的约会对象，并因此拿到艾美奖。我参演了237集，却一无斩获。）

最后，我对这部剧的剧本几乎烂熟于心了，因为我和朋友们练习了无数次——事实上，有时候我干脆为他们演了一下钱德勒这个角色，让他们照搬我的表演，我无比确信，那就是扮演他的正确方式。不过，我依然每隔三四天就给我的各位经纪人打一个电话，恳求给我一个机会。

可是，我们还忘了克雷格·比尔克，城中最炙手可热的演员。一天早上，克雷格打电话叫汉克和我去吃早餐，我们走进门后，看见克雷格面前的桌子上摊着两份剧本。

"伙计们，"克雷格说，"我拿到两部剧——两部都将由好莱坞最热门的导演吉姆·伯罗斯执导。一部叫《最好的朋友》，另一部就是那个……"

等等，别说，请别说是……

"……《像我们这样的朋友》。"

他被邀请出演钱德勒一角。这让我的头都要炸了。

"我需要你们来告诉我，该选哪一部。"

我的第一反应是叫他拿好他的工作，滚他的蛋。但他是我们的挚友，所以汉克和我答应帮忙。我们三个都读了那两部剧本（尽管我早已对《像我们这样的朋友》烂熟于心），很清楚他该选择哪一部。我的心沉了下去，因为我知道我才是钱德勒。但我不是混蛋。我崩溃了。我们俩告诉克雷格，选《像我们这样的朋友》。

（这让我想起我在《飞越比弗利》中的一段对话：

布兰登：那朋友呢？

罗杰：朋友？我父亲说，朋友是你唯一不能相信的人。

布兰登：他的话你都听吗？

罗杰：不。）

午餐即将结束，克雷格该告诉经纪人他的选择了。汉克告别后去了健身房，因为他总是去健身房，我则陪克雷格去找公用电话。（没有手机哟，伙计们；这是1994年。）最近的电话在弗雷德·西格尔服装店的门外（奇怪的是，那家店在我参演的那集《飞越比弗利》中也出现过。）克雷格往机器中投了几枚硬币，敲下电话号码，等待拨通。他们终于为他接通了电话。

当时，我站在离克雷格两英尺远的地方，听到他选择了**另一部剧**！我简直无法相信我的耳朵。《最好的朋友》一剧的新主演和我就这样分别了。我飞奔回家，再次恳求参加《像我们这样的朋友》的试镜。

几周后，我去探班《最好的朋友》试播集的拍摄——很好笑；克雷格很好笑，而且这个主角是他真正想演的角色。相当出色、亮眼的一部戏。但是1994年整个试播季的最后一个角色，《像我们这样的朋友》一剧的钱德勒，依然没找到合适的演员。而我仍在拍摄那部该死的未来主义行李员的剧!

你知道宇宙有时为你准备的计划是多么难以置信吗？即便你已用尽全力堵死了那条通道，这个世界也还是想为你做些什么。

欢迎来到我的 1994 年。

NBC 的制片人杰米·塔瑟斯[19]——哦，善良、神奇、备受怀念的杰米·塔瑟斯——当时在帮忙制作《像我们这样的朋友》，有一天晚上，她显然在睡觉时向她当时的丈夫、福克斯电视台的制片人丹·麦克德莫特求援。

"嘿，《洛杉矶国际机场 2194》会被预订吗？"据说，杰米问了这个问题。

丹说："不会，太差劲了——首先，这个戏讲的是 2194 年的行李员的故事。演员都穿未来主义风格的马甲……"

"这么说，马修·派瑞可用？一个安全的第二人选？"杰米问道。（这句话就是好莱坞话语体系中"可用"的意思。）（意外的是，杰米和我后来曾约会过好几年，在她离婚之后。）

几天之后，我接到了那个将改变我人生的电话。

"你明天去见见玛尔塔·考夫曼，谈谈《像我们这样的朋友》。"

我这么说不是撒谎：我当时就知道这一切的影响将会多么深远。

玛尔塔·考夫曼和戴维·克拉尼是这部剧（也就是后来的《老友记》）的主要负责人。第二天，也就是周三，我为她读了钱德勒一角的台词，我打破了所有的规则——首先，我一页剧本都没带（读台词时应该带上剧本的，因为这样一来，你就是在向编剧表明，这只是试镜）。但到这个时候，我对剧本已经了如指掌。当然，我成功了。周四，我为制作公司读剧本，也成功了，周五是为电视台读。再次成功。我读台词的风格让人意想不到，抓的是别人都没抓过的重点。我仿佛回到了渥太华，和默里兄弟在一起；我在别人都没注意到的地方获得了笑声。

我是在为我的母亲鼓劲。

于是钱德勒诞生了。现在这是我的角色，没有人能阻止。

1994年试播季选定了最后一位演员：马修·派瑞饰演钱德勒·宾。

克雷格想演一个大主角，而不是群戏中的一个角色，他在弗雷德·西格尔服装店门口打的那通电话拯救了我的人生。如果他在电话中做出的是另一种选择，那我会怎么样，我不知道。我可能会沦落到洛杉矶市区的街头，往胳膊上注射海洛因，直至早早死亡，这不是没有可能。

我有可能会爱上海洛因——阿片类药物成瘾取代类固醇成瘾。我经常说，服用奥施康定就像是把你的血液换成了温暖的蜂蜜。但我想，换成海洛因的话，你就是蜂蜜。我喜欢阿片类药物的感觉，但"海洛因"这个词总让我害怕。因为这种恐惧，我才能活到今天。有两种瘾君子，一种想要往上爬，一种想要往下掉。我永远也无法理解吸可卡因的人——为什么会有人想要更多地感受现在，感受忙碌？我是个往下的人，我想要融化在我的沙发里，一遍遍地观看电影，享受美妙的感觉。我是个安静的成瘾者，不是爱找茬的那种。

当然，如果没有《老友记》，我可能会做一名情景喜剧编剧——我已经写了一部名为《马克斯·韦尔之家》的试播集剧本（不过尽管我有一些技巧，它没卖出去）。但我就没法成为一个我本来可以成为的大演员了。那我还有什么必要保持清醒呢；那样的生活可不值得我决心不去碰海洛因。所以《老友记》是一份特别棒特别有意思的工作，至少在一段时间内，它抑制了事态在我身上演变下去。我是纽约洋基队的二垒手。我不能把那份工作搞砸。否则，我永远不会原谅自己……

当你一周能挣一百万美元时，你承担不起连喝十七杯酒的代价。

大约在我为《老友记》试镜的三周之前，有一天我独自在我那间位于日落多希尼社区的十楼公寓——非常小，但当然了，视野很好——我在读报纸上刊登的查理·辛的报道。文中说，辛再一次因为某些事情而陷入了麻烦，我记得我当时心想，他有什么可在乎的？他那么出名。

突然间，我发现自己跪在地上，紧紧地闭着眼睛，开始祈祷。那之前我从没做过这样的事。

"上帝啊，你想对我做什么都可以。只要能让我出名。"

三周后，我拿到了出演《老友记》的机会。上帝当然履行了他的承诺——但是全能的主啊，作为全能的主，他也没有忘记那次祈祷的前半句。

现在，这么多年过去了，我确信正因为我成名了，所以我不会再将全部人生都耗在追求名气上。你只有成名后才会知道，这不是答案。但没有一个不出名的人会真正相信这一点。

1 《土拨鼠日》(*Groundhog Day*)，1993年上映，美国喜剧电影，讲述一个有关时间循环的故事，探讨了关于时间、重生和个人发展的哲学问题。"土拨鼠日"此后成为一个常用的说法，用来形容不断经历相同事件或陷入重复日常的状态。

2 福尔摩沙咖啡馆（Formosa Café），1925年开张，迅速成为许多好莱坞明星和电影人的聚会场所，是好莱坞的重要交际场合之一。咖啡馆内部装饰充满了复古氛围，墙上悬挂着250张曾在此用餐的明星的照片，这家咖啡馆也经常出现在一些电影作品中，成为好莱坞文化的象征之一。

3 汉克·阿扎利亚（Hank Azaria），生于1964年，美国演员、配音演员，为《辛普森一家》的多个角色配音，参演过《老友记》。戴维·普雷斯曼（David Pressman），生于1965年，其父是劳伦斯·普雷斯曼（Laurence Pressman，1939年生），二人都是美国演员，在演艺事业上都取得了一定的成就。克雷格·比尔克（Craig Bierko），生于1964年，美国演员、音乐人，在电影、电视和舞台剧等领域都有活跃的表现，代表作有电影《异次元骇客》、电视剧《镜花水月》等。鼠帮（Rat Pack），20世纪五六十年代美国著名摇摆乐演唱组合，成员和人数均不固定，包括梦露在内的女星也曾加入演出。

4 《异形奇花》(*Little Shop of Horrors*)，美国电影，1986年上映，根据同名音乐舞台剧改编而成，讲述一种神秘的食肉植物引发的故事，融合了黑色幽默和恶搞文化，是一部经典的音乐喜剧电影。主演之一是艾伦·格里尼（Ellen Greene），她以独特的嗓音、出色的演技和对角色的深刻理解而闻名，参演诸多舞台剧和音乐剧。

5 《副总统》(*Veep*)，美国电视剧，2012—2019年播出七季，镜头对准一个虚构的美国副总统的办公室，以尖锐的对话和幽默的情节获得好评，获得金球奖和艾美奖等奖项。

6　《酗酒者互戒协会大书》（Big Book of Alcoholics Anonymous），酗酒者互戒协会出版的一部戒酒指南，其核心为十二步治疗法。酗酒者互戒协会（Alcoholics Anonymous）简称 A. A.，也译为"匿名互戒会""匿名戒酒互助会"等，1935 年于美国成立，现已发展为一个国际性的互助组织，为希望戒酒的人们提供经验和帮助。

7　马尔科姆·格拉德威尔（Malcom Gladwell），生于 1963 年，加拿大作家、演讲家，代表作有《引爆点》（Tipping Point）等。

8　《飞越比弗利》（Beverly Hills, 90210），美国电视连续剧，与《老友记》齐名，1990—2000 年共播出十季，讲述了一群生活在加利福尼亚洛杉矶郊区比弗利山庄的年轻人的故事，探讨了友谊、家庭关系、爱情、学业、自我探索等青少年面临的各种问题。90210 是比弗利山庄的邮政编码。

9　比约·博格（Björn Borg），生于 1956 年，曾经世界排名第一的瑞典著名网球运动员。

10　方法派（Method），一种影视戏剧表演方式，由俄罗斯戏剧大师康斯坦丁·斯坦尼斯拉夫斯基开创，强调演员要与角色融为一体。马龙·白兰度、克里斯蒂安·贝尔就是方法派的代表人物。

11　瓦莱丽·贝蒂内利（Valerie Bertinelli），生于 1960 年，美国演员，除演艺事业外，也主持了自己的美食节目，并出版了多本成功的烹饪书籍。

12　艾迪·范·海伦（Eddie Van Halen, 1955—2020），荷兰裔

美国音乐人，被誉为史上最伟大的吉他手之一，其演奏技巧影响了无数摇滚吉他手。他的范海伦乐队（Van Halen）融合了摇滚、重金属和流行音乐元素，创作了一系列大热曲目。

13　《非法媾和》(*For Unlawful Carnal Knowledge*)，范海伦乐队于 1991 年发行的专辑，以硬摇滚为主，在商业上取得了巨大的成功。范海伦乐队凭借这张专辑获得第 34 届格莱美奖最佳硬摇滚演奏奖。

14　《再见女郎》(*The Goodbye Girl*)，美国电影，上映于 1977 年，讲述一对意外组合到一起的室友发展出的浪漫爱情故事，主演理查德·德莱福斯凭借此片获得奥斯卡最佳男主角奖。《梦醒人生》(*Clean and Sober*)，美国电影，上映于 1988 年，讲述迈克尔·基顿扮演的瘾君子试图逃脱法律惩罚的故事。

15　罗克斯伯里，指罗克斯伯里拉丁学校，位于波士顿，1645 年创办，是北美最古老的学校。

16　《少壮屠龙阵》(*Young Guns*)、《少壮屠龙阵 2》(*Young Guns II*)，分别上映于 1989 年和 1990 年，美国动作电影，讲述西部传奇故事。

17　试播季，指每年 1 月至 4 月，这段时间各大制片公司会为有潜力的新剧集制作试播集，以确定选角和投拍的项目。

18　瑞安·斯蒂尔斯（Ryan Stiles），生于 1959 年，美国演员，他以出色的即兴喜剧表演技巧而知名。

19　杰米·塔瑟斯（Jamie Tarses，1964—2021），美国知名电视制片人，代表作除《老友记》外，还有《我为卿狂》等。

插曲

死 亡

我给她买了一枚戒指，因为我非常绝望，担心她会离开我。我不想在新冠病毒肆虐期间伤得这样重，这样孤独。

向她求婚时，我服用了 1 800 毫克的氢可酮，很嗨。

我甚至请她的家人祝福我。然后我就求婚了，在嗨到极点的状态下。而且是单膝跪地。而且她也知道。她同意了。

当时我在瑞士，不过是在另一所康复中心。它在日内瓦湖上的一座别墅里，有自带的管家和厨师，是那种豪华别墅，保证你不会遇见其他任何人。（这就差不多击败了每一个我听说过的戒瘾康复机构的目标。）然而，不幸的是，虽然没了其他受难者，但另一方面，在这儿很容易取得药物，这就让它跟其他高价的康复中心没什么两样。我如果起诉这些机构能赚几百万，但这样反而会让更多的人关注我的情况，我无意这样做。

我施展了惯用的花招，抱怨胃疼得厉害，但其实我的胃没事（感觉依然像在不停地做仰卧起坐——所以非常不舒服——但并不是**疼痛**）。所以，他们就给了我氢可酮——以我能实际感受到改善的剂量为准——标准是每天 1 800 毫克。在正常情况下，如果你拇指骨折了，碰到一个好心的医生，他或她可能会为你开五片 0.5 毫克的药片。

不足以对这个家伙造成影响。

我每天还要注射氯胺酮。氯胺酮在 20 世纪 80 年代是一种非常流行的街头毒品。现在有一种合成形式的版本，用于两种目的：缓解疼痛，帮助治疗抑郁。那种药上简直写满了我的名字——他们还不如管它叫"马蒂"。氯胺酮感觉就像是让你吐出了一大口气。他们会将我带进一个房间，让我坐下来，为我戴上耳机，好让我聆听音乐，然后蒙上我的眼睛，进行静脉注射。那是较困难的部分——我总是有一点脱水，因为我饮水不足（意不意外），因此寻找静脉血管的过程并不好玩。到最后，我就像一个该死的针垫。在静脉注射过程中，会添加少许安定文 [1]——我的确能够感受得到——接下来我要打一小时的氯胺酮点滴。当我躺在那个漆黑的房间，聆听美好冬季乐团的音乐时，我会解离，会看到什么——我已经接受治疗如此之久，即便是这样，

三十八岁的我。

一个孩子喂养另一个孩子。

那会儿我就很懂了：不管什
么时候，先来一杯。

（对页图）小男孩和他的爸爸。
我一直很爱这张照片。瞧见没？
开心事儿还是挺多的！

我和孩子一向很处得来。老天，我真想拥有自己的孩子。

（上图）我童年的缩影。

我来啦（希望抓住点啥）。

我和我可爱的妹妹。她成了两个孩子的妈妈，也是一位精神科医生。我猜她已经把这件毛衣丢了。

（下图）我最小的妹妹玛德琳，我的弟弟威尔，还有我（正在掩饰我的牙）。

（底图）这些孩子都长大了，而且他们救过我的命。

我帅呆了的父亲，和一个非常困惑的男孩（他在想为什么我父亲在跟另一个女人办婚礼）。当时我十岁，对自己的酷酷锅盖头很得意。

猜猜照片里的我在想什么。在母亲和基斯·莫里森的婚礼上。（那俩人是我的外祖父母，还有那个小家伙是基斯的儿子。）

我把妈妈"交给"新郎。

也吓不倒我。哦，那边有匹马？行吧——也可能是……音乐播放期间，氯胺酮在我的体内奔涌，一切都变成了自我以及自我死亡的问题。我经常觉得，在那一个小时的输液过程中我正在死去。哦，我心想，这就是在你死去时会发生的事情。但我仍会继续签约接受这种该死的输液，因为它是全然不同的一种治疗，只要不一样就是好事。（这刚好是《土拨鼠日》结尾时的台词。）吸收氯胺酮的过程就像是被一把巨大的幸福之铲击中了脑袋。但过后的宿醉感很难受，盖过了铲子的效用。氯胺酮不适合我。

回到我的房间，管家已经摆好了更多我不想换的衣服，厨师又准备了一顿我不想吃的健康餐食，我回到日内瓦湖畔，看了很久的风景，完完全全地嗨了。但不是那种好的嗨。是一种我不喜欢的迟钝的醉酒的感觉。

不知怎的，我现在还订婚了。

某个时候，康复中心的天才们决定，为了缓解我的胃部"疼痛"，他们要往我的背部放入某种奇怪的医疗设备，但是要通过手术才能植入。所以在手术的前一天，我整夜没睡，注射了1800毫克的氢可酮。到了手术室，他们为我注射了丙泊酚，你知道的，就是杀死迈克尔·杰克逊的那种药。我当场就明白了，迈克尔·杰克逊并不是想要获得快感，而是想要远离。零意识。但是又一位杰出的天才被这种可怕的疾病带走了。

我在上午 11∶00 接受注射，十一个小时后我在另一家医院醒来。

显然，丙泊酚让我的心脏停止了跳动。五分钟。不是心脏病发作——我的心电图没有呈直线——但完全没有心跳。

恕我冒昧，请将这本书的阅读暂停五分钟——看着你的手机，现在开始计时：

（等待五分钟。）

那真是很长一段时间，对吧？

我被告知，有个健壮的瑞士人实在不希望《老友记》的演员死在他的手术台上，为我做了整整五分钟的心肺复苏术，捶打我的胸膛。如果我没有演过《老友记》，那他会在第三分钟就停下来吗？《老友记》又一次拯救了我的生命吗？

他或许是救了我的命，但他也弄断了我的八根肋骨。第二天，我痛苦地躺在那里，主治医生轻快地走了进来，自以为是地说："你在这里用不了氯胺酮，如果需要去康复中心，有一家我们可以送你去。"

"我已经在一家该死的康复中心了！"我大叫起来，并且罕见地将愤怒表现为身体动作，我推倒了旁边摆满医疗用品的桌子。医生吓坏了，立刻离开了房间。我为我所造成的烂摊子道歉，然后离开了那里。

（我所说的康复中心已经给我做了一次快速脱瘾治疗，但他们关我的时间不对——他们在头两天关我［应该是第三天和第四天］。等我恢复知觉时，我已经完全脱瘾了，我的用药剂量从 1 800 毫克降到了零。管家和厨师对此没什么办法。）

顺便一提，那八根断掉的肋骨，就和 2021 年 11 月新奥尔良圣徒队的四分卫德鲁·布里斯在对战坦帕湾海盗队时所受的伤大致相同。接下来的一周，布里斯又断了三根肋骨，肺也被刺穿了——只比我好一点儿——但之后他错过了四场比赛，所以我想我们差不多算是打平了。这让我坚强了一些。

就在这一切疯狂之中（但肋骨还没断的时候），我跟亚当·麦凯开了个会，讨论一部名为《不要抬头》的大电影。那天钱德勒不在——我没发动。我没法为那场会议振奋起来。我们只聊了一小会儿，我出来时平静地说："好吧，我愿意竭尽我所能帮你。"

亚当说："我想你刚刚已经做到了。"

第二天，我接到电话，他要雇用我——这将是我有史以来接到的规模最大的一部电影。它将成为这场狂风暴雨中的一小片宁静之地。我要扮演的是一位共和党记者，预计将和梅丽尔·斯特里普合作三场戏。是的，没错。我需要去电影拍摄地波士顿拍一场群戏（与乔纳·希尔等人）——我是带着1 800毫克的氢可酮上场的，但没有人发现。但因为肋骨断裂，我无法继续拍摄，因此也就没能完成和梅丽尔一起的场景。这真让人心碎，但疼痛实在是太过严重。天知道布里斯怎么可能继续投球，但你不可能在肋骨断裂的情况下和梅丽尔·斯特里普拍戏。我连笑一下都痛得要命。

因为人生着火，所以我没能拍成《不要抬头》，但我从中得到了宝贵的经验：即使没有大张旗鼓地表演，我也能被大项目雇用。在那场会议中，亚当和我就只是两个人聊聊天而已。我会珍惜那个时刻、那一天、那个人。多好的一个人啊。我真心诚意地希望我们的道路还能再次交会（下一次我一定会确认清楚，真的是他）。

到了离开瑞士的时候，我每天依然需要服用1 800毫克的奥施康定。我被告知，等回到洛杉矶，我依然能拿到那个剂量的药——我需要它，只为了保持平静。与往常一样，我并不是为了嗨，纯粹是为了维持状态，所以我没有经历痛苦。我乘坐私人飞机返回——因为世界上的每个人都认识这张该死的脸，我不可能乘坐商务航班——为此我花了足足 17 500 美元。回到洛杉矶，我去看了我的医生。

"我每天需要 1 800 毫克。"我说。没有必要拐弯抹角。

"哦，不行，"她说，"我们不可能给你这个剂量——癌症病人也只能拿到 100 毫克。"这只会让我庆幸自己没有得癌症。

"但瑞士的医生告诉我，我回家后也要维持这个剂量。"

"哦，他们的意见可以参考，"她说，"但现在是我负责。给你 30 毫克。"

这个剂量是不行的。我会难受到死。

只有一个办法：就在当天晚上，我又花 17 500 美元订了一架私人飞机，立刻飞回了瑞士。

"我需要你把我早晚的剂量合并在一起。"

"我不懂英语。"那个瑞士护士用德语说。

这将成为一个问题。我迫切地需要改变规则，她却不懂英语。一切都在某种奇怪的德语-英语猜谜游戏中完成。

我不需要在早上 6：00 吃药。我需要在晚上害怕时吃。我找不到恐惧的核心——恐惧无处不在。而且，我睡不着，所以每天晚上都要跟自己谈判。我的大脑飞速运转。各种想法飞快而来。我还会出现幻听——我听到各种声音和对话，有时甚至会回应。也有时候，我觉得有人想递给我某样东西，我伸出手去接住不存在的人递给我的虚空。无论清醒与否，这都让我感到困扰。首先需要关注的是，我疯了吗？这不是精神分裂症，只是听到一大堆该死的声音。我被告知，听到声音不会让我变成疯子。那叫作幻听，一直会在人们身上发生。

没有方法能治疗幻听。当然没有。事实上，我能想到一个疗法，名字叫作"成为另一个人"。

不管怎样，我只需要在晚上服用那些药，不需要为早上预留任何剂量。

"早上，晚上，合并。"我一边说，一边假装手中有八片药。

"不，不懂。"她说德语。

"明天早上。不吃药。换到现在吃。"我用最慢的语速说道。

"我不知道你需要什么。"

你和其他人一样——没有人知道我需要什么。

再次回到洛杉矶，试图保持清醒，我想，等等……我怎么订婚的？我的房子里有狗。这是怎么回事？

　　我在服药后的兴奋状态下问过了她的父母，还向她求了婚，还忍受了这些狗。我就是那么害怕被抛弃。

1　安定文（Ativan），劳拉西泮（Lorazepam）的商品名，这是一种抗焦虑、抗抑郁、安眠镇定的处方药。

4

就像我以前去过那里一样

那感觉如此特别，仿佛我们前世就在一起一样。或者是来世，但肯定是在这一世。这是一个真实的日子。但这个日子是由许多梦构成的。

长久以来，我其实并不想过多地谈论《老友记》。部分是因为，我也演过别的很多戏，但每个人都想谈论钱德勒——就像让詹姆斯·泰勒谈论《火与雨》（一个可怕的小故事，如果你听过的话）。[1] 就像有一支乐队写了一张绝妙的新专辑，但在演出现场，所有人都只想听最热门的。我一直很佩服科特·柯本能拒绝演唱《少年心气》，齐柏林飞艇能拒绝演唱《天国的阶梯》。[2]《纽约时报》曾经说过："《老友记》……像汗湿的衬衫一样黏着（派瑞）不放。"他们说得不对——事实上，那可太他妈的残酷了——但这么想的人不只是他们。我在某些方面如此擅长，也因此受到惩罚。我将血汗与泪水留在了周五夜晚的舞台上——我们所有人都是。那应该是一件好事，而不是说，我们只擅长那件事。

我不是在抱怨。如果你想把自己定型，那样做是没错的。

不过近年来，我开始逐渐明白了《老友记》对于很多人的意义。而我们从一开始就知道，这部剧非常非常特别。

在1994年的整个试播季，我是最后一个敲定的演员——事实上，我直到试播季的最后一天才得到这个角色。

谢天谢地，《洛杉矶国际机场2194》成了过去式，我才得以自由地出演钱德勒·宾。我被录用的那天是周五，之后的那个周一是我新生活的第一天——这很重要，我猜我们都有那样的感觉，所以我们都准时到场了。情况是，马特·勒布朗最早到，每一天都是；安妮斯顿最晚到，每一天都是。车子越换越好，但到场顺序没变。

我们坐在桌边，所有人都是第一次见。不过，我和詹妮弗·安妮斯顿是例外。

大约三年前，詹妮弗和我因为一些共同的熟人见过面。我立刻就被她吸引（怎么可能不被吸引），喜欢上了她，而且我感觉她也有兴趣——也许有戏。当时，我在一天中接到了两份工作邀约——一个是出演《跳线》，是一出"美国滑稽家庭录像带集锦"那样的戏，另一个是一部情景喜剧。于是我打给詹妮弗，我说："你是我想分享这个消息的第一人！"

糟糕的主意——我能感觉到电话里的气氛正在结冰。回头看来，很显然，这通电话让她觉得我对她的喜欢过了头，或者说不应该是这种喜欢……接着我又约她出去，这更是错上加错。她拒绝了（这让我很难再有跟她一起出去的机会），说想和我做朋友，我错上加错又加错地脱口而出："我们不能做朋友！"

几年之后，机缘巧合，我们真的成了朋友。幸运的是，尽管我那时依然被她吸引，认为她光彩夺目，但在进组的第一天，我们都能抛开过去，专注于当下：我们两个都拿到了好莱坞所能提供的最好的工作。

其余所有人对我来说都是新面孔。

柯特妮·考克斯穿着一条黄色的连衣裙，美得惨绝人寰。我听一个共同的朋友说起过丽莎·库卓，她真人就像我朋友说的那样，光彩夺目、幽默而且聪明得令人难以置信。马特·勒布朗人很好，而且酷酷的，大卫·休默的头发剃得很短（他之前一直在芝加哥的剧团扮演本丢·彼拉多[3]），一张脸写满忧愁，一上来就不可思议地搞笑；他

132

还很热情，聪明，有想象力。他仅次于我，是讲笑话第二多的人——我每天大概要讲十个笑话，其中有两个会被接纳。这些笑话不只是给我自己的，我为每个人想笑点。我会走到丽莎面前说："你知道，你如果这么说可能会很好笑……"然后她就会试一试。

导演吉米·伯罗斯也是业内最好的——他执导过《出租车》《干杯酒吧》。他本能地知道，我们的第一项工作是了解彼此，产生化学反应。

很快，空气中就出现了电流。

我之前一直都想当唯一有趣的人。但现在，到了二十四岁这个成熟的年纪，我很快意识到，如果每个人都很有趣，那会更好。我已经能够感觉到这将成为一部巨作；我从一开始就知道这一点，但我一个字都没说。部分原因在于，由于一个演员搞砸了剧本围读会，所有人在开机前一分钟被礼貌地要求离开，这种事并不新鲜。那是明天的事——眼下，吉米带着我们六个人去了莫妮卡的公寓片场，让我们互相聊聊天。于是我们就照做了——我们聊着，笑着，谈论爱情、职业、爱过的人、失去的东西。感情纽带已经开始建立，吉米知道它将变得至关重要。

那是一个美丽的春日，我们六个　同外出吃了午饭。用餐时，柯特妮——当时我们这群人中唯一有名气的人——说:"这里没有明星。这是一部群戏。我们都应该成为朋友。"

考虑到她的地位——她出演过《亲情纽带》《神探飞机头》,曾客串过《宋飞正传》,曾在布鲁斯·斯普林斯汀《黑暗中跳舞》的 MV 与他共舞——她本可以是所有人的焦点;她可以轻松地宣布"我是明星"。[4]天哪,她本可以到别处用午餐,我们不会介意。但她没有,她只是说:"我们来真的吧,认识认识彼此。"她说,她看到《宋飞正传》就是这样成功的,她希望《老友记》也能如此。

所以我们就照她的建议做了。从第一个上午开始,我们就难舍难分了。我们每顿饭都一起吃,我们一起打扑克……从一开始,我就是个狂热的笑话家,只要有机会就像个喜剧机器一样往外抛梗(可能让大家很烦扰),想要让每个人都觉得我有趣,然后喜欢上我。

因为,不然别人怎么会喜欢我呢?我花了十五年时间才明白,我不需要成为一个笑话机器。

第一天下午,我们分配了化装间,其实并无意义,因为我们从没用过。我们总是在一起。第一天傍晚,当我们一起走向各自的车子,互道再见时,我记得我当时心里想的是,我很开心。

这种情绪我还不是很习惯。

那天晚上我给朋友们打电话（克雷格·比尔克除外，考虑到之前发生的事），告诉他们我度过了多么美好的一天。接着我像往常那样在"大学"（福尔摩沙咖啡馆）过了一晚。我记得那天晚上我说，我接到了一部超棒的戏，比我自己想要创作的任何作品都更好……朋友们都为我感到高兴，但即便是在那时，我也可以感觉到一种改变。

也许我已经长大了，不再需要福尔摩沙了？我有了一份正在改变我人生的工作，我早上必须——见鬼，是急切地想要——去片场报到，所以酒也比平时喝得少了。我的公寓最里头甚至有一辆力健牌动感单车，我每天都会用，从试播集到第一集，我减掉了大约十磅婴儿肥／酒精脂肪。

那天晚上准备睡觉时我心里想着，我已经等不及明天回到那里了。第二天早上，我驾车从日落多希尼社区出发，越过卡汉加山口，前往华纳兄弟在伯班克的片场，我意识到，我驾车时身体在向挡风玻璃凑近。我想去那里。

接下来的十年里，我都会是这样。

第二天很重要。我们到一座新的大楼——40号楼——参加第一次剧本围读会。我紧张又兴奋，但也充满自信。我一直很擅长剧本围读。但我心里依然有一个隐隐约约的想法，那便是任何人都有可能被炒掉和换掉。（举例来说，丽莎·库卓之前曾被选定出演《欢乐一家亲》[5]中的萝丝，但在彩排时被炒掉了，而且炒掉她的不是别人，就是……《老友记》的导演吉米·伯罗斯。）如果笑话没有讲好，或者有什么地方不对，那么，任何人都有可能在还摸不清化装间位置的时候就被换掉。

但我了解钱德勒。我能跟钱德勒握手。我就是他。

（而且，我长得也像极了他。）

那天，房间里挤满了人——实际上，是站满了人。有编剧、执行制片人、电视台的人。房间里一定有上百人，但我是个能歌善舞的人，这就是我大展拳脚的场合。我们重新认识了玛尔塔·考夫曼、戴维·克拉尼、凯文·布莱特——这部剧背后的人，也就是雇用我们的人——几乎在一瞬间，我们都感觉到，他们是我们的家长。

围读会开始之前，我们都在房间里走来走去，做自我介绍，讲述我们为这部剧做了什么。接着到了围读时间。会怎么样？我们才刚刚建立起的化学反应会起效吗，我们六个雄心勃勃的年轻人能说服大家相信，这将是我们的大好机会吗？

我们无须担忧——我们已经准备好了，宇宙也准备好了。我们是专业人士——台词从我们嘴里飞了出来，没有人犯一个错。所有的包袱都响了。结束时，我们收获了雷鸣般的掌声。

每个人都能闻到金钱的味道。

演员们能闻到名气的味道。

围读会后，我们六个人挤进一辆面包车，被带到24号摄影棚的实际场景开始排练。不过，最终是当天结束时的那遍顺排一锤定音——笑话、化学反应、剧本、导演，一切充满魔力。看起来，所有元素融合成了一个搞笑的、令人信服的、极具感染力的整体。而我们都感受到了。

这部剧将会成功，它将永远改变每个人的生活。我发誓，那儿有一种砰砰爆裂的声音，如果你仔细听，你就能听见。那是这群人梦想成真的声音。

那正是我认为我想要的一切。我将用《像我们这样的朋友》来填满所有的空洞。去他的查理·辛。我即将大红特红，我所有的痛苦都会像阳光下的冰霜一样融化无踪；任何新的威胁都将从我的身上反弹回去，就好像这部剧是一个供我藏身的力场。

在演艺界有一条不成文的规律，要想搞笑，你必须要么长得就很搞笑，要么就得年纪老。但我们六个都很漂亮，全都只有二十多岁，也全都很会讲笑话。

那天傍晚，我的车像是开在云彩之上。没有堵车，一路都是绿灯，原本要花半小时的路程只跑了十五分钟。关注——我一直觉得自己不曾得到的东西——即将填满我人生的每一个角落，就像一个房间被闪电照亮。现在，人们都会喜欢我。我将变得足够好。我很重要。我不再是个缺少自信的家伙。我是个明星。

现在什么都无法阻挡我们了。走进舞厅的人都不用转过身来才能看到我。所有的目光现在都将集中在我的身上，而非那个走在我前面三英尺位置的漂亮女人身上。

那一周剩下的时间里，我们都在排练，也就是在那时，我们开始注意到其他的一些事情。我从1985年就开始做演员，而那个片场前无先例后无来者，那里非常美好：老板们一点也不暴虐。事实上，那里有一种真正富于创造性的氛围。我们比拼各自想出来的笑话，最出色的笑话才能胜出，无论出自谁之口。道具组的女士说了什么好笑的事？收进来，别拘束。所以，在那里我不只是一个演员，我的创造力也在涌动。

各位创剧人[6]带我们每一个人出去共进午餐，以便了解我们，从而将我们的部分真实个性融入角色。轮到我时，我说了两件事：其一，虽然自认为并不是没有吸引力，但我的女人缘很糟，我的恋情总会往灾难性的方向发展；其二，我无法接受任何沉默的状态——一到这种时候，我就必须讲笑话来破冰。而这就成了钱德勒·宾这个角色好笑的根本原因，对于一出情景喜剧来说堪称完美。这也是钱德勒女人缘不好的出处。（正如当珍妮丝要离开他的公寓，他大喊的那句："我吓着你了；我说得太多了；对于爱情，我笨拙、绝望而又充满渴望！"）

一个不习惯沉默，必须讲笑话打破沉默的人。请想想看，对于一部情景喜剧来说，还有比这更好的角色吗？

这太真实了，不管是对于钱德勒，还是对于我本人。在《老友记》拍摄早期，我就意识到，我依然在狂热地迷恋詹妮弗·安妮斯顿。我们的招呼和告别都变得很尴尬。然后我问自己，我能看她多长时间？三秒钟是不是太久？

但那个阴影在这部剧的炽热光芒中消失了。（此外，她也极度缺乏兴趣。）

在录影之夜，没有人犯一个错。如果有一个笑话没能成功，我们可能会重拍几遍——所有的编剧都挤在一起重写——但犯错？从未有过。许多剧都有爆笑花絮，但《老友记》很少。从试播集开始……事实上，试播集零失误。我们是纽约洋基队[7]：灵巧又专业，从一开始就是佼佼者。我们准备好了。

我说话的方式在情景喜剧中前所未有，强调奇怪的点，把句子里你可能从没想过的词作为重点——活用默里-派瑞式节奏。我当时并不知道，我的说话方式将在接下来的几十年里渗透到文化中去——但现在，我想的只是尽力找到有趣的方式，来说那些原本就已经很有趣的台词，我认为我能让它们成为真正的舞蹈。（玛尔塔·考夫曼后来说过，编剧们会画出句子里一般不会被强调的词，想看看我会怎么处理。）

即使角色出现问题，我们也能成功解决，以至于解决方案反而会创造出属于自己的标志性时刻。

我第一次读到这个剧本时，就知道它与众不同，因为它完全靠角色驱动，而且如此灵动。但在一开始，马特·勒布朗曾担心，剧本中的他是个有点酷的大男子主义花花公子，所以瑞秋、莫妮卡和菲比不会和他做朋友，不会太喜欢他，而这会让他的角色不太可信。

马特长得很英俊，但这也无济于事——他有着男主角的外形，我第一次看到他时都有些嫉妒。不过他人很好，又很有趣，所以我的嫉妒很快就消失了——但他依然找不到进入角色的正确方法。他是剧中唯一一个没有被明确定义的角色——他被描述为一个酷酷的帕西诺那种类型的失业演员，所以他就按这种思路来演绎，但还是没有效果。有一次在试衣会上，他穿了一条棕色皮裤，还好被大家否决了，尤其是掌大局的玛尔塔。

然后，那一刻到来了。还是在拍摄的早期，他有一场和柯特妮的对手戏，他们聊他一直在约会的一个女人，以及性生活是如何不如意。柯特妮问他有没有想过只是单纯地陪在女孩身边，而乔伊完全无法理解这个概念。就是那一刻，他从一个花花公子变成了一个可爱却无用的小笨狗。他开始强调这种个性设定，多次上演别人重复对他说事他却听不懂的搞笑桥段。他终于在这部剧里找到了自己的位置，总的说来，就是瑞秋、莫妮卡和菲比的傻大哥。这样一来，每个人都到位了。

马特偶尔会来我的化装间，主要是在第一季期间，向我询问该如何说他的台词。我会告诉他，然后他就会下楼，然后他就能搞定……但是他最后得了最佳进步奖，因为到第十季时，我会去他的房间，问他会如何处理我的某些台词。

但这些都是往后的事。这时，我们还在拍摄前期内容，1994年秋季播出日期尚未到来。到目前为止，还没有人知道我们是谁。

剧集已经准备就绪，剩下的就是敲定播出时段了。NBC清楚自己的存货非同一般，于是将我们这部剧安排在

《我为卿狂》[8]和《宋飞正传》之间。令人垂涎的完美时段。当时流媒体还没出现，所以时段至关重要。那还是预约电视节目的时代，人们会赶着回家，看晚上 8：00 或 9：00 的电视剧。人们围绕着电视剧安排自己的生活，而非相反。所以周四晚上的 8：30，插在两部热门剧集之间，这是一个绝佳的安排。

我们乘坐华纳兄弟公司的喷气式飞机前往纽约参加"电视剧展示周暨广告投资洽谈会"。展示周是将剧集展示给广告商的时候。正是在这次旅途中，他们告诉我们，剧集现在更名为《老友记》（当他们更名时，我还觉得这个主意很可怕——我可从没说过我聪明），而《老友记》这个名字在广告商那里也取得了巨大成功——一切都已准备就绪。在纽约，我们庆祝、喝醉、参加派对；然后前往芝加哥继续参加展示周，参加更多的派对。

接下来，我们不得不等上一个夏天，剧集才会首播。我在那年夏天做了三件有所成就的事：在吉米·伯罗斯的命令下去拉斯维加斯赌博，独自去了一趟墨西哥，和格温妮丝·帕特洛在一个储藏间里亲热。

我是在回马萨诸塞州的威廉斯敦时遇见格温妮丝的。她当时在那边演一部戏，我是回去看我的祖父。在某个盛大的派对上，我们偷偷溜进一个扫帚间亲热。我们两个当时都不够有名，因此没被捅上小报，但吉米·伯罗斯记住了这件事，决定对我进行一次现实检验。

展示周结束后，很显然我们的剧将成为大热之作，于是吉米就用飞机把我们几个都送到了拉斯维加斯——我们在路上看了《老友记》的试播集——抵达之后，他给我们每个人一百美元，让我们拿去赌博，找找乐子，因为一旦秋天剧集开播，我们再也不会有这样的机会。

"你们的生活将彻底改变，"吉米说，"所以趁现在到公共场合活动活动吧，因为一旦成名，你们就没这机会了。"下面就是我们当时所做的事：我们六个新结识的朋友喝醉了酒去赌博，在赌场里游荡，就只是六个从异乡来过周末的刚有点熟的朋友而已，没人认识我们，没人找我们要签名或拍照，我们谁都没有被狗仔队追赶，距离即将到来的功成名就还有百万英里，而一旦成名，我们生活的每一个时刻都将被记录下来公之于众，永远供所有人观看。

我这时依然渴望成名，但也已经能在空气中品尝到一股狂野和怪异的滋味——名气，那个难以捉摸的情人，真能填满我身上所有的空洞吗？不能在灯光刺眼的赌场里手握伏特加汤力，往黑牌押二十美元，听耳旁有人大喊"马修·派瑞刚往黑牌上押了二十，大伙儿快来看啊！"，那是什么样的感觉？这是我人生中最后一个能在派对上和一个叫格温妮丝的年轻美女亲热，且除格温妮丝和我以外没人在乎这档子事的夏天了。

这样的回报值得吗？人们会翻我的垃圾，用长焦镜头拍下我最糟、最好或介于两者之间的所有状态的照片——成名意味着放弃"普通"生活，这样的代价值得吗？

我还能再以无名之辈的身份复制我的二十一岁生日吗？当时我在比弗利购物中心对面的索菲特酒店，喝了七杯七七鸡尾酒，又将一瓶葡萄酒倒进了一个巨大的白兰地矮脚杯——你知道的，就是那种放在钢琴上收小费的杯子——然后醉醺醺地叫了一辆出租车，端着矮脚杯钻进车后座，一边喝着酒，一边试图告诉司机我家的地址，但我已经醉到只能说出一个字"洛"，结果前座上的人喊道："你他妈干啥呢？"因为他不是出租车司机——我上的只是一辆过路的车。

最重要的是，那些空洞能被填满吗？我想和戴维·普雷斯曼或克雷格·比尔克交换吗，或者他们愿意和我交换吗？等将来我的名字成为脱口秀喜剧演员和晚间节目主持人口中"瘾君子"的代名词时，我会告诉他们什么？当完全不认识的人讨厌我、爱我，或者对我持有爱恨之间的各种感情时，我会告诉他们什么？

我会告诉他们什么？

当上帝提醒我，别忘了我当时的祷告，也就是我在拿下《老友记》戏约三周之前小声祈祷的那些，我会对上帝说什么？

上帝啊，你想对我做什么都可以。只要能让我出名。

他即将履行那笔交易的一半内容——但这也意味着，根据另一半内容，他可以对我随心所欲。我完全受上帝的支配，而这位上帝有时很仁慈，有时却认为把自己的儿子钉死在十字架上是完全正确的行为。

他将为我挑选怎样的道路？圣彼得又会做何选择？我将收获金光、红光还是蓝光？

我想我就要看到结果了。

吉米·伯罗斯对于即将到来的名气所发表的那番言论仍在我耳畔回响时，我想我应该以无名之辈的身份，最后再去旅行一次。

1994 年夏末，我独自飞往墨西哥。不久前我刚和女友加比分了手，决定一个人来一趟酒水巡航。在圣卢卡斯角，我四处游荡，买醉，从客房给洛杉矶的女孩们打电话。每天晚上乘船游览时，我都会去参加那种奇奇怪怪的派对，所有的人都紧张兮兮的，直至他们拿出一壶酒来，然后场面就打开了。我很孤独；我没有跟谁上床；圣卢卡斯角很热，但我的心里一片冰凉。我能感到上帝在看着我，在等待。最令人不安的是，我知道上帝是全知的，这就意味着，他已经知道他为我准备了怎样的命运。

《老友记》于1994年9月22日周四首播。它最初的成绩是排名第17位，对于一部全新的电视剧来说，这个成绩真的很棒。媒体给出的评价也大多是一流：

> 《老友记》……实在是标新立异的迷人之作……卡司很吸引人，对白完全切合1994年的最新精神……《老友记》几乎拥有一部新剧应该具备的一切优势。——《纽约时报》

> 《老友记》有如此多的绝妙招数，真的没有什么可讨厌的地方。它如此轻松和丰盈，每一集结束后你可能都很难回忆具体发生了什么，除了你笑过很多次。——《洛杉矶时报》

> 富于冒险精神的卡司，用调皮的腼腆姿态，演出了一连串诙谐的玩笑，表明他们认为自己是在演出某部堪称X世代尼尔·西蒙[9]的剧作。——《人物》

> 如果《我为卿狂》《宋飞正传》的剧迷能接受年龄差异，那他们看到剧中六个人围坐在一起，即兴谈论

生活、爱情、恋爱关系、工作和彼此时，应该会感到很亲切。——《巴尔的摩太阳报》

也有两条评论表达了讨厌：

一个角色说他梦到自己的下体长的是电话而非阴茎，电话响起，"结果是我妈打来的"。而这一幕发生在开场的五分钟之内。可怕的创作……太糟糕了……演员包括可爱的柯特妮·考克斯、从前很幽默的大卫·休默、丽莎·库卓、马特·勒布朗和马修·派瑞。他们看着都很好，所以看到他们侮辱自己，让人很难过。——《华盛顿邮报》

贫乏，不配在周四晚间档播出。——《哈特福德新闻报》

不过话说回来，1961 年，迪卡唱片公司艺人与作品部的迪克·罗在拒绝披头士乐队时，对布莱恩·爱泼斯坦说"吉他乐队就要过时了"。[10] 我想知道那些评论家现在作何感想，他们贬低的可能是有史以来最受欢迎的电视剧。他们那一次真的错了。他们也一样讨厌《宋飞正传》《陆军野战医院》《干杯酒吧》《波城杏话》吗？[11]

我们没有出局。我们完全就是黄金档的代名词，那是黄金时段还很重要的年代。我们就是电视行业的淘金人。比好评更重要的是，我们吸引的观众只比《我为卿狂》少20%，对于一部新剧来说，这个表现可谓难以置信地强劲。到第六集时，我们打败了《我为卿狂》，这意味着我们成了轰动一时的大热之作。很快，我们就打入了前十名，接着是前五名，然后整整十年都没有掉出前五。这一成绩前所未闻，纪录至今依然未被打破。

　　所以，我得到了——名气。正如我们预料的那般，《老友记》很受欢迎，所以我不能破坏它的形象。我爱我的搭档们，我爱整个剧本，我爱这部剧的一切……但我同时也要和我的成瘾症做斗争，这种矛盾只会加剧我的羞耻感。我有一个秘密，不能让任何人知道。就连剧集拍摄的过程本身也可能是痛苦的。正如我在 2020 年重聚时所承认的那样："如果（现场观众）不笑，我就会感觉自己快死了。这种反应肯定是不健康的。但有时我说了一句台词，观众没有笑，我就会出汗，而且——而且就好像抽搐发作。如果没能收获应得的笑声，我就会抓狂。我每天晚上都有这种感觉。"

　　这种压力让我陷入了一种糟糕的境地；此外我还知道，在出演这部剧的六个演员中，只有一个人是病着的。但我从前渴望的名气已经降临，在伦敦宣传时，我们就好像是披头士乐队，人们围在我们的酒店门外尖叫，而这部剧的影响力最后覆盖了全球。

1995年10月底，在第二季第五集和第六集播出之间，我飞往纽约，第一次登上《深夜秀》[12]。在当时，能上大卫·莱特曼的这档节目意味着攀上了流行文化的巅峰。我那次穿的是一套暗色西装——莱特曼一度摸了摸我的翻领，形容那是"60年代末英国入侵[13]时的风格，有点儿摩登"。

"女士们先生们，这个人正在出演美国头号剧集，请欢迎马修·派瑞。"

我优哉游哉地走出了一副明星的派头。我成功了。但我紧张得过了头，差点儿站不住，所以我很开心能坐下来。

我与莱特曼先生握手，然后立刻开始演出我反复排练的节目，花了很长时间来讲述《吉利根岛》[14]中经典的一集。我设法改动了那一集的故事，还提前给住同一家酒店的亚西尔·阿拉法特[15]讲过一遍（时值联合国五十周年纪念日前后，所有人都来到了纽约）。那正是莱特曼喜欢的那类离奇、冗长的故事。笑声响起——我甚至逗得莱特曼开了好几个玩笑——于是我那足以撼天动地的恐惧也就很好地掩藏了起来。

一切都很好。一切都呈现出黄金般的色泽。我才刚满二十五岁。我在这颗星球上最红的情景喜剧里工作；我住在纽约的酒店，看着世界各国领导人在两排保安的护送下匆忙进入电梯；我穿着价值一千美元的西装，同大卫·莱特曼一起拿这西装说笑。

这就是成名后的世界。而就在城市的灯火之外，在摩天大楼和市中心夜空闪烁的暗淡星光之外，上帝正俯视着我，静静地等待着。他拥有全世界所有的时间。该死，是他发明了时间。

他不会忘记。有某种东西正在逼近。我知道是什么，但我还不能确定。与每晚喝酒有关……但情况会恶化到何种地步？

不过，这股强大的破坏力才刚刚开始发挥效力。这部剧是一块文化点金石；我们不管去哪里都会被人群围住（大卫·休默后来讲过一段故事，他在街上被一群年轻女人搭讪，她们为了靠近他，甚至推开了他的女友）。到1995年底，也就是参加莱特曼节目的前后，我也有了一个非常出名的女朋友。但在讲这件事之前，我和"另一个"钱德勒还有一些未竟之事。

在拿到钱德勒这个角色之后的两年里，我都没有听到克雷格·比尔克的消息——他搬去了纽约，我们失去了联系。

他推掉《像我们这样的朋友》而选择的那部《最好的朋友》没能成功。（后来，NBC前总裁沃伦·利特菲尔德在回忆录中提及克雷格没有选择《老友记》时表示："谢天谢地！克雷格·比尔克身上有一种反派的潜质。他内心里似乎藏着许多愤怒。有魅力又能演喜剧的主角型演员非常罕见。"）他的工作很稳定——后来去百老汇演了《乐器推销员》，同吉娜·戴维斯和塞缪尔·杰克逊合作了《特工狂花》，以及其他许多非常棒的作品——但命运的分岔让我们的友谊化为灰烬。[16]

我想念他。他仍是我所见过的喜剧思维最敏捷的人，我爱他那一点，也爱他其他许多方面。我再也不能去福尔摩沙晃荡了，我也想念那时的生活。我开始独自在我的公寓喝酒，那样是最安全的。病情在加深，但我看不出来，那时还看不出来。如果有人看见我喝了多少酒，那他们可能会被吓到，进而要求我戒酒。但戒酒当然是不可能的。

不过，有一天克雷格·比尔克破天荒地给我打了电话。他想来看看我。我很高兴，但又感到担忧。你知道那种感觉吗？就跟你在和最好朋友的暗恋对象约会一样。就是那种感觉，我演了他能演而且应该演的角色，从此以后，我的一切都点石成金，然后成了白金，然后成了其他尚未被发现的稀有金属。

我不知道与这位从前的朋友相见会是怎样一种结局。玛尔塔·考夫曼后来曾说过："我们（为了钱德勒这个角色）见了无数的演员，但结局如其所是。"只是这样的话我不可能对克雷格说，因为应该发生的事——奇迹——发生在了我身上，而不是他身上。（那是他的选择，不是我的。）

他来到我的公寓，气氛很紧张。克雷格先开的口。

"我想告诉你，我非常抱歉这两年都没和你说话，"他说，"我只是无法面对你因为我拒绝的角色而变得有钱和出名。我们两个都很棒，都足以胜任那个角色，所以，我只是无法面对……"

我听着他说完，然后是一段沉默。日落大道上的车一路倒回了拉西埃内加大道上的那家弗雷德·西格尔服装店。

我决定不提弗雷德·西格尔服装店。

我痛恨我早就想说的话，但我不得不说。

我说："你知道吗，克雷格？它并不像我们所有人想的那样灵验。它并不能解决任何问题。"（对于一个二十六岁的人来说，这是多么清醒的想法，这个人从前一心渴望出名，等出名后才意识到名气根本无法填补任何空洞。填满所有空洞的，是伏特加。）

克雷格瞪着我；我想，他不相信我；我至今仍认为他不相信我。我想，你只有在所有梦想都实现之后才能意识到，那些都是错误的梦想。

后来，我在宣传《日落大道 60 号》时告诉《卫报》："我参演过电视史上收视率最低的剧集（1987 年的《第二次机会》），也参演过收视率最高的剧集（《老友记》），但它们对我的生活所产生的影响，其实都不同于我原本的想象。"

现实是，我不可能与克雷格、戴维·普雷斯曼以及街区前面加油站的那个人交换位置——但我愿意在一分钟之内与他们所有人交换位置，永远交换，只要我不再是我，不再过这样的人生，被绑在这只命运的火轮之上。他们的大脑不会想要他们死。他们夜晚能睡得安稳。我想，那样的交换并不能让他们对自己的选择，对自己人生的走向感觉好受一些。

我愿意放弃一切，只要不再有这样的感觉。我一直都在想着这些；这不是空想——这是冷酷无情的事实。我当初那番浮士德式的祷告是愚蠢的，是孩子气的。不着边际。

可它成真了。

我拥有了钱，拥有了名气，还有濒死的体验，这些都是证据。

1 詹姆斯·泰勒（James Taylor），生于1948年，美国音乐人、吉他演奏家。泰勒曲风轻柔，《火与雨》（Fire and Rain，1970）是他的代表作之一，这首歌曲的创作源于泰勒本人的经历，即曾长期遭受毒瘾与抑郁症困扰，以及他的一位好友在戒毒过程中不幸去世。《火与雨》发行后大获成功，为泰勒赢得格莱美奖等多个奖项，被誉为摇滚史上最伟大的歌曲之一。

2 科特·柯本（Kurt Cobain，1967—1994），美国音乐人，摇滚乐队"涅槃"（Nirvana）的主唱、吉他手、词曲作者。《少年心气》（Smell Like Teen Spirit）发行于1991年，收录于涅槃第二张专辑，这首歌及这张专辑让涅槃火遍全球，但柯本后来在一次采访中表示对这首歌的流行和商业化程度感到厌恶，并曾拒绝公开演唱它。齐柏林飞艇（Led Zeppelin），英国摇滚乐队，成立于1968年，被认为是重金属音乐的鼻祖之一。《天国的阶梯》（Stairway to Heaven）发行于1972年，收录于齐柏林飞艇的第四张专辑，是摇滚史上的经典名作。

3 本丢·彼拉多（Pontius Pilate），耶稣受难事件中的核心人物之一，在《圣经》中，是他判处耶稣钉十字架。

4 《亲情纽带》（Family Ties），20世纪80年代美国最受欢迎的情景喜剧之一，1982—1989年共播出七季，该剧讲述一家人的欢乐故事，柯特妮·考克斯在最后两季中出演，积累了名气。《神探飞机头》（Ace Ventura: Pet Detective），喜剧电影，上映于1994年，金·凯瑞和柯特妮·考克斯担当男女主角，该片讲述一名宠物侦探与一位警官的故事。《宋飞正传》（Seinfeld），1989—1998年共播出九季，美国最知名的情景喜剧之一。布鲁斯·斯普林斯汀（Bruce Springsteen），生于1949年，美国摇滚音乐人，曾获得20项格莱美奖，《黑暗中跳舞》（Dancing in Dark）是他的代表作品之一，收录于1984

年发行的专辑《生于美国》，正是这首歌带动这张专辑成为布鲁斯·斯普林斯汀销量最高的专辑。

5　　《欢乐一家亲》(Frasier)，美国广受欢迎的情景喜剧，1993—2004 年播出，共 11 季，讲述一名精神科医生回到家乡开始新人生的故事。

6　　创剧人 (creator)，美剧制作团队中的一个管理角色，是剧集实际上的首席编剧，一般会兼任剧集主管。

7　　纽约洋基队 (New York Yankees)，美国家喻户晓的职业棒球队，也是全球最成功的棒球队之一，不仅有着卓越的战绩，还拥有最具影响力的球星。

8　　《我为卿狂》(Mad About You)，美国情景喜剧，1992—1999 年共播出八季，极受欢迎，拿下四项金球奖、十二项艾美奖。故事围绕着纽约一对年轻的新婚夫妇展开。

9　　尼尔·西蒙 (Neil Simon，1927—2018)，美国最多产的剧作家之一，被誉为喜剧之王，凭借《迷失在扬克斯》(Lost in Yonkers) 获得普利策奖。

10　迪卡 (Decca)，英国著名唱片公司，成立于 1929 年，以发行古典音乐唱片为主，也涉足流行音乐。1962 年 1 月 1 日，披头士乐队来到迪卡公司，在试唱后遭到拒绝；翌年他们的第一张专辑由另一家传奇音乐厂牌 EMI 发行，迅速走红。迪克·罗 (Dick Rowe，1921—1986)，英国音乐制作人，在 20 世纪 50 年代至 70 年代主导迪卡公司的艺人与作品部，成功推出许多畅销唱片。布莱恩·爱泼斯坦 (Brian Epstein，1934—1967)，披头士乐队的经纪人，从 1962 年起代理披头士的事务，直至 1967 年他因药物过量而去世。

11 《陆军野战医院》(*M*A*S*H*)，美国情景喜剧，1972—1983
年共播出 11 季，改编自 1970 年上映的同名电影，讲述战争
期间一群战地医生的经历。《干杯酒吧》(*Cheers*)，美国情
景喜剧，1982—1993 年共播出 11 季，曾创下收视纪录，讲
述波士顿一家名为 Cheers 的酒吧里发生的趣事。《波城杏话》
(*St. Elsewhere*)，美国电视连续剧，1982—1988 年共播出六
季，讲述波士顿一家医院内一群医生的故事。

12 《深夜秀》(*Late Show with David Letterman*)，又称《大卫深
夜秀》，是 CBS 于 1993 年推出的电视访谈节目，大卫·莱特
曼主持，2015 年停播。

13 英国入侵，指 20 世纪 60 年代中后期，披头士等英国摇滚乐
队登陆美国并大获成功的流行文化事件。

14 《吉利根岛》(*Gilligan's Island*)，美国经典情景喜剧，1964—
1967 年播出三季，讲述一群人的荒岛求生记，其中许多人物
成为美国人人皆知的文化符号。

15 亚西尔·阿拉法特 (Yasser Arafat, 1929—2004)，巴勒斯坦
前总统。

16 《乐器推销员》(*The Music Man*)，美国经典音乐剧，也是格莱
美史上第一部获最佳原声专辑奖的音乐剧，首演于 1957 年，
先后在 1962 年和 2003 年改编为电影，讲述一位乐器推销员
在小城开启另类音乐事业的故事。《特工狂花》(*The Long Kiss
Goodnight*)，上映于 1996 年，美国电影，讲述一名特工的
生死故事。吉娜·戴维斯 (Geena Davis)，生于 1956 年，美
国演员，她的代表作有《末路狂花》《无名英雄》等。塞缪
尔·杰克逊 (Samuel Jackson)，生于 1948 年，美国演员，他
因《低俗小说》而闻名，其他代表作有《八恶人》《卡特教练》
《王牌对王牌》等，2022 年获得奥斯卡终身成就奖。

插曲

变 焦

　　终于，从瑞士回到了洛杉矶。那是新冠病毒肆虐的时候。所有地方的所有事情都停摆了。我们都因恐惧死亡，把自己关在小房间里。但我的头脑在渐渐清醒，我又一次开始为清醒而战斗。

　　对我来说，这场大流行病应对起来要稍显容易，原因有二：（1）它发生在我的大脑之外。（2）它给了我一个相当好的借口，让我能躲在世纪城[1]世纪大厦中占据四十楼一整层空间的 10 400 平方英尺的公寓里。

　　至少我断掉的肋骨已经开始恢复，我也正在清醒起来。这意味着，我慢慢地意识到，我已经订婚了，同一个女人和两只狗住在一起。不用说，我还没有准备好接受其中任何一种改变。你和我住一起？我们住一起？我们还给孩子们挑好了名字，十全十美[2]，我出演过的一部电影的名字？

你单膝跪地求婚，这姿势害得你的肚子很疼，记得吗？

我不记得——不用说，我们分手了。

1　世纪城（Century City），洛杉矶西边的一个住宅和商业区，高楼林立。这个区域的前身是 20 世纪福克斯电影制片厂建设外景的地方。

2　十全十美，指布鲁斯·威利斯和马修·派瑞主演的电影《整九码》（*The Whole Nine Yards*），于 2000 年上映，片名的原意即"十全十美"。

5

没有第四面墙

你知道在新冠病毒肆虐期间，有些人感觉自己在一遍又一遍地过着同一天吗？

下面是我想要一遍又一遍重复度过的那一天（这是我的土拨鼠日中的土拨鼠日）。事实上，我希望我余生的每一天都是那一天的重复。但我不能。因此，唯一能跨过那一天的方法，就是把它当故事一样讲述出来，看看是否会有帮助。

（这样当然不可能让那一天重现。）

那是1995年的最后一天，地点是新墨西哥州的陶斯。整个下午我们一直在雪地里玩橄榄球。我，我的女朋友朱莉娅·罗伯茨，以及我们的一群朋友。她是全世界最著名的电影明星，而我在出演最火的电视剧集。

追求最初是通过传真进行的。在这世界的某处，有一擦大约两英尺长的传真——两英尺长的甜言蜜语，里面满是诗句和遐思，两个大明星彼此倾心，以一种美丽而浪漫的方式连接在一起。

那时的我正春风得意。我是一切的中心，没有什么能伤到我。名望的白炽火焰属于我——我不断地将手穿过火焰，但我的手依然完好无损；这里是不可燃的中心。这时的我尚不知晓，名气终不能填补空洞，但此刻，它暂时将空洞掩盖得很好，非常感谢。

《老友记》第一季大获成功，我基本上算是轻松走进了第二季。我已经上了莱特曼的节目，准备要去杰·雷诺的《今夜秀》。我们登上了《人物》和《滚石》的封面，当时这可是两件大事。现在，电影片约也在涌来。它们当然会朝我涌来。我正在得到我想要的一切。这边也是百万美元的电影邀约，那边也是百万美元的电影邀约。我还没遇见朱莉娅·罗伯茨，但这已命中注定。

之后就发生了一件只会发生在名人身上的事。玛尔塔·考夫曼找到我，说我或许应该给朱莉娅·罗伯茨送花。

你是说全宇宙最大牌的明星朱莉娅·罗伯茨？

"当然，好啊，为什么？"我问。

原来他们向朱莉娅发了邀约，请她出演第二季超级碗赛后那一集，朱莉娅表示，只有出现在我的故事线里，她才愿意参演。让我再说一遍——只有出现在我的故事线里，她才愿意参演。（我这一年是走大运还是怎么着？）不过首先，我必须向她示爱。

我苦思冥想了很久，卡片上写点什么好呢？我希望能显得专业一些，明星对明星的口吻。（好吧，是明星对超级大明星。）但我也希望能有一些情调，配得上她前面所说的话。我至今仍为自己的决定而骄傲。我送了她三打红玫瑰，卡片上写的是：

> 唯一能比你参加演出更激动人心的事，是我终于有借口给你送花。

还不赖，对吧？我害怕晚上睡觉，但在需要的时候，我还是能挥洒魅力的。不过我的工作还远未完成。她的回答是，如果我能给她解释清楚量子物理学，那她就同意出演。哇哦。首先，我是在和这个"口红因她而生"的女人交流；然后，我必须用功学习。

第二天，我给她发了一篇有关波粒二象性、不确定性原理和量子纠缠的论文，其中只有一些部分是隐喻。多年后，《老友记》的专职编剧之一亚历克莎·荣格告诉《好莱坞报道》："（朱莉娅）远远地就（对马修）产生了兴趣，因为他太迷人。他们经常发传真调情。她问了他一些问题，比如：'我为什么要和你约会？'编剧室的每一个人都帮他想原因。没有我们，他一个人也能处理得很好，但我们毫无疑问是马修队的成员，都想帮他心想事成。"

最终，我们所有的努力都奏效了。朱莉娅不仅答应出演剧集，还送了我一份礼物，是贝果，很多很多的贝果。当然，为什么不呢？她可是要命的朱莉娅·罗伯茨。

由此，一段三个月长的求爱历程以每天发送传真的方式开启了。那是互联网和手机问世前的时代——我们所有的交流都是通过传真完成的。许许多多的传真，好几百份。起初，传真的内容在浪漫的边缘徘徊，我给她传送诗句，请她为洛杉矶国王队的三冠组[1]提名成员，诸如此类。我们两个并不是不忙——我当时在拍这个星球上最受欢迎的剧集，而她在法国拍摄伍迪·艾伦的《人人都说我爱你》[2]。（她当然很忙。）但一天里我总会在传真机旁坐个三四次，看着传真纸慢慢显露出她的下一封信函。我如此兴奋，有些夜晚我发现自己在派对上同某个迷人的女人眉来眼去，却草草结束交谈，以便飞奔回家，看看有没有新的传真进来。十有八九总会看见一份。那些文字如此优美——她连缀句子的方式，她看世界的方式，她表达自己独特想法的方式，都是那样让人着迷。我经常会把那些传真读上三四遍，有时会读上五遍，看着传真纸笑得像个白痴。就好像她来到这颗星球就是为了让世界微笑，现在尤其是让我笑。我咧嘴笑着，像个第一次约会的十五岁男生。

而这时我们甚至还没说过话，更没见过面。

然后在一个清晨，事情发生了改变。朱莉娅的传真突然转向了浪漫的方向。我打电话给一个朋友，说："我怕是摊上大麻烦了。你一定得立刻过来。告诉我，我有没有想错。"

朋友过来后，我给他看了传真，他说："是，你没错。你一定是摊上大麻烦了。"

"那我该回什么？"

"这个嘛，你感觉如何？"

"哦，你少来，"我说，"快告诉我该说什么。"

就这样，"大鼻子情圣"[3]和我也编写并发送了一封转向浪漫的传真。然后我们站在那里，站在传真机旁边，你看我我看你。两个男人就那样盯着一台机器看。

大约十分钟后，传真机的刺耳声响——噔噔声、呼呼声、嘶嘶声，来自外太空的消息——充满了我的公寓。

"给我打电话。"在这句话的下面，附有她的电话号码。

我拿起电话，打给了朱莉娅·罗伯茨。我紧张得要命，就像第一次上莱特曼的节目那么紧张。但我们聊得很轻松——我把她逗笑了，天哪，她笑得多么开心……她显然非常聪明，才智非凡。我已经能够看出，她轻轻松松就在我所见过的最会讲故事的人中排进前三名。她的故事如此精彩，事实上，我甚至一度问她是不是提前写好的。

五个半小时后，当我们准备挂电话时，我意识到我已不再紧张。从那以后，我们就停不下来了——今天聊五个小时，明天聊四个小时。我们在坠落；我不确定坠向何处，但我们在坠落。

很明显，坠入了情网。

一个周四，我的电话再度响了起来。

"周六下午两点，我到你家。"

咔嗒。

我们终于走到了这一步。

她是怎么知道我住哪儿的？如果她不喜欢我该怎么办？如果传真和电话里真的合拍，但到了现实生活中她不再想要我该怎么办？

我为什么就不能停止喝酒？

果然，那个周六的下午 2：00，有人敲响了我的门。深呼吸，马蒂。我打开门，她就站在那里，朱莉娅·罗伯茨微笑着，站在我对面。

我想我说的话应该类似于：

"哦，是那个朱莉娅·罗伯茨啊。"

即便是在这样的时刻，笑话也脱口而出。克雷格可能会说得更快，但他不在现场，没有机会。她的笑声是那个朱莉娅·罗伯茨的标志性笑声，足以倾城倾国的那种笑声。所有紧张的气氛似乎都烟消云散了。

她问我过得怎么样。

"我感觉自己是最幸运的人。你过得怎么样？"

"你现在也许应该邀我进门了。"

我的确让她进来了，既是比喻意义上的，也是字面意义上的，而一段关系就此展开。到开始拍摄《老友记》超级碗赛后那一集时，我们已经是一对了。

不过在开始拍摄前，我们先去了陶斯跨年。1996 年即将到来，而我正在和朱莉娅·罗伯茨约会。我甚至见了她的家人。她先是用私人飞机将我接到当地，然后开着她的橙色大众甲壳虫来接我。我以为我已经够有钱了。她才是有钱的那个。

我们在雪中玩了一整天的橄榄球。后来，朱莉娅看看我，又看看她的手表——晚上 11 : 45——她抓起我的手，说："跟我来。"

我们跳上一辆蓝色大卡车，开上了一座山，雪花在四周飞旋。我完全不知道我们要去哪里。我们似乎在向着星星前进。最后我们到了山顶，有那么一刻，雪停了，我们能看到山下的新墨西哥和更远的地方，一直能看到加拿大。我们坐在那里，她让我感觉自己是世界之王。一阵雪花轻柔飘落，就这样，1996年开始了。

2月里，朱莉娅上了莱特曼的节目，莱特曼追问她是否在和我约会。她刚客串出演了《老友记》超级碗赛后那一集。那一集——客串明星云集，有朱莉娅、尚格·云顿、波姬·小丝、克里斯·艾萨克等[4]——有5 290万观众收看，是超级碗赛后观看人数最多的剧集。仅广告收入就十分惊人——三十秒播放时间售价就超过五十万美元。这部作品现在仍是NBC的重要财源。

（不过，我依然记得，当时我有几个晚上还在想，真希望我演的是《急诊室的故事》[5]而非《老友记》。我对关注的渴求永远得不到满足。这个问题当时依然存在，像我的指纹，像我眼睛的颜色。）

我们在新年过后的几天里，也就是1月6日到8日，拍摄了赛后两集中朱莉娅的戏份。他们给我写的台词包括："那时候我用幽默来保护自己——谢天谢地我现在不会这样了""我遇到了那个完美女人"。我们在沙发上的亲吻如此真实，人们都认为那是真的。

的确是真的。她在剧里太迷人了，我们的化学反应似乎溢出了全美各地的电视机。

为了回答莱特曼的问题，朱莉娅再一次证明了她的智慧，耍了所有的人：

"是的，我一直在和马修·派瑞约会，而出于某种原因，或许是因为我演了超级碗赛后那一集，人们以为我说的是《老友记》里的那位马修·派瑞。但实际上我说的是在霍博肯遇到的一位男装店店主。不过《老友记》里的那位马修·派瑞也很好，所以我不介意这个误会。"

她还说我"极其聪明、幽默和英俊"。

那时的每一件事得到的都是肯定的答复。

第二季一杀青，4月里我就飞去了拉斯维加斯，拍摄我的第一部大电影。我与萨尔玛·海耶克共同主演电影《傻瓜跑进来》，我的片酬是一百万美元。[6] 直至今日，这可能依然是我最好的电影。

如果是现在出演那部电影，我会带三个人一起去，主要是因为我害怕独处。但在那时，我是一个人去的。那时的我并不像现在这样充满恐惧。我想，那正是人们送年轻人上战场的原因所在。他们年轻——他们无所畏惧，他们战无不胜。

别误解我的意思。我对拍摄《傻瓜跑进来》很紧张。

那时的我身处拉斯维加斯，肩扛着一部投资三千万美元的电影。拍摄第一天，他们派车送我回去，我对司机说："你必须靠边停车。"他停了下来，我因为恐惧当场吐了起来，就在路边。

拍摄电影时，不仅工作进展更慢，而且只有当你切身体会到想要表达的情感时，表演才算成功。这是一种更深层次的工作，要转换到这种表演模式很难，但我发现更难的是电影不会按照顺序拍摄。

我记得在《傻瓜跑进来》片场的第二天，我们要拍一场发生在产科医生办公室里的戏，在戏中，我们第一次听到孩子的心跳。因为我才刚认识萨尔玛，所以我不知道该如何找到拍摄的感觉。后来，我记得有一场戏需要我哭。我对此也非常害怕。我一整天都在想着那件事，担心了一整晚。不过最后我还是设法圆满完成了拍摄。诀窍很简单——你只需要想着某件让你觉得非常悲伤的事即可。不过时机很难把握，因为你必须刚好卡在正确的时间哭出来，而且还得一遍又一遍地哭。

那一天，我在《傻瓜跑进来》的片场哭了一整天。我找到导演安迪·坦纳特，说："这场戏我们已经拍了十个小时了，老兄。我的眼泪都哭干了。"

安迪说："我们还得再来两遍，兄弟。"

想到还有两遍，我的眼泪哗的一下又出来了。于是我和导演都笑了，一致同意，我的泪水储存罐里一定还有少许存货。（我其实觉得剧情片表演比喜剧表演更容易。我看着一个布景，心想：我不需要搞笑了？那简直是小菜一碟。到目前为止，我已经获得了四次艾美奖提名。一次是因为喜剧，三次是因为剧情片。）

但我开始想一些有趣的策略来挖掘真实情感，让自己更像一个男主角，而非一个搞笑的喜剧演员。拉斯维加斯的平流层酒店到正午时分会举行大型烟火表演——到了时间，我便让萨尔玛看那座酒店，因为那就是我的角色初遇她的角色时的感受。

萨尔玛也尽了最大努力——她在拍摄一开始就走进我的房车，对我说："来吧，就稍稍调调情。"

我也竭尽全力，来了一个钱德勒经典的延迟惊讶，然后说："哦，好啊！来吧，就稍稍调调情。"

萨尔玛对于如何演好一场戏总是有着非常精细和详尽的想法，但她那些冗长的想法不是每次都有用。有一场戏，我要向她表达爱意。她提议我们不要看着彼此——相反，我们应该一起眺望未来。听她讲了大概二十分钟这一类的废话之后，我终于说："听着，萨尔玛，在这场戏中我要对你说我爱你。你想看哪里都行，但我要看着你。"

在整个拍摄过程中，我一直在看剧本，然后向安迪·坦纳特[7]抛出笑料，他是个聪明的家伙，而且出奇地和善。他会管着我——我到处蹦来蹦去，做我觉得搞笑的小动作，他会把我拉到一边，说："你没必要那样做。你不做那个动作，看起来也足够有趣。"

他用这种思考方式激励我贡献了我职业生涯中最好的表演之一。这句话是我此生一直渴望听到的"马蒂，你已经足够好了"的另一种说法吗？（安迪之后又导演了几十部电影作品，包括威尔·史密斯主演的《全民情敌》。我猜，好人并不总是没好报。）

安迪也很乐意听取别人的建议。有一天，我的朋友安德鲁·希尔·纽曼[8]来片场探班，想到这样一句台词："你是我一直以来渴望的一切，而我竟未能知晓。"我将其写下来递给了安迪·坦纳特，他很喜欢，于是这句话就成了那部电影中最著名的台词。就电影而言，那可能是我所说过的最好的一句台词。

拍摄期间，有一天在作为背景的米德湖[9]上出现了一帮骑水上摩托的人，我问能不能趁午餐休息时间去骑一下试试。不过，当时电影刚开拍，他们跟我说那太危险了。

但那时的每一件事得到的都是肯定的答复……所以我

就说："哦，你们一定要同意。"

于是，我就去了米德湖。太阳高挂空中，蓝色湖水发出火焰燃烧般的爆裂声。我骑着水上摩托四处疾驰，能看到远处的胡佛大坝，电影的高潮戏份将在那里拍摄，还看到威尔逊山高耸在万事万物之上，仿佛一个警告。但我生活中的每一件事都很完美。我的女朋友是全世界最漂亮、最有名的女人；我正在出演美国头号电视剧；我正在拍摄一部只可能成为票房冠军的电影，赚着一大笔钱。我骑着摩托狠狠加速，感受着与水面若即若离的轻柔的感觉，往这边转弯又往那边转弯，碎浪拍得我随座椅上下颠簸，我的右手转啊转啊转啊，将那台机器推至极限。

然后，我将水上摩托一个急转向右，但我的身体径直向前冲去。我飞到了空中，然后就不在空中了。浮出水面后，我回头望向出发的地方，湖岸上站着全剧组的人，这四十个人一直在看着我拿整部电影的命运冒险，此刻他们全都扎入湖中来救我。

回到岸上以后，我知道我受伤了。但那天晚上，有一场大戏要拍——是孩子出生的戏，是电影的关键时刻——我必须做好准备。但现在我浑身到处都疼，脖子尤其严重。剧组的人知道我很痛苦，于是打电话叫了医生，医生来到我的房车旁，递给我一粒塑料包装的药片。

"你准备好之后就吃了这个，"医生说，"一切都会没问题的。"

我把那粒药放在口袋里，我向上帝发誓，我觉得如果我当时没有服用那粒药，那么接下来的三十年就不会是现在这个样子。谁知道呢？我只知道这些年真的很糟糕。

我在《傻瓜跑进来》这部电影中扮演的是一个房地产开发商，开一辆红色福特野马。那晚的戏拍啊拍啊，一直拍到天快亮才结束。我能感觉得到，太阳正慢慢逼近地平线。

"嘿，你们觉得我能开着这辆野马回拉斯维加斯吗？"我问。

我很震惊，在水上摩托事故之后，他们竟然会答应我的任何要求。但他们就是答应了。

当我离开停车场时，内华达州那天的第一道曙光正攀越威尔逊山。我打开野马车的敞篷，吞下了那粒药。我想着朱莉娅，想着飞越米德湖的时刻，心无挂碍。我想起了我的童年时代，但感觉并不痛苦，此时并不痛苦。药片开始起效时，有某种东西在我的身体里发出了咔嗒一声。然后，我的余生一直在追逐的，就是那咔嗒的一声。我想到了名气、克雷格·比尔克、默里兄弟和《老友记》。夏天就要来了，天空中都是粉红色的卷云，沙漠里的空气是柔软的。这是属于我的粉红色天空。我感觉如此愉快，就算有火车头撞到我，我也只会转过身去，对司机说："这很正常，兄弟。"我躺在加拿大老家后院的草地上，再一次被默里兄弟的呕吐物包围了。难以置信，我的感觉如此美妙；我置身于完全而纯粹的狂喜之中。药片将我体内的血液换成了温暖的蜂蜜。我站在世界之巅。那是我有生以来所体会过的最棒的感觉。一切都不会再出错。在驾驶那辆红色野马敞篷车前往我在拉斯维加斯租住的房子的路上，我记得我在想，如果这东西杀不死我，那我还会再吃。就它所造成的后果而言，这当然是一段糟糕的往事，但它也曾是一段愉悦的往事。那天早晨，我离上帝很近。我感受到了天堂——没有多少人能获得这种体验。那天早上我和上帝握了手。

那是上帝吗，还是别的什么人？

那天早上到家后，我做的第一件事是联系那个医生，告诉他那药对疼痛起了作用（我决定不提上帝的那一部分）。接着我便睡着了，醒来后，又有四十粒药片送到了我家。有了！

小心啊，马蒂，能让人感觉那么好的东西一定也会让人付出代价。现在我知道代价是什么了——老天啊，我真的知道了。但那时的我还不知道。关于《傻瓜跑进来》这部电影，我希望这些就是我要讲的全部内容。都是关于电影制作的有趣内幕故事。我讨厌戳破明星和行业复合体的泡沫，但在魅力明星、马提尼鸡尾酒和摄像机背后，也有真实的人生在继续。然而，没有人知道，某个人——可能是最不可能的人选——的人生即将坠入地狱之门。

一年半之后，那种药我每天要吃上 55 粒。登记入住明尼苏达州的海瑟顿康复中心时，我的体重是 128 磅，我的生活变成了一片废墟。我害怕极了，确信自己会死，不知道我身上发生了什么。我并不想死，我只想感觉好受些。

当然，"马修·派瑞在康复中心"成了重磅新闻。我甚至没机会私下里解决我的问题。每个人都知道。事情登上了所有杂志的封面——我甚至没有其他所有人享有的匿名权。我吓坏了。我还很年轻，所以很快就恢复了过来。二十八天之后，我就重新站了起来，看上去恢复了健康。

这件事也算得上是一个重磅新闻，不过跟另一个远远无法相提并论。

拍电影和拍电视剧完全不同。拍《老友记》时，如果你因为什么事感到悲伤，那你就可以尽情表现你的悲伤，仿佛你是全世界最悲伤的人——大体说来，就是要让现场后排的观众也能看清。在表演时，也有类似对观众眨眼的时刻，像是在说："嘿，大家伙儿，看这个。你会喜欢这个。"拍摄情景喜剧时，你就像是每周都要演一出独幕剧。观众席上有三百个人，你必须向他们敞开心扉。

电影拍摄则要慢得多得多——得有一个主镜头，然后是一个特写镜头，然后是更近的特写镜头。如果你的角色很悲伤，那你就要表现他的悲伤。没有眨眼时刻——这是专业领域，宝贝。但在拍摄《老友记》时，我们连彩排都很快。我记得亚历克·鲍德温[10]客串时曾经说过："你们这帮人的速度也太快了！"

一直都有明星来客串，这意味着我们必须随机应变。西恩·潘[11]是我最爱的演员之一——他在第八季出演了两集，都非常成功。他的故事线需要我打扮成一只粉红色的小兔子（当时是万圣节），所以在剧本围读会结束时，我说："我一直梦想着能和西恩·潘合作，但我从未想过必须穿上粉色衣服扮一只兔子。"

尽管《老友记》里的公寓没有真正的第四面墙，但这部作品也从未打破隐喻意义上的第四面墙。我们最接近要打破那面墙的时刻，是和西恩一起创造的——我竭力提议在这一集的终场（主线结束后的简短的结尾场景），我穿着兔子服出现在后台。等西恩走过时，我说："西恩，我能跟你聊一下吗？"

"当然，马修，什么事？"

"呃，这件事我真的思考了很久。我觉得你是一个非常合适的讨论对象。"我一边说一边吸烟，然后用巨大的兔子脚踩灭烟头，继续说，"我一直想转型演剧情片。"

西恩·潘上下打量了我大概五次，然后说："祝你好运。"

在围读会上，这段故事收获了大量笑声。但这样就会打破我们十年都不曾违背的一个规则。即便是西恩·潘这样影响力超强的演员，以及我身穿粉色巨大兔子服的荒诞形象，也没能争取到打破第四面墙的许可。墙留在原地，留在它应该在的地方。

每个人在《老友记》中都经历过，全世界都在讨论他们的角色的特别年份。大卫·休默是在第一季；丽莎是在第二季；第五季和第六季属于柯特妮和我；詹妮弗是第七季和第八季，而马特（**进步最大的老友**）是第九季和第十季。有些人因为那些季赢得了艾美奖，但我们所有人都应该赢得更多，不过我想，又漂亮又有钱的人会招来偏见，尤其是这群人还拥有一间大得不符合纽约现实的公寓……只不过，正如我所指出的那样，那间公寓没有第四面墙。

在第一年——大卫之年——有一天他出现在我的化装间门口。他为他的角色带来了一个独创的苦脸表情，好笑得不得了。他也是我们几个里面最早拍广告、上《今夜秀》、买房子、拍电影的人。他还是第一季播出那年的当红人物，这理所应当。他一直都很搞笑。

那天，他来到我的化装间，在我对面落座，然后开始发言。

"马蒂，"他说，"我一直在想一件事。我们重新谈判合同时，应该结成一个团队。所有人应该拿到同等的报酬。"在那时，他是最有资格谈判的人。我无法相信他所说的话。不用说，我非常激动。我无比高兴能利用他的慷慨精神。

事实证明，这个决定后来为我们带来了极其丰厚的报酬。大卫当然有资格拿最高的片酬，但他没有拿。我希望我也能做出同样的行动，但作为一个贪婪的二十五岁的人，我不确定我是否会这样做。但他的决定让我们能够在后来无数次与电视网的紧张谈判中互相关照，给了我们巨大的力量。到第八季时，我们每集能挣一百万美元；到第十季时，我们挣得还要多。我们一集挣 1 100 040 美元，却还要求减少集数。我们都是白痴。我们要感谢大卫的善意，还有他敏锐的商业意识，感谢我们所获得的待遇。我欠你三千万美元，大卫。（但我们依然是白痴。）

参演《老友记》就像加入了一家独角兽企业，消息越来越好。但在荧屏以外，事情就不那么顺利了。1996 年 4

月底，我上了杰·雷诺的《今夜秀》[12]，承认自己单身。与朱莉娅·罗伯茨约会对我来说太难了。我一直确信，她会与我分手——为什么不呢？我不够好，我永远都不可能足够好，我是破碎的、变形的、不讨人喜欢的。所以我主动与美丽又才华横溢的朱莉娅·罗伯茨分了手，这样就不用面对注定会失去她的痛苦。她说不定会觉得自己是在屈就一个拍电视剧的家伙，而这个拍电视剧的家伙现在却要和她分手。我无法描述她脸上的困惑。

我决定找默里兄弟去科德角开派对。我不知道为什么会选择科德角，默里兄弟为什么会与我同去。我本以为那里就是一个喝酒的新去处。但正是在那里，我注意到一些事情已经改变——一种新的动力学正在启动。女孩们过来找我说话，用平庸的台词紧张地接近女人的岁月已经过去了。我只需要站在角落里，手里拿着伏特加汤力，她们就会找上来。

但她们都不是朱莉娅·罗伯茨。

我一生中接受了超过六十五次脱瘾治疗——但第一次是在我二十六岁时。

我的维柯丁瘾这时已经很严重。如果你看《老友记》第三季，我想季末时我消瘦的程度应该会吓到你（阿片类药物会毁掉你的食欲，而且会让你不断呕吐）。在最后一集，你会看见我穿着白衬衫和棕褐色休闲裤，两件衣服对我来说至少都大了三号。（可以把这时候与我在第六季最后一集和第七季第一集——就是钱德勒向莫妮卡求婚那一集——的形象变化放在一起比较。因为第六季最后一集和第七季第一集的故事发生在同一天晚上，所以我穿的是相同的衣服，但我在两季之间一定是掉了五十磅肉。在拍摄《老友记》的那些年里，我的体重在128磅到225磅之间变化。）

通过判断我每一季的体重变化，你就能追踪我的成瘾症的发展轨迹——当我的体重增加时，是酒精；当我变瘦时，是药物。当我有山羊胡时，是因为大量服用药物。

到第三季结束时，我每天有大部分时间都在思考，该如何获取五十五粒维柯丁[13]——我每天都必须服用五十五粒，否则就会很难受。这是一份全职工作：打电话，看医生，假装偏头痛，寻找能满足我所需的走歪门邪道的护士。

我花了一些时间才意识到发生了什么。一开始，我每天服用十二粒左右，然后有一天，突然感觉糟糕透顶。我想，我真的出了很严重的问题，但我继续再继续。我要拍完这一季的《老友记》，然后再去治疗。

因为那个决定，我差一点杀死自己。如果那一季的拍摄再持续一个月，我可能就已经不在人世了。

我从来没有在嗑嗨的状态下工作。我爱那些人——我想要随时都能跟上团队，我是纽约洋基队的二垒手。但瘾症醒得比你早，它希望你独处。每次胜出的都是酒瘾。只要你举手表示"我有一个问题"，酒精就会嗤笑着说：你有话要说？行啊，那我暂时离开一阵子。但我会回来的。

它永远都不会彻彻底底地消失。

我很快又签下了另一部电影，克里斯托弗·格斯特导演、克里斯·法利主演的喜剧《鬼马双镖客》。[14] 他们给我的片酬是两百万美元。拍摄地在加利福尼亚州北部尤里卡附近的一个破地方。法利就和你想象的一样有趣，不过他也有成瘾症的问题，再加上我的，这就意味着我们甚至险些无法完成该死的拍摄。我同时在拍摄《老友记》和《鬼马双镖客》，所以很累。药物的效果不如平时。我不得不吃下一定数量，才不至于一直不舒服。

进食也会阻碍兴奋的体验，所以我从不吃东西。此外，我也一直觉得恶心，没有食欲。我总是呕吐。私下里这倒是没什么，但要是在树林里跟克里斯托弗·格斯特谈话时可就不妙了。你三十秒后就要吐，最好找个借口快速离开。我在树后吐，在岩石后吐，在女厕所里吐。我听说有人会在自己的呕吐物里寻找药物碎片，以便再次服用，但我做不出那种事。我已经雇了这么多医生，总之我很少有那种需求。不过我的马桶旁边的确有两条毛巾，一条用来擦拭呕吐物，一条用来擦眼泪。我快死了，但我不能告诉任何人。

接着，克里斯·法利死了。他的疾病比我的发展得更快。（另外，我对"海洛因"这个词有一种健康方面的恐惧，而他却没有。）我得知消息时，一拳把詹妮弗·安妮斯顿化装间的墙砸穿了一个洞。法利去世两周后，我必须为《鬼马双镖客》做宣传，我发现我在公开谈论他是因药物和酒精而死。

整个过程中我都处于嗨的状态。

没有人知道——我的家人、我的朋友，没有人知道。我不可能一直都病着。我时不时地会尝试戒除——这里戒个三天，那里戒个四天——但那让我非常痛苦和难受，我没法坚持下去。

有一天晚上我在家里，试图弄清所有的一切，这时一个前女友打电话来了。

"我知道你有问题，"她说，"我要带你去看医生。"

我崩溃了。我告诉了她一切。我一生中从未哭得那么厉害。秘密被发现了。其他人知道了。

第二天我去看了医生。他让我去海瑟顿。

"那边有个大湖。"医生说。我心想,那里是明尼苏达州——离加拿大很近。至少在那儿糟糕的天气下,我能有回家的感觉。

但我被吓得魂飞魄散。这一次是真的。我要去康复中心了。我当时二十六岁。

我去海瑟顿是想戒除药物成瘾,结果却一无所获。

我们的计划是,我在跋涉前往明尼苏达州之前会经历一个快速戒瘾的过程。在此期间,他们会让你断药两三天,并且为你注射阿片类药物拮抗剂。结束后你应该就戒瘾了。(顺便说一句,我现在知道了,那并不能奏效,尽管它至今仍被用作一种治疗方法。)

于是,我便参与了这个快速戒瘾治疗,然后去了海瑟顿,但一到那里,我就感觉想死。他们所谓的阿片类药物脱瘾治疗虽然杀不死你,却会让你觉得还不如死了的好。(能杀死你的脱瘾治疗物质是酒精和苯佐卡因[15]。)我待在海瑟顿的房间里,难受到了极点——像一只狗一样到处乱踢。因为极度恐惧,腿和胳膊在抽搐和颤抖。我不断地乞求缓解,但只得到"你已经脱瘾了,只需要放轻松"的回应。

但我没有脱瘾,我只是从每天五十五粒维柯丁减到了零粒,本质上说就是突然彻底戒了药。我变成了所谓的"抱墙人"——哪怕只是走几步路，都必须扒住最近的墙壁。

我现在知道了，如果没有进行快速脱瘾，我本该拿到一些能缓解痛苦的药物，但他们以为我已经脱瘾了，所以就没有理会。从五十五粒减到零粒，这证明我至少是自己以为的该死的坚强的人，但那样的状态真好比身处最惨的地狱。

我在康复中心待到大约第十天的时候，在一次分组谈话期间，所有的东西都变得有些模糊不清。他们说我当时一直在念叨"我很好，完全没事"，但我并不好。我猜是因为儿时接受的训练——我永远不能当一个坏孩子——如此根深蒂固，即使是在癫痫大发作的时候，我也必须确保我不会惹麻烦。

从癫痫发作中醒来后，我回到了我的房间，所有员工聚在一起，都吓坏了。我不知道发生了什么，显然还非常迷糊，我说："哦，我的天哪，我无法相信，你们竟然来加利福尼亚看我了。真是太好了！"

"你不在加利福尼亚，"有人说，"你在明尼苏达。你刚经历了一次癫痫大发作。"

我又待了两周，到最后，我觉得那地方像是我开的，我是那里的国王。之所以能取得这样的效果，只是因为我模仿了《梦醒人生》中的迈克尔·基顿。

我当时还很年轻，所以我的体重增加了些，经常打网球，也不再吃药。但我心里知道，我又要喝酒了。等感觉好受了些，我就回了加利福尼亚——我没有恢复到正常状态，但感觉好了起来。但正如我所说，对于自己身上发生的事情，我没有获得任何了解。我不知道有酗酒者互戒协会，不知道该怎么过上清醒的生活；我只是摆脱了维柯丁。对观众来说，这是第四季的开头——我在这部剧中状态最好的时候。依然配不上詹妮弗·安妮斯顿，但已经相当不错了。

回到加利福尼亚后，我坚持了六十八天，然后喝了第一杯酒，我的理论是，差点儿杀死你的东西不是酒。差点儿杀死我的是阿片类药物；伏特加只是填补了空洞而已，因为空洞依然存在，总得有东西来填补。

我每晚喝酒的状态持续到了 2001 年。

为前往海瑟顿做准备的那段时间可能是我一生中最好的一年，是任何人都渴望的最好的一年。成名的喜悦尚未完全消退，不过，如果我当时死了，我的墓碑上可能会写着：**这里长眠着马修·派瑞——他和朱莉娅·罗伯茨分手了，或者，我还能更愚蠢点儿吗？就这样死了？**

1999年，我深深地爱上了一个和我一起拍电影的女人。（我正在开启一个爱上有名女人的记录，比如我那位身在加拿大的母亲。）卸下所有心防后，我还是那个我……然后她爱上了别的人。

我已经能得到我想要的绝大多数人，但这个人依然让我痛苦。这只能说明，无例外，不成规则：当我能得到某个人时，我必须在她离开我之前主动离开，因为我不够好，我即将暴露，但当我想要的某个人没有选择我时，那只能证明我不够好，我已经暴露。正面她们赢，反面我输。不管怎样，直至今日，如果有人提及她的名字，我的胃依然会紧缩。我清醒时每分每秒都在恐惧的事情成真了。她甚至提到，我有酗酒问题——这只是成瘾症让我付出的另一个代价。你可能会觉得，这样或许能把人敲醒，但事实上这只让情况变得更糟。我在家中点满蜡烛，喝酒，看我们一起演的电影，折磨我自己，忍受孤独和心痛，试图熬过这个阶段。但我失败了。

我很臃肿，脸色很差，这很危险。

我想起在渥太华读九年级时，意识到迈克尔·J. 福克斯[16]同时主演了排名第一的电影和电视剧，即便当时我只有十四岁，也羡慕得两只耳朵直冒烟。后来，我告诉《纽约时报》："你想得到关注，你想得到金钱，你想得到餐厅里最好的位置。"快进到《老友记》第五季和第六季之间的夏歇期，我发现自己在拍摄《整九码》，果然，这部电影在2000年初上映后，我就成了同时主演排名第一的电视剧和电影的人。

我本人在哪里？我当时吃药太多，以至于无法离开卧室。所以，当你以为马修·派瑞一定在庆祝自己成为全城红人时，我其实在对付药贩，生活在黑暗的房间和痛苦之中。

在自然界，当一只企鹅受伤后，其余的企鹅会将它围起来，支撑它，直至它恢复。而这也是我在《老友记》中的搭档们为我所做的事。在片场，有几次我宿醉非常严重，而詹妮弗和柯特妮当时把有氧运动当作万灵药，在后台装了一辆力健牌动感单车。在彩排到拍摄之间的空当，我会冲向那里，像在被地狱之火追赶似的狂蹬那玩意——怎样都好，只要能让我的脑力恢复正常。我是那只受伤的企鹅，但我决定，不要让这些优秀的人，让这部剧失望。

但是，成瘾症依然在蹂躏我——有一次，在咖啡馆的一场戏中，我穿着西装坐在沙发上，就那么睡着了，直到马特·勒布朗在轮到我说台词前将我推醒，灾难才得以避免；没有人注意到，但我知道我离毁灭已经多么近。

不过我一直坚持到场，坚持说台词。

接着我得了胰腺炎。那年我三十岁。

是在夏歇期。又剩下我一个人，没有任何工作——没有电影要拍，什么都没有，时间像焦油一样缓慢流淌，沿着洛杉矶峡谷滑向无边的大海。我就这样坐在家里喝了几个月的酒——一个人，所以我才能喝酒；喝酒，所以我才一个人。（正如我所说，酒瘾不顾一切地要让你独处。）我在反复观看电影《第六感生死缘》，尽管这部作品讲述的是死神（即我）试图弄懂什么是爱。完美。但我仿佛就是男主角乔·布莱克本人，被人一遍又一遍地问道："现在我们该做什么？"我就像死神——我喝酒，看那部电影，昏睡，醒来，喝酒，看那部电影，昏睡。[17]

接着，不知为何，我感到有一把刀滑进了我的肚子，就是那种感觉。它刺穿黏膜，转了一下，锯齿形刀刃逮住了静脉血管，把我的血液加热到沸腾起来。随着那把刀越扎越深，我听到我在痛苦地尖叫，峡谷中的一只野兽被撕成了碎片。

我打电话给当时差不多算是我女朋友的好人杰米·塔瑟斯，挣扎着说出："有些不对劲。"

杰米是上帝派来的天使——她直接开车来了我家，将我塞进车里，载我去了最近的医院。

到了急诊室，我大喊着："你得给我洗胃！你得给我洗胃！"

医生却只是盯着我看。

"我不需要给你洗胃，这不是食物中毒。"

"那到底是怎么回事？"我恸哭。

"你有胰腺炎，"他说，"这是只有你喝酒太多才会导致的疾病。"

胰腺炎其实有好几种致病原因——你可能有自身免疫性疾病，或是遭受感染，或是胆结石，不过绝大多数时候，是因为你喝了足足一吨的酒。三十岁患胰腺炎是闻所未闻的。耶！我又破了一项纪录。

"见他的鬼，"我说，"没有，我喝得不多……"可能是羞愧，也可能是想否认。我想这两者很难区分。不管是什么，总之我让杰米开车载我回了家。

在家里待了大概一小时之后，我知道有些地方还是非常不对劲，所以这一次我们去了另一家医院，但得到的还是相同的回答。

我在医院待了三十个日夜，通过输液补充营养（治疗胰腺炎的唯一方法就是完全不要影响胰腺，这意味着我大约有三十天不能吃喝任何东西）；每一个晚上，我都在杰米·塔瑟斯的身旁入睡——她搬了一张床进来，搬来了全套生活用品——所以我醒来时也能看到她。（我至今仍然相信，杰米是仁慈的上帝派来的使者，我们所有人都配不上她——我知道我配不上她。）我们会一遍又一遍地观看《白宫风云》[18]，我会抽烟——是的，我在医院病房抽烟。那是一个不同的时代，或者说我当时太有名了，所以那并不是什么大事。有一次，他们抓住了我，让我停止。但我极其渴望抽烟，所以就办理了出院手续，抽完一根烟后，重新入院。

重新办理入院手续花了七个小时，但是值得。

为了缓解疼痛，他们给我接了一台机器，定期注射一种名叫地劳迪德的药物。这是一种阿片类药物，能改变大脑与疼痛的关系——如果它是人类就好了。但我喜欢地劳迪德——它是我新近最爱的药物，如果他们能一直给我注射这种药，我愿意在医院住上一百天。在那三十天时间里，杰米陪在我身边，我很兴奋，很开心。当我签下第六季和第七季合约时，我尤其开心，由于大卫·休默无私地提出的那个绝佳想法，这份合约为我们带来了五千万美元的片酬。签署那份合约时，我的手臂上就插着一根输液管，地劳迪德正在流经我的大脑。

但他们盯上了我——很显然，我对这种神奇药物索求过多。

"你好了，"一个医生说，"你的胰腺炎已经治愈了。你得回家了。明天就回。"

"你是说，你们今晚不给我用地劳迪德了？"

"是的，"他说，"不给了。"

我总算度过了这个夜晚，但没有人知道该拿我怎么办。

从舞台的左侧，我的父亲进场了。上帝保佑他，他提议我搬去洛杉矶西北部的小镇奥哈伊，同他和他的家人一起住。

"搬来和我们一起住，"他说，"去参加酗酒者互戒协会的活动。让自己清醒起来。"

这是一个很好的选择，而且我也没有其他选项，我回到好莱坞山奇兰路的家，收拾了一些行李。我是清醒的，但刚刚使用了三十天的地劳迪德，所以又没完全清醒。杰米等着我打包好行李，然后我开着我的绿色保时捷，跟在她的车子后面，沿着好莱坞山蜿蜒的道路行进。第一次左转进入奇兰道时，路中间有一辆快递公司的面包车朝我冲了过来，所以我急转弯并猛踩刹车，但车子撞进了草丛，还在继续前进，开上了一栋房子的前阶，将其轧碎后撞进了客厅。幸运的是，那座房子里没有人，但是车子报废了，前阶也是。

该死的楼梯间事件再度上演。

我做了正确的事，等待警察到来。我不停地仰望天空，想知道下一个动画片里的铁砧何时会砸在我的头上。我在那里待了很长时间，足够有人来拍照卖给《人物》——我的车在别人的房子里，而我在搬去奥哈伊同父亲一起住的路上。

就像是我又回到了十五岁，同我的爸爸住在加利福尼亚。每天都有车来接我去拍摄《老友记》。但没过多久，我重拾维柯丁，接着又开始喝该死的酒，而且又爱上了喝酒。用我的心理治疗师的话来说，"现实是一种越品尝越有风味的东西"，我却品尝不出。我偷偷把药物和酒都带进了爸爸的房子，他的妻子生气极了，最后爸爸非常平静地找到我，说我只能离开。

哦，我会离开，但你们谁都别想再见到我的一分钱，永远。我心里想着，但没有说出来。

我回去了，准备开拍下一季《老友记》，醉得像摊烂泥。而所有人都知道，必须做些什么了。

我已经听说过美沙酮[19]，这种药承诺只需一小口就能戒除一天五十五粒维柯丁的习惯。唯一的问题是你必须每天都喝一小口，否则就会产生严重的戒断反应。对我来说听起来不错，我在绝望中想。我立刻用了这个药，第二天就得以重返《老友记》，头脑清爽。

我被告知，美沙酮没有副作用。但这并不是事实。实际上，一切才刚刚开始。

除此以外，其余的一切都很棒。《老友记》依然像从前一样成功。接着，另一个演员走进我的房车。这一次不是大卫，带来的也不是好消息。

"我知道你在喝酒。"她说。

我早就放下她了——自从她开始与布拉德·皮特约会起，我就放下了——也弄清楚了看她而不觉尴尬的具体时长，但面对詹妮弗·安妮斯顿的感觉还是让人崩溃。我很困惑。

"你怎么知道的？"我说。我从未在醉酒状态下工作。"我一直在努力隐藏……"

"我们闻得到。"她说，语气奇怪但充满关爱，复数词"我们"像一把大锤砸向我。

"我知道我喝得太多，"我说，"但我不知道该怎么办。"

有时我没办法驾车来片场（我没在醉后工作，但肯定在宿醉时工作过），我会乘坐豪华轿车——我告诉你，那会让你收获人们的怀疑目光。每个人都会问我好不好，但没有人想要阻止《老友记》这趟列车，因为它太赚钱了。我对此感觉很糟糕。我最大的快乐也是我最大的噩梦——我离搞砸这件美好作品的距离如此之近。

最后我找了一个戒瘾陪护来陪我一起工作，但这其实并没有用。有一天我吃了某种药，前一晚又喝了酒，于是在一次排练中，我当着所有人的面暴露无遗。不过这一次有一个奇怪的意外状况：我喝醉了却不自知，所以我觉得没什么可掩饰的。我不知道我喝醉了，我说话变得含糊不清。人们无法听懂我说的任何一个字。而我毫不知情。

再一次地，当我回到化装间后，所有人都在那里等我。

"你要干什么，马蒂？"他们问。

"是药物的影响，我会解决。我很抱歉。"

那天晚上我没有喝酒，第二天我来了片场，但感觉如履薄冰。

我给经理人打了电话。

"对，"他说，"他们盯上你了。"

编剧、演员——该死，是所有人——都知道了，所以我说："你得给我接部电影。立刻。把我从这儿弄出去。"

再一次地，我的想法是换个地方重新开始。我依然认为只要能让自己离开当前的环境，我就能戒掉所有的药物，停止酗酒，然后出来战斗。（但实际上我将自己的工作量翻了三倍，喝酒和用药的情况也在继续恶化。）因为境随心转，心随境动。这也让我想起从前我恳求经纪人帮我接试播集工作时的经历，当时我拿下了《洛杉矶国际机场2194》。那时的我有足够的精力来争取一份试播集的工作，因此挣到了足够的钱，可以到福尔摩沙喝酒；现在，随着新世纪的到来，只要我想，我就有足够的能力接到一部电影。《拜金妙搭档》[20]将在达拉斯拍摄，我完全不知道我为何会觉得那里是戒瘾的完美场所……

《拜金妙搭档》是一部糟糕的电影，而我的糟糕表现让它变得更糟了。

我的状态很差，而且过度劳累。我每周拍四天电影，然后乘坐私人飞机回洛杉矶拍《老友记》。在飞机上，我有一个装满伏特加的水瓶，我会一边读台词一边不停地喝酒。（事实上，如果你在做笔记，会发现我同时在服用美沙酮、阿普唑仑、可卡因，而且每天还要喝整整一夸脱的伏特加。）有一天，我到达拉斯去拍一场戏，结果却是我们几天前就拍过了。一切正在分崩离析。

杰米·塔瑟斯——美丽的、了不起的、有爱心的、天才的杰米·塔瑟斯——飞到得克萨斯州，基本上在做我的护士，但我仍在喝酒，服用所有的药物，并试图向她隐瞒。有天晚上，我们在看电视，她转身对我说："感觉你正在消失。"

一扇窗打开了——只开了极小的一条缝，但毕竟打开了。

"我不想消失，"我小声说，"停止这一切。"

我给经理人打电话，我给父亲打电话，我给每一个人打电话。

"我彻底搞砸了，"我说，"我需要帮助。我需要去康复中心。"

《拜金妙搭档》因此停了机，我后来为此损失了 65 万美元。但比起拯救我的生命来说，这只是一个微小的代价。《老友记》推迟拍摄我的场景。这一次我去的是洛杉矶西边的玛丽安德尔湾的一家脱瘾治疗中心。我是一辆时速两百英里的汽车，刚刚撞上了一堵砖墙；一辆绿色保时捷撞进了一个楼梯间。（该死的该死的楼梯间。）

入住的第一天，他们说："到你的房间里去，你再也不能服用任何药物。"但他们等于是在说：

"到你的房间里去，再也不准呼吸。"

"但我要活下去就必须呼吸。"

"不行。以前就有人做到了。有人进去后停止了呼吸。"

感觉就像是在进行这样的对话。

我在那里待了一个月。入住期间的一个晚上，我正在抽烟，那天在下雨，吸烟区有一个灯泡在摇晃。我大声说："这就是地狱的景象。我在地狱里。"

也是在玛丽安德尔湾，我终于拿起了《酗酒者互戒协会大书》。大约是在第三十页写着："这些人喝酒不是为逃离，他们喝酒是为战胜一种超出他们精神控制能力的渴望。"

我合上书开始哭泣。我现在只要一想到那句话就会哭。我并不孤单。有一大群人和我有同样的想法。（而威廉·西尔克沃斯[21]写下这句话是在1938年7月27日。）那一刻让我觉得既神奇又可怕。这句话意味着，我再也不孤单。它也意味着，我是一个酗酒者，我必须立刻停止喝酒和使用药物，我余生的每一天都是如此，每天都要戒一次。

玛丽安德尔湾的人说："这家伙是个顽固分子。三十天对他来说不够。他需要长期治疗。"所以，他们将我送去了马利布康复中心，我在那里的头十二天完全无法入睡。我的肝酶高得破了纪录。但过了大概三个月，我开始好转了——我参加了小组活动，"做事情"，如他们所说。

莫妮卡和钱德勒结婚时，我正住在康复中心。那一天是2001年5月17日。

两个月前的2001年3月25日，我正在脱瘾治疗期间，管事的人决定给我们放一晚的假，去看奥斯卡金像奖颁奖典礼。我躺在那里，大汗淋漓，浑身抽搐，心里充满恐惧，几乎听不进电视的声音，这时凯文·史派西走上颁奖台，缓慢而庄重地说：

"获得最佳女主角提名的有：

琼·艾伦，《暗潮汹涌》；

朱丽叶·比诺什，《浓情巧克力》；

艾伦·伯斯汀，《梦之安魂曲》；

劳拉·林尼，《我办事你放心》；

以及

朱莉娅·罗伯茨，《永不妥协》。"

接着他说：

"获奖的是……朱莉娅·罗伯茨！"

我看着朱莉娅亲吻她当时的男朋友、演员本杰明·布拉特[22]，然后走上台阶去领奖。

"谢谢，谢谢，非常感谢，"她说，"我太高兴了……"而在她讲话期间，康复中心的那个房间里响起了一个声音，急迫、悲伤、虚弱、愤怒、恳切，充满渴望与泪水，与整个宇宙争论，而上帝却只拿着他的手杖，轻轻敲打着这个坚硬、冰冷的世界。

我开了个玩笑。

"我会把你追回来，"我说，"我会把你追回来。"

整个房间的人都笑了起来，虽然这并不是情景喜剧中的一句搞笑台词。这里是现实人生。电视上的那些人不再是我的同类。是的，现在，躺在我身后的那些人，颤抖着的、盖着毯子的人，才是我的同类。我能拥有他们属实幸运。他们在拯救我的生命。

朱莉娅在好莱坞的大喜之夜，我爬到床上，睁眼看着天花板。那天晚上我不可能睡着。各种思绪在我的脑海中飞驰，像是有人朝着锡罐射了一颗子弹。那辆蓝色卡车，那个山顶。所有的蓝色卡车，所有的山顶，都不见了，像乙醚一般消失在恐惧的真空。我为她感到无比高兴。至于我呢，只要能多活一天，我都心怀感激。身处谷底时，日子是漫长的。

我不需要奥斯卡奖，我只需要再多活一天。

1 洛杉矶国王队（Los Angeles Kings），成立于美国洛杉矶的冰球队，三冠组是由队中三名球员组成的著名搭档，曾在完美的配合作战下打出奇迹般的成绩。

2 《人人都说我爱你》（*Everyone Says I Love You*），上映于1996年，美国电影，伍迪·艾伦担纲导演、编剧、主演，讲述一个家庭中的成员各自追求真爱的故事。出演这部电影的还有娜塔莎·雷昂、朱莉娅·罗伯茨、爱德华·诺顿等。

3 大鼻子情圣，指西拉诺·贝尔热哈克（Cyrano de Bergerac，1619—1655），法国讽刺作家和剧作家，以他为原型诞生了许多浪漫传说。其中最著名的是法国浪漫主义剧作家埃德蒙·罗斯坦德以贝尔热哈克的名字创作的戏剧，剧中的贝尔热哈克被塑造成一个勇敢、聪明、害羞但丑陋的情人，大鼻子这一特征也源于这部作品。

4 尚格·云顿（Jean-Claude Van Damme），生于1960年，比利时演员、导演，动作片领域的巨星。波姬·小丝（Brooke Shields），生于1965年，美国演员、模特，12岁便开始电影表演事业，以甜美形象深入人心。克里斯·艾萨克（Chris Isaak），生于1956年，美国歌手、演员，其于1989年发行的《邪恶游戏》在翌年成为大卫·林奇执导电影《我心狂野》的插曲，红遍全美，为艾萨克的代表作之一。

5 《急诊室的故事》（*ER*），美国医疗剧集，1992—1999年共播出15季，讲述芝加哥一个急诊室里的日常故事。该剧影响巨大，是美国电视史上最长寿的黄金时段医疗电视剧，获得23项艾美奖奖项。

6　萨尔玛·海耶克（Salma Hayek），生于1966年，墨西哥裔美国演员、导演，曾凭借《弗里达》获得奥斯卡最佳女主角奖提名，最近的作品是《黑镜》（第六季第一集）。《傻瓜跑进来》（*Fools Rush In*）；上映于1997年，美国电影，讲述萨尔玛·海耶克和马修·派瑞扮演的两个角色之间的爱情故事。

7　安迪·坦纳特（Andy Tennant），生于1955年，美国导演，代表作有《柯明斯基理论》《好事成双》《全民情敌》等。

8　安德鲁·希尔·纽曼（Andrew Hill Newman），生于1959年，美国演员、编剧。

9　米德湖（Lake Mead），美国最大的水库，在科罗拉多河上的胡佛大坝建成后形成，位于内华达州与亚利桑那州交界处，也是著名的旅游景点。

10　亚历克·鲍德温（Alec Baldwin），生于1958年，美国演员，曾获艾美奖、金球奖等，代表作有《我为喜剧狂》等。

11　西恩·潘（Sean Penn），生于1960年，美国演员、导演，两次获得奥斯卡最佳男主角奖，代表作有《我是山姆》《荒野生存》等。

12　《今夜秀》（*The Tonight Show*），美国电视访谈节目，1954年首播，至今仍在播出。杰·雷诺（Jay Leno）是其第四任主持人，主持时间为1992—2014年。

13　维柯丁（Vicodin），氢可酮和对乙酰氨基酚的复方制剂，1983年以维柯丁为商品名于美国上市销售，是常见的处方止痛药之一。

14　《鬼马双镖客》（*Almost Heroes*），1998 年上映，讲述两个主角从东向西横穿美国的搞笑故事。主演克里斯·法利（Chris Farley）也是《周六夜现场》的知名演员之一，他始终被毒瘾问题困扰，33 岁时死于药物过量。

15　苯佐卡因（benzos），一种局部麻醉药，用于缓解疼痛。

16　迈克尔·J. 福克斯（Michael J. Fox），生于 1961 年，美国演员。他主演的喜剧电影《回到未来》（*Back to the Future*）三部曲极为成功，三部分别于 1985 年、1989 年、1990 年上映，讲述时空穿越的故事。

17　《第六感生死边缘》（*Meet Joe Black*），美国奇幻电影，上映于 1998 年，讲述死神乔·布莱克（Joe Black）化身为人，在人间遇见爱情的故事。乔·布莱克由布拉德·皮特饰演。

18　《白宫风云》（*The West Wing*），一部政治题材的美剧，1999—2006 共播出七季，讲述美国政界故事，获奖无数。

19　美沙酮（methadone），也是一种阿片类药物，但因戒断症状较轻，常用于脱瘾治疗，可以缓解病人对阿片类药物的依赖。

20　《拜金妙搭档》（*Serving Sara*），上映于 2003 年的美国电影，讲述律师乔（马修·派瑞饰）和一桩离婚官司的故事。

21　威廉·西尔克沃斯（William Silkworth，1873—1951），美国医生，酗酒者互戒协会的创始人之一。

22　本杰明·布拉特（Benjamin Bratt），生于 1963 年，美国演员，代表作有《猫女》《24 小时》《潜伏者》等。他在 1998 年到 2001 年间与朱莉亚·罗伯茨是情侣。

插曲

─────

空　洞

成瘾症就像小丑[1]。它只想看到整个世界化为灰烬。

─────

1　小丑（Joker），美国 DC 漫画旗下的超级反派。

6

布鲁斯·威利斯

三个月的漫长康复治疗后,我感觉自己好起来了。

我重新站了起来,为能过上一种不被酒精和成瘾症彻底支配的生活而激动不已。我已停止喝酒,停止用药。我对这两者的渴望都已消失。现在占据控制位置的,是某种远比我大得多的东西。奇迹的确会发生。

我所做的第一件事,是驾车前往杰米·塔瑟斯的家。

"我需要时间来适应清醒的状态,"我对她说,"那会占用我全部的时间。我无比感激你为我做的所有美好的事情。"

我能看到,她的脸失去了颜色。

"但……我现在无法维持一段恋爱关系。"我说。

所以,说得清楚些就是:可爱的、善良的杰米,这两年来她放弃了自己忙碌又重要的人生中的大量时间,基本上只做我的护士，而为了充分地报答她，我结束了我们的关系。杰米·塔瑟斯是最神奇、最美丽、最聪明的人之一……哦，她如此聪明。我爱她思考问题的方式。但我和她分了手。这证明戒瘾并未让我变得更聪明——事实上，可能还让我变成了最大的白痴。杰米大概是我见过的最了不起的人，而且她爱我。但我还没有准备好接受那一切。

那一天我对杰米所说的话当然全都是扯淡。我刚刚恢复清醒，我是个大明星，我想和南加州每一个单身女孩睡觉。

是的，我的确这样做了。（插入动画片中的铁砧砸在我头上的场景。）

因为大明星的身份，我完全不缺少约会。下面是我开启每一次约会的方式：

"嗨，抱歉我迟到了。"

"顺便说一句，你看起来棒极了。我很激动，终于见到你了。"（暂停，等待适当的积极回应。）

"不过我不想一开始就乱了步骤，"我会继续说，"我想尽可能地保持透明。我是一本打开的书。任何问题都可以问我——我会告诉你真相。"

接下来会更多地传递温暖的态度；碰到顺利的日子，

女孩会点头附和，欣赏我的透明、我的情感强度、我文雅的气质。

然后，我会抢下锤子。

"我不确定你在找什么，但如果是任何类型的情感依恋，那我不是你要找的男人。"（暂停，让对方理解这句话的意思。）

"我不会每天给你打电话，"我继续说，"我不会成为你的男朋友。但如果你想找乐子，那么，我，就是，你要找的，男人。"

事实证明，20世纪那位伟大的哲学家辛迪·劳帕是对的——女孩们的确只想找乐子。[1] 不过为了防止信息没有完全表达清楚，我会给自己烹出的浓香菜肴加一些盐。

"我是个非常有激情的人，"我有些羞愧地说，以防她们以为我很抗拒，"其实，我还有点浪漫。哪怕是在踩椭圆机的时候，我听的也全都是讲述女性面临某种压迫的歌曲。"

"不过，我不想寻找，也不接受任何类型的情感关系。"我重复一遍，以防信息表达得有些模糊。"我刚结束一段长期关系，而且刚刚戒瘾，现在不想恋爱。"

然后就到了成功着陆时间。

"哦，你要看看菜单吗？"我会说，"我听说这里的食物很棒。"

让我惊讶的是，在说完那些后，依然有那么多女人愿意和我交往。我猜有许多人是觉得她们能改变我。你说什么来着？哦，对，我当然偶尔也会遇到几个突然退缩的。有些女人会说，"好吧，我对那些完全不感兴趣"，然后起身离开。（那些人才是我真正感兴趣的，这毫不意外。）

但大多数时候，我的演讲都极为奏效。

我对"奏效"这个词的使用并不严格。因为我几乎无须指出，有关这一切你所能做出的最好评价也不过是，在任何时候你都可以把我的脑袋换成驴屁股，没有人会发现区别。我不但刚刚和这个星球上最伟大的女人分了手，而且我接下来要做的事纯粹是在浪费时间。性很美妙，也很重要，但我认为如果我把那些年的时间花在追求更多东西上，那我可能会成为一个更加充实的人。

在一种充斥着错误的人生中，这或许是我所犯的最大过错。而错误难以挽回。

在那段时间，我至少遇见了五个可以与之结婚生子的女人。只要我能跟其中的一个结婚生子，我现在就不用独自坐在一座巨大的房子里，眺望大海的风景却无人分享，身边只有一个戒瘾陪护、一个护士和一个每周来两次的园丁——而且我还得经常跑出去塞给他一百美元，请他关掉该死的吹叶机。（我们都能把人送上月球了，就不能发明一台静音的吹叶机？）

娜塔莎·瓦格纳就是这些女人中的一个。她不仅漂亮、聪明、有爱心、性感，她还是娜塔莉·伍德和理查德·格雷格森的女儿。（由继父罗伯特·瓦格纳抚养长大，在她母亲悲惨地过世后，罗伯特·瓦格纳和新任妻子吉尔·圣约翰继续抚养她。）² 娜塔莎拥有一切，她是完美的！但我并不追求完美，我追寻的是更多。更多，更多，更多。所以，因为我对她说了那番话，之后也没有和她正式约会，我们分道扬镳了，只剩下我继续寻找更完美的女人，而实际上我早已找到她们。

几年后的一天，我驾车行驶在太平洋海岸公路上，我开的是那种能让所有人都闭嘴的车，那辆车非常神奇，我现在无论如何都记不起它是什么材质了。我打开敞篷，闪烁的阳光勾勒出海浪的边缘，将海面变成光滑的银色。冲浪板上的家伙们懒散地等待着完美海浪，却久等无果；我完全明白他们的心情。

这时，我的手机响了。是娜塔莎。她因为一次约会而喜欢上了我，所以她不得不离开——那是规矩，马蒂，那是规矩！——不知为何，尽管我放弃了她，但她还是我的朋友。

"嘿，马蒂！"她用独特的开朗嗓音招呼道。她总是像海上的阳光一样明媚。有时我不得不移开目光，以恢复自己的定力。

"嘿，娜塔莎！你好吗？"我说。接到她的电话真开心。"你怎么样？"

如果她肯给我打电话，那我们或许还有机会……

"我当妈妈了！"她宣布，"我刚生了个女儿。叫克洛弗！"

"哦……"我应了一声，然后迅速恢复正常，或者我以为自己恢复了，"真是个好消息，亲爱的。我也喜欢那个名字！"

我们又聊了一会儿，然后挂了电话。这时，那辆让所有人都闭嘴的车莫名其妙停在了路边——因为是我让它停的——我急停在路边。太阳依然高悬在空中，冲浪手们仍踩在冲浪板上，但我内心的震动无以复加。每个人都在寻找的巨浪正在我脑海中翻涌。

"她原本是可以和我生那个孩子的。"我说（不是对任何人而说），哭得像当年刚刚诞生在这个世界上的时候一样。

我如此悲伤和孤独。我哭了大概四十五分钟，然后一个新的想法渐渐成形，宛如正穿越海洋上空的云彩：

天哪，这反应太强烈了……

我有必要弄清我为何会崩溃得如此彻底。我坐在那里，思考着，思考着，直至我终于意识到，我究竟一直在做些什么蠢事：我一直以来追寻的都是和每一个女人共度一两个小时的欢乐时光，但我错过了如此之多的人生。这就是我戒瘾的目的吗？就为了和女人睡觉？上帝肯定为我准备了一些比那更好的东西。

我需要找出来，而且要尽快。娜塔莎的人生在开花结果，而我的人生却在变成一个巨大的错误。

当我试图弄清戒瘾和成瘾对我的影响时，我一直会回想起这句话：我有能力保持清醒，除非发生什么事。

当我清醒的时候，在一些安静的日子里，我会回想近来的生活，疑惑我为什么会在戒瘾后重拾药物或酒精。当我清醒、健康，感觉自己是个正常人的时候，有时我会幻想自己戴上棒球帽和墨镜，和拉布雷亚焦油坑³周围闲逛的普通人混在一起，或者站在星光大道上某个名人的星形奖章旁边，感受一下是什么滋味。不是为了体验"我是明星，我比他们厉害"的感觉；不，是为了感受"哦，所以这就是清醒人生的滋味"。

但很多时候，我依然只是清醒状态的过路游客。要在其中扎下根来如此艰难。为什么对我来说会如此艰难呢？我周围明明有许许多多人都做到了，而且安然无恙。

我几乎可以说是在和洛杉矶的每一个人约会，但我也在纽约遇见了一个我真的很喜欢的女人。我对她并不忠诚，但我爱她。我刚戒瘾，而且很出名，我想和洛杉矶县的每一个人做爱，许多人响应了我的欲望。我那番演讲的成功率远远超出了应有的限度。但我在纽约爱上的那个女人像一个好妈妈——一个很棒的照护者，如此美丽，所以我当然被她吸引了，当然我也搞砸了。但也不尽是坏事——在洛杉矶，我也在努力帮助其他酗酒者保持清醒——支持他人，随时接听有需要人士的电话，传授经验。《老友记》也所向披靡，而我不用担心搞砸那份工作——我没喝酒没吃药，而且即将迎来属于我的那一季，也就是人人都在谈论钱德勒的那一季。（第九季是我完全在清醒状态下完成拍摄的唯一一季。愿意冒险猜猜看，让我唯一获得艾美奖最佳喜剧演员提名的是哪一季吗？没错，是第九季。如果这样暗示你都猜不出来，那就没什么可说了。我在那一季做了什么改变？我开始倾听了。我不再只是站在那里等着轮到我发言。在表演中，有时倾听比说话更有力量。我也试着将这个变化融入现实生活。多听，少说。那是我的新口号。）

两年时间飞逝而过，或许这就是正常人的感受吧。或许我已经找到了我的使命：在《老友记》之外，在电影明星这个身份之外，在所有的事情之外，我准备好帮助人们戒掉成瘾症，保持清醒。

接着发生了一件事，而我有能力保持清醒，除非发生
什么事。

一个听过我那番演讲的女人对我产生了感情，如我们
所知，亲爱的读者，如果发生那种情况，我就一定会撤退。

所以，我就那样做了。我说："我不爱你。我认识你时
就提醒过你……记得那番话吗？就是我问你要不要看菜单
的时候说的那番话。"

但已为时过晚。她的痛楚像某种开关一样打开了；那
是我的错。这就是我戒瘾的目的吗？就为了和女人睡觉？
上帝肯定为我准备了一些比那更好的东西。

她当时住在比弗利山酒店，我去找她，却无法安慰她。
她让我想起我的母亲——无论我施展多少魅力，无论我说
多少笑话，都无法缓解她的痛苦。

最终，她冲进浴室，留我一个人在房间。靠墙的桌子
上有一瓶打翻的维柯丁。三粒药撒了出来，落在床头灯的
光芒之中。她把自己反锁在浴室里，大声尖叫；我无法处
理这种情况。这就是我所说的"什么事"。所以，我吞了三
粒药，不知不觉地度过了这个夜晚，但由此结束了我两年
的清醒生活。

我再一次陷入了深不见底的困境。因为你一旦刺破清

醒的薄膜，渴望就会发动，于是你又一次展开了竞逐。

对我来说，退回去是不可能的。我很快就开始自己去弄药。然后，我又开始喝酒。我明知故犯，沿着一条长长的滑道冲向湮灭之境。但它比我更强大——我的的确确拿它没有办法。

回想起来，我当时需要做的就是将这件事告诉别人，但那就意味着我必须停止。而停止并不是一个选项。

1999 年的某一天，我独自坐在我那座位于卡拉山脊最高处的巨大房屋中。又是一座有着美丽风景的房子，这一次俯瞰的是洛杉矶盆地。在那下面的某处，正常的洛杉矶生活正在展开（焦油坑、星光大道）——但在山顶的这里，我只能等待——我一只手拿着酒，另一只手拿着特醇万宝路，一口接一口抽个不停。《老友记》已经拍到第五季了；罗斯和瑞秋刚刚在小礼拜堂结了婚（比钱德勒和莫妮卡还早），跌跌撞撞地跑出来。《老友记》是文化的点金石，是千禧年的缩影，是这个星球上每个人最爱的头号电视剧。

还有那种说话方式，"还能再热一点儿吗？"已经席卷全国，现在每个人都这样说话。白宫里住的是克林顿；9 月11 日并没有任何特别含义，除非是你的生日或者结婚纪念日。世界上所有的水都流往山下，汇成一个波光粼粼的湖，最美丽的无名水鸟在上面无休无止地漂浮。

这时，一个信使来到我的门口，打断了我的幻想。我仿佛在重演浪漫主义诗人柯勒律治的经历，他被名扬四海的"波洛克来客"打断了迷狂状态——他的迷狂是因为鸦片。当时，柯勒律治将整首《忽必烈汗》都记在了他那因鸦片而一片混乱的头脑中，而1797年那天驾临的那个信使却粉碎了他的记忆，使得那首诗只剩下五十四行留给后人。

我不是柯勒律治，但我的迷狂也值得注目——美景、伏特加汤力、万宝路燃烧的甜美气味让我进入了一个安全的地方，在那里我不再无人陪伴，不知为何，在我身后的房子里，有一个美丽的妻子，还有一群叫人欢喜的孩子在游戏室里四处打滚，而老爸正在观影室里独自享受一段高质量的时间。（你想感受孤独吗？那就到观影室一个人看电影吧。）正是在这样的时刻，在烟雾缭绕的时刻，我才能幻想我的生活并非密布空洞，而昔日的雷区已由身穿防护服的工作人员完成了金属探测，变成了一个美丽宜人的安全场所。

可这时门铃响了起来，杀死了我的快乐时光，因为这里没有妻子，没有孩子，只能由我不情愿地起身应门。"波洛克来客"递给我一个包裹，里面是一部剧本，名为《整九码》。我的经理人在上面留了言，"可能会赚很多"。

那不是《忽必烈汗》，但我看得出，它会是一部巨作。

我一直不擅长读剧本。那时候，曾有人以几百万美元的片酬邀请我出演电影，但我连剧本的前几页都几乎没看懂。现在承认那些很尴尬，因为近来我自己也在写剧本，要想让演员做出回应，难度堪比虎口拔牙。或许他们就和我从前的感觉一样：生活中充斥着乐趣、名利和金钱，不管开价多少的剧本，读起来都太像是回到了学校。

但宇宙会教训你的。那些年里，我总是嫌这嫌那，不肯读剧本，但去年我为自己写了一部剧本，打算制作时才意识到，我已经年纪太大，不适合出演那个角色。绝大多数五十三岁的人都已经解决了自己的烂摊子，所以我需要雇用一个三十五岁的演员。我选中的那个人过了好几周才回应，我简直不敢相信他的行为有多么粗鲁。

"我还有足够的精力，去制作一部独立电影吗？"我沮丧地问我的经纪人道格。

"不太够。"道格说。

但在 1999 年，我那个"波洛克来客"送来了一部剧本，就连我都看得出潜力巨大，而潜力正在于布鲁斯·威利斯[4]的加盟。

在世纪之交，没有比布鲁斯·威利斯更大牌的电影明星了。他当时已经出演过《飞越童真》及其续作、《虎胆龙威》系列、《低俗小说》等大量作品。那时没有人比他更成功。更不用说，这部电影对刚刚完成七十二部浪漫喜剧的我来说可谓一个可喜的解脱。米切尔·卡普纳[5]写了一部有趣的剧本，情节一波三折，而且很容易读懂，这一点总是一个好兆头。最重要的是，布鲁斯·威利斯将会出演，而且我将扮演主角。随便说一个广受欢迎的成功的电视明星吧，我将向你展示他想当电影明星却受挫的一面。

赚很多？那是绝对的。但首先，我必须跟导演以及搭档的弟弟共进晚餐。

第二天晚上，我去了梅尔罗斯大街的柑橘餐厅。在当时，那简直是好莱坞典范餐厅：昂贵、高档，用餐要穿西装，门口还等着一排狗仔，朝进出的每一个人疯狂按快门。那天晚上进出的人有我；有电影导演乔纳森·林恩，他是个身材圆润的小个子英国人，拍过《我的表兄维尼》，是奥利弗·萨克斯的表弟；以及这部电影的制片人之一、布鲁斯的弟弟戴维（顺便一提，戴维有头发，而布鲁斯有英俊的下巴）。[6]

我为这次晚餐穿上了电影明星必备的黑色西装；我晚到了两分钟，因为电影明星需要那样做。晚餐进行得非常愉快，尽管没有人碰他们的食物，这是标准的好莱坞做派。乔纳森非常聪明和风趣——他有一种典型的英式冷面幽默气质，他说的事情似乎很严肃，但他的眼神在闪烁，足以表明他在嘲讽。戴维很体贴，人也有趣、聪明；至于我呢，好吧，我已经决定要拍这部电影。原本的剧本中没有身体喜剧的元素，所以我便说："我认为这是一个加入身体喜剧元素的绝佳时机，能与布鲁斯·威利斯合作，我万分乐意从楼梯上摔下来，从山顶跳下来。"

乔纳森和戴维笑了起来，似乎松了口气。最终，"晚餐"结束了。乔纳森说："好了，你是我们的人——我们真的很希望你能出演。"握手，无视狗仔，之后我跳上我的森林绿保时捷，尖叫着离开了。

我要主演一部有布鲁斯·威利斯参与的电影，我心想。这时候，日落大道再一次一路绿灯。回到我那座位于卡拉山脊的房子，月亮已经升起来了，孤独、哀伤，为窗外的风景投下一片奇异而笨拙的阴影。我打开电视，倒了一杯伏特加汤力，等待着。

星星又一次排成了行；这次崛起，马修·派瑞刚刚的这次崛起，是向前又迈了一大步吗？当现实世界的星星在晴朗、黑暗的夜空升起时，我心里这样想。我开始数星星，尽管我知道有种迷信的说法是，一旦数到一百颗星星，你就会死。

以防万一，我数到九十九就停了下来。

第二天早晨，我的答录机收到一条信息。

"马修，我是布鲁斯·威利斯。给我回电话，否则我会烧掉你的房子，打断你的双手双脚，让你余生都只能靠残肢过活。"

咔嗒，挂断。

我想我可能应该回这个电话。

几天后，我们在阿戈餐厅见了面，这是好莱坞的另一家高级意大利餐厅，见面地点是在餐厅后面的私人包间，那是专为威利斯先生这种身份的人保留的房间。我再一次开着我的保时捷狂飙而来，还没停稳就把钥匙交给了停车员。

不过这天晚上，我是准时赴约。

布鲁斯·威利斯没有让人失望——他整个人都散发着一线明星的气质。他不只是掌控了一个房间，他就是那个房间。事实上，当我看到他做的第一件事是教酒保如何制作完美的伏特加汤力时，我便知道，他是真正的电影明星。

"倒三秒。"他对石化的酒保说。

布鲁斯当时四十四岁，单身（我认识他时，他已和黛米·摩尔[7]分居），他清楚完美饮品的精准配方。他就是一个派对，在他身边让人精神振奋。过了片刻，乔纳森·林恩那部《我的表兄维尼》的主演乔·佩西[8]邀请我们去私人包间，一同前往的还有几个迷人的女人。我所有的蠢笑话都把布鲁斯逗笑了——他似乎很享受这样的场面，幽默的年轻人向他表示应有的尊重，酒量也和他不相上下（要是他了解内情就好了）。能陪在他身边，我很激动，因为他懂得如何生活。

晚餐再一次无人触碰，两个新结识的好朋友转道前往布鲁斯那座位于穆赫兰道附近的大宅——布鲁斯似乎也很喜欢看风景。那个夜晚的最后，布鲁斯·威利斯和马修·派瑞手里拿着酒，将高尔夫球打进了下方的圣费尔南多谷。

那些球将在某个地方着陆，我想。但不等我想到一根精心瞄准的五号铁杆击出的球可能造成怎样的损害乃至我们的行为所蕴含的隐喻性，我就完全停止了思考，又喝了一杯酒。

“欢迎来到专业领域。”布鲁斯曾说过这样的话，我想他指的应该是电影明星的生活，而非高尔夫球世界。我们开始了一段友谊，在这段友谊中，我们一起喝酒，让彼此大笑，赞美彼此的击球。

最终，太阳照常升起，我们视线模糊地道了别。我记得驾车回家途中，我在想，看看这个家伙——这就是通往

幸福的方法。布鲁斯似乎不为任何事情烦恼，没有人对他
说不。这是真正的大人物。

那天午餐前后，布鲁斯打电话邀请我回他家看他的下
一部电影，但我十分难受，宿醉严重的我根本没法考虑出
门。我于是找了个借口，问他那部电影叫什么，以便晚些
时候补看。

"《第六感》。"他说。

就这样，我接下了《整九码》，并且同这个星球上最有
名的电影明星建立了友谊，但其实我知道，我酒喝得太多，
没办法拍好这部电影。我需要孤注一掷。有些人或许有能
力在尽情玩乐的同时仍然照常工作——但像我这样有成瘾
症的人做不到。

如果我继续参加派对，继续同布鲁斯待在一起，继续
喝酒，而不是回自己的酒店房间，那么，我就需要别的东
西来让我得到休整，确保我第二天能赶去片场。

我打给认识的一个卖阿普唑仑的朋友，朋友这个词我
用得比较随意。

"你要买多少？"他的语气很不屑。

"给我一百粒。"我说。

拿到药后，我坐在床上清点数量。这样一来，我就能

和布鲁斯以及其他人一起喝酒，然后等我终于能独处后，我就能吃一粒这东西再睡觉。我或许算是个有规划的人，但我也忽略了一个事实，这完全是一种致命搭配。

我们乘坐布鲁斯的飞机（当然）去蒙特利尔拍摄《整九码》，抵达时的我们就像是要以风暴之势征服城市的凯旋英雄。我是加拿大的浪子，现在我荣归故里，准备狂欢了。

我们在洲际酒店建立了大本营。我住的是普通客房，布鲁斯拥有整个顶层，他立刻为那里冠名"Z俱乐部"，没什么明确的理由。几小时后，他还装好了一个迪斯科灯球。

环球餐厅成了我们的另一个家外之家。金钱和美酒源源不断地流淌，所有的女服务生都很火辣。

几个月前，我开始和一个叫蕾妮的女人约会。我是在洛杉矶一家名为红色的餐厅遇见她的。我当时正和《老友记》的第一副导演、我的朋友本·维斯一起用餐，我们的女服务员来到我身边坐下，开始与我聊天。在我看来，这不是一般女服务员会有的行为。她为我们点完单后，我对本说："她一定叫萨曼莎。"

"不，"他说，"绝对叫詹妮弗。"

她端着我们的食物回来后，我说："我们正拿你的名字打赌。我押的是萨曼莎，我这位朋友押你叫詹妮弗。"

"嗨，"她说，"我叫蕾妮。"不知为何，几次醉酒派对之后，我们成了一对。

可以说，蕾妮取代了之前在拍电影时让我伤心的那个人，而这也让她处境危险……到我去蒙特利尔之时，我们基本已在分手边缘，但不管怎样——我说这些并不感到自豪——在我人生的那个阶段，我对一切的态度都是"去你的吧"。更何况我已荣归加拿大。

角色本身很简单。我需要做的就是表现出对布鲁斯的恐惧——这很容易——此外就是表现出对娜塔莎·亨斯屈奇[9]的爱，这更容易。出于某种不明的原因，我管导演乔纳森叫"萨米"，他负责我喜欢的那类场景——非常有创意的那种。最棒的笑话不管来自何处，都会被选中，就像我们在《老友记》中做的那样。

阿曼达·皮特[10]也是演员之一。她有趣又聪明，而且非常迷人，她虽然有男友，却并不介意调情，而她立刻就对布鲁斯和我开启了调情模式，以至于有一天布鲁斯冲她喊道："挑一个！"

到了晚上，派对便在布鲁斯的Z俱乐部迪斯科灯球下热闹开场。不知为什么，每个人依然能设法在清晨6:00赶到片场工作。我说"不知为什么"，但我其实知道为什么：

那上百粒阿普唑仑像在施展魔法，尽管配上我的酒，它们正在让我的脑袋像斯伯丁篮球一样高速旋转。与此同时，那边的那位一线明星威利斯先生仿佛能用他的下巴开信封。

每一天，我都在滋养着宿醉这个杀手，但我还足够年轻，能够应对，我们会聚在一起看台词表（电视和电影界的说法，意思是当天的工作计划）。"我们"指的是我、乔纳森·林恩、布鲁斯·威利斯，还有令人捧腹的凯文·波拉克[11]，他扮演扬尼·格戈拉克，另一个黑帮老大。我们几乎像是置身于一个编剧室之中——我们会讨论什么内容可能会有趣，什么内容能出现在这场戏，什么内容能用在那场戏。我们费了很多心思，来为我的角色增添身体喜剧元素。我会撞到窗户上，撞到门上。有一次，我还演了这样一段戏，我看见一个罪犯，然后转过身来，却撞到行人，被撞回原地，哗啦一声撞倒了一盏台灯，我捡起台灯，试图用它来遮挡自己不被坏人发现。这都是我的点子，而且都很成功。

有一次，凯文想到一句词："他就不配呼吸空气。"

我建议他在"空气"一词前面插入一段不自然的长时间停顿。那大概是我职业生涯中唯一一次憋不住笑的时刻——凯文对那句台词的演绎如此搞笑，我们每拍一条，停顿的时间就加长一些，到最后他只能在另一个房间拍摄与我对戏的覆盖镜头[12]。

当布鲁斯·威利斯的神秘面纱被揭开后，我只想成为他的朋友。我不想和世界上的其他人一样，仅仅是拍他的马屁。在拍摄《整九码》期间，有一次我们放了三天的周末假，他带着我和蕾妮还有他的女朋友飞去了他在特克斯和凯科斯群岛[13]的家。那个地方很美，能看到绝美的海景。他们甚至想过把周围的房产全部买下来，让狗仔拍不到他们。整个周末我们随时打伞遮挡阳光，这样我们的脸就不会晒得太黑，导致连不上戏。这是一个电影明星会用的新窍门，是我从威利斯先生那里学到的众多技巧之一。

但布鲁斯和我有一个很大的不同点。布鲁斯是个派对客，而我是个成瘾者。布鲁斯有一个按钮。他能在派对上疯狂玩乐，然后拿着《第六感》那样的剧本停止狂欢，清醒地拍完电影。他没有那种基因——他不是瘾君子。好莱坞有许多人都能在派对过后正常工作——但我不是其中的一员。碰到我喝酒和用药的日子，如果有警察上门来说"要是今晚喝酒，那你明天就进监狱"，我会立刻开始收拾东西进监狱，因为我一旦喝上了酒，就不可能停下来。我所能控制的只有第一杯酒。喝完第一杯，那就没谱了。（如这句话所说：有第一杯，就有第二杯。）一旦我信了我可以只喝一杯这句谎话，我就再也无法对我的行为负责。我需要旁人、治疗中心、医院和护士的帮助。

我停不下来。而如果我不能尽快控制这件事，那我会被杀死。我的大脑里有一头怪兽，一头想要我独自待着，说服我喝下第一杯酒、吞下第一粒药的怪兽，接着那头怪兽就会将我生吞活剥。

尽管每晚都有派对，但我们在拍摄那部电影时都表现得很专业，并且成功制作了一部大受欢迎的作品。它的早期评论都是正面的——《综艺》刊发了一条评论：

> 布鲁斯·威利斯的表演很到位，不过在这个陷阱密布的曲折故事中，最吸引眼球的是马修·派瑞，他堪与十二到十五年前的汤姆·汉克斯相媲美。

对于一个尊敬汉克斯的人来说，这可谓很高的评价。布鲁斯之前并不确定这部电影能成功，我跟他打赌一定会——如果他输了，那他必须客串《老友记》（他在第六季中出演了三集）。

《整九码》连续三周都是美国最卖座的电影。

我做到了——我从九年级就怀抱的梦想终于实现了：《整九码》不是《回到未来》，但迈克尔·J.福克斯和我是仅有的两个同时拥有头号电影和头号电视剧的人。

我本该成为全城红人，但回到洛杉矶后，至少对我来说，情况非常明显，我的成瘾症已经发展到危险水平。我到了基本无法出门的地步——药物和酒精完全控制了我。我被药物搞得极其虚弱，还要跟药贩打交道，以至于实际上已经连卧室门都出不去了——我迎来的不是盛大的、纯粹的荣耀时刻，我只忙着和药贩打交道。我当然出席了电影首映礼，上演了《马修·派瑞秀》，但我身材臃肿，被某种我不能理解的东西驱使着。

我一直梦想着能上一个脱口秀节目，诚实发言。

杰·雷诺：那么，你怎么样啊，马修？

我：老兄，我只是不知道哪条路能向上走。我彻底完蛋了。我很惨。我连床都下不来。

这本应是讲述真相的绝佳时机。

《整九码》上映四年后，布鲁斯、我还有凯文拍摄了一部续作（这次换了导演）。如果说《整九码》是我电影事业的起点，那么可以说《整十码》就是终点。

第一部是在洛杉矶拍的——我们被给了了太多自由，而那很糟糕。辉煌难再创，这句话在这里也适用；笑话感觉陈旧，派对甚至更陈旧。事实上，那部续作极差，以至于过了一段时间后，我打电话问我的经纪人："我还有拍电影的机会，对吧？"

《整九码》上映时，我深陷在成瘾症之中，几乎无法离开房间。我一直陷在绝望和堕落的地狱之中，我那混乱的大脑正慢慢地将我的身体往下拽。我最近突然想到：这种感觉其实应该留给《整十码》上映的时候。任何一个头脑正常的人在那部电影之后都会感到无比沮丧。

有的时候，当夜晚即将结束，太阳正要升起的时候，其余所有人都已离开，派对已经结束，布鲁斯和我还会坐在那里交谈。正是在那样的时刻，我看到了真正的布鲁斯·威利斯——一个好心肠的人，一个有爱心的人，一个无私的人。一个出色的父亲。一个出色的演员。最重要的是，一个好人。如果他愿意，我希望做他终生的朋友。但如此之多的事情都是这样，我们的道路在那之后少有交会。

当然，我现在每天晚上都在为他祈祷。[14]

1　辛迪·劳帕（Cyndi Lauper），生于1953年，美国创作歌手、演员，《女孩只想玩乐》（Girls Just Want to Have Fun）是她首张专辑中的一首歌曲。

2　娜塔莎·瓦格纳（Natasha Wagner），生于1970年，美国演员，她的母亲是好莱坞传奇女星娜塔莉·伍德（Natalie Wood），父亲则是电影制片人理查德·格雷格森（Richard Gregson），二人于娜塔莎一岁时离婚。1972年，娜塔莉·伍德与罗伯特·瓦格纳结婚。1981年，娜塔莉·伍德在一次航行中意外落水而亡，落水原因一度引发猜测。罗伯特·瓦格纳（Robert Wagner），生于1930年，也是知名度极高的美国演员，他于1990年与吉尔·圣约翰（Jill St. John）结婚。吉尔·圣约翰生于1940年，也是美国著名影星，代表作有《007之金刚钻》。

3　焦油坑，位于洛杉矶市中心，是一组天然形成的沥青坑。

4　布鲁斯·威利斯（Bruce Willis），生于1955年，美国演员，1988年因出演《虎胆龙威》名声大噪，成为国际巨星。他的代表作有《低俗小说》《第六感》等。

5　米切尔·卡普纳（Mitchell Kapner），美国编剧，代表作有《致命罗密欧》《整九码》《整十码》《魔境仙踪》。

6　乔纳森·林恩（Jonathan Lynn），生于1943年，英国演员、编剧、导演，其编剧作品有《是，大臣》《是，首相》等，导演作品有《我的表兄维尼》《狂野目标》《整九码》等。奥利弗·萨克斯（Oliver Sacks，1933—2015），英国神经学专家、科普作家，代表作有《错把妻子当帽子》《火星上的人类学家》等。

7　黛米·摩尔（Demi Moore），生于1962年，美国演员，1990

年因出演《人鬼情未了》而走红，代表作还有《义海雄风》等。1987 年，她与布鲁斯·威利斯结婚，2000 年离婚。

8　乔·佩西（Joe Pesci），生于 1943 年，美国演员，和著名导演马丁·斯科塞斯的多年合作被传为佳话，代表作有影片《爱尔兰人》《美国往事》《愤怒的公牛》等。他也参演过不少喜剧片，如《小鬼当家》《我的表兄维尼》等。

9　娜塔莎·亨斯屈奇（Natasha Henstridge），生于 1974 年，加拿大演员，最初是一名模特，后转为演员。她的代表作有《缘来是你》《极度冒险》等。

10　阿曼达·皮特（Amanda Peet），生于 1972 年，美国演员，她的代表作有《致命 ID》《2012》《相见恨早》等。

11　凯文·波拉克（Kevin Pollak），生于 1957 年，美国演员、导演、编剧，他的代表作有《非常嫌疑犯》《了不起的麦瑟尔夫人》等。

12　覆盖镜头，影视剧场景拍摄流程中的一种，是指主镜头完成之后，从不同角度将某段内容再拍一遍，这样能为后期剪辑提供更大空间。

13　特克斯和凯科斯群岛（Turks and Caicos Islands），位于北美洲大西洋和加勒比海的英属西印度岛群，以优美风光著称，是度假胜地。

14　2022 年 3 月，布鲁斯·威利斯的家人发表联合声明，称布鲁斯被诊断出罹患失语症，因此宣告息影。2023 年 1 月，布鲁斯的病情进一步恶化，被诊断出额颞叶痴呆症。

插曲

天崩地裂

发生了一些事情，我重蹈覆辙了。正如我所说，重蹈覆辙所需要的条件只是：一些事情——任何事情——发生。无论好坏。

我又一次摧毁了清醒的日子。我甚至不记得原因。我一直都很顺利。我清醒了两年——我在帮助其他人戒瘾，现在我摧毁了一切，因为某件琐碎到我甚至不记得的事情。我记得的是，我喝了很多酒，吃了很多药，经历了很多与世隔绝的日子。我总是一个人用药——我害怕如果有人看见我用药的数量，会被吓坏，然后试图让我停止。但我已经开始，因此停止不是选项。

有个东西已经拯救了我的生命很多次，那便是害怕的感觉。当我感到事情已经完全失控时，我会惶恐不安地拿起电话求助。那一次，来拯救我的是一个戒瘾陪护和我了不起的父亲。他们立刻搬了进来，我当即开始戒除药物。

我感觉我的身体已经完全毁了……但脱瘾治疗进行得很顺利。至少父亲和那个戒瘾陪护是这么认为的。但他们不知道的是，我在卧室里藏了一瓶阿普唑仑。那就是成瘾者的模样，你会做一些你从来想不到自己会做的事。我了不起的父亲放下一切搬了进来，爱我，支持我度过又一个我自己制造的灾难，而我对他的回报竟然是在床头柜里藏药。

一天晚上，我非常想睡觉，想要从我正在经历的残酷脱瘾治疗中逃离出来。那瓶阿普唑仑在召唤我，犹如黑暗中的一座邪恶灯塔。我把它想象成一座灯塔，只是这一次我将船驶向了会带来毁灭的岩石，而没有转向逃离。防儿童瓶盖对我这个儿童并非阻碍；在另一个房间，儿童的父亲一边打瞌睡，一边在看《的士速递》[1]的重播，而在我的房间，隐喻意义上的致命悬崖边缘，我一头扎进那瓶阿普唑仑，吞食了四粒。（一粒都已太多，更何况是四粒？）

没有起效。没能逃脱——事实证明，那四粒阿普唑仑敌不过我飞快运转的思绪。睡眠依然困难。羞耻、恐惧和强烈的自我厌恶不让我睡。那么，按照逻辑，下一步该做什么？对于这个药物成瘾者来说，那便是再吃四粒。（八粒不仅仅是太多——这个数量可以说是在藐视死亡。）但不知为何，在这四粒与一开始的四粒的联合作用下，我终于睡着了。阿普唑仑带来的睡眠并不深沉——这种药在提供深度睡眠方面的药效之差是出了名的——但我不在乎。我只希望我的这个大脑，这个缠着我不放的东西，至少能安静那么几个小时……能让我从正在经历的惊人的脱瘾痛苦中获得少许缓解。

我幸运地醒了过来，但阿普唑仑导致了一些比阻碍深度睡眠更可怕的影响——它烧坏了我的大脑，让我发了疯。我开始看见东西，一些之前从不曾见过的奇怪影像和颜色，我从不知道世界上还有这样的颜色存在。卧室里的灰色自动窗帘变成了深紫色。仿佛我视网膜上的视杆细胞和视锥细胞正通过视神经向我已经烧焦的脑干发送新的不请自来的信息。现在，普通的蓝色变成了蔚蓝，红色变成了品红，黑色变成了梵塔黑或 Black 3.0 黑——世界上最黑的黑。

不仅如此，我的阿普唑仑吃完了，如果不尽快补充，我可能会死。（记住：豪饮和阿普唑仑是脱瘾治疗中仅有的能杀死你的东西——阿片类脱瘾药物只会让你希望自己死掉。）但我即将成功地摆脱它们。我唯一的选择是想办法获取更多阿普唑仑，但我家目前的安排不允许，我肯定会被抓住。所以，我必须坦白，承认我一直在偷吃这种药，如此一来我才能正确地戒除。

我离开卧室，走进万花筒般色彩斑斓的客厅。这里是天堂吗？我心想。阿普唑仑昨晚杀死了我，我现在身处天堂？我轻声向父亲和戒瘾陪护解释了我的所为。他们两个都吓坏了。戒瘾陪护立即行动，叫来了医生。

我彻底发了疯。就在那个时候，我决定向父亲分享我正体会到的恐惧感觉。

"爸爸，"我十分严肃地说，"我知道这听起来很疯，但我觉得随时都有可能出现一条巨蟒把我带走。"

我父亲是什么反应？

"马蒂，如果有巨蟒要来把你带走，我会吓得拉裤子的。"直至今日，我依然清楚地记得父亲面对彻底发疯的我轻松自如的语调。

这时候，戒瘾陪护回到房间，表达了他的失望，又说他依然愿意帮我。但我需要马上看医生。于是我们去看医生。诊断结束后，我向医生道歉，与他握手，并承诺不会再犯。我是认真的——我受够了。医生开了新的脱瘾药物以及抗癫痫药物（用阿普唑仑脱瘾会导致癫痫）。然后我们就回家了。我坚忍的助理莫伊拉被叫去取上述药物，我们则只需等待。等啊等。出于一些原因，她花了数小时才完成这项新任务。

但时间一直在流逝。如果不能尽快拿到这种戒瘾药，可能会发生很严重的事。我可能会癫痫发作，我可能会死。两个选项对我来说都不算好。此刻，三个成年男子盯着房门，等待它打开的那一刻，其中两人也在盯着吓坏了的马蒂。

过了一阵子，我无法忍受这种审视的目光，于是挪到厨房旁边的小沙发上坐下。现实，那种需慢慢品尝的东西，正开始重申自身的存在，慢慢地，笃定地，像一只正在对焦的镜头。我感觉糟糕透顶，无论是生理上还是情感上。我的内心充满了羞愧与内疚。我无法相信我竟然又重蹈覆辙了一次。我引领的那些人清醒的时间都比我长。你无法放弃你根本不曾拥有的东西。而我一无所有。

我痛恨自己。

这是一个新的低谷；我本来以为之前的低谷就已经是极限了，但我竟然再次打破底线。而且这一切都发生在我父亲的眼前，他显然吓坏了。成瘾症狡猾、变幻莫测、强大的本质再一次打败了我。

大门依然没开。这可是个严重的问题。我是个绝望的人。药物滥用成灾，喝酒也永无休止。情况如此糟糕，我甚至都哭不出来。哭或许还意味着，至少在我内心的某个地方还有着正常人的影子，但这一切都与正常毫无关系。

所以，我的人生跌到了最低谷。对于成瘾者来说，这是一个典型的时刻，在这样的时刻过后，人会寻求长久的帮助……但是，嘿，现在这是怎么了？我坐在那里往厨房中看，我发现空气中有一道褶皱。不在低谷的人或许会挥挥手，若无其事地将它赶走，但于我而言它如此引人注目，我完全无法移开目光。它就像是空气中的一种小小的波浪。我这辈子从未见过那样的东西。它是真实的、存在的、有形的、具体的。这就是你在最后会看见的东西吗？我要死了吗？然后……

我忙乱地开始祈祷——像个落水的人那样孤注一掷。上一次祈祷是在签下《老友记》之前，我勉强与上帝达成了一个浮士德式的交易，而上帝只是长吸了一口气，等待着他该死的时机。现在，十年之后，我再一次伸出手臂祈祷。

"上帝啊，请帮帮我，"我小声说道，"让我知道你在这里。上帝啊，请帮帮我。"

随着我的祈祷，空气中那道小小的波浪变成了一道细小的金光。我跪下来，那道光慢慢开始变大，越来越大，直至充盈了整个房间。我仿佛站在太阳之上。我踩在了太阳的表面。发生了什么？我的感觉为什么开始好转了？我为什么不害怕了？那光让我产生的感觉，比我吃过的最适量的药物带来的感觉还要完美。现在我感觉到一种喜悦，但也感到害怕，于是试图甩掉它。但这种感觉是无法甩掉的。它远比我大。我唯一的选择就是向它投降，这并不难，因为它让我感觉如此美妙。那喜悦是从我头顶开始的，慢慢地渗透了我的整个身体——我被它所充满，我一定在那里安坐了五六分钟、六七分钟。

我的血液没有被换成温暖的蜂蜜。我就是温暖的蜂蜜。有生以来第一次，我见证了爱与接纳，一种压倒一切的感觉充满了我，让我感到一切都会好起来。于是我知道，我的祈祷得到了回应。我在上帝的面前。酗酒者互戒协会的创始人比尔·威尔逊[2] 就是被一种闪电穿透窗户的体验所拯救的，他觉得自己见到了上帝。

而这是我见到上帝的时刻。

但是，这样良好的感觉是可怕的。有一次，有人问我是否感受过幸福，我几乎把那混蛋的脑袋咬下来。（在普罗米斯康复中心期间，我告诉咨询师，每个人都在恢复，都是无比快乐的样子，我被吓坏了。"他们就像是一帮生活在山上的快乐的人，而我却快死了。"我说。但他解释说，这些人中的许多人并不快乐，不能理解发生了什么，而且最终会回到康复中心，下一次情况甚至更糟。）

大概七分钟之后（此处插入"天堂七分钟"[3] 的笑话），那光开始转暗。喜悦消失了。上帝现在完成了他的工作，离开去帮助他人了。

我哭了起来。我是说，我真的开始哭——是那种肩膀颤抖，无法控制的哭泣。我不是因为悲伤而哭。我哭是因为这是我有生以来第一次感觉良好。我感到安全，感到自己是被保护的。几十年来与上帝的较劲、与人生的搏斗，还有那些悲伤，此刻都被冲走了，就像一条痛苦之河，流向了遗忘之境。

我曾与上帝同在。我确信这一点。而这一次我祈求的是正确的事情：获得帮助。

最后，哭泣平息了。但现在一切都不同了。我能看出色彩的变化，角度大小的区别，墙壁变得更坚固，天花板更高，轻轻拍打窗户的树木比从前更完美，它们的根系经由土壤与这个星球相连，然后又回到我身上——由慈爱的上帝创造的伟大连接——然后超越我，与天空相连，从前这天空在理论上是无垠的，此刻变成了不可知的无限。我以一种前所未有的方式与宇宙连接在一起。就连家中那些我以前从不曾注意过的植物，似乎也变得清晰起来，无比漂亮、更完美、有生机。

仅仅是因为那一刻，我得以保持了两年的清醒。上帝让我瞥见了生活应有的模样。无论如何，他在那一天拯救了我，在所有的日子里都拯救了我。他将我变成了一个探寻者，不仅寻求清醒、真相，也在追寻着他。他打开了一扇窗，又关上了它，仿佛在说："现在去争取吧。"

今时今日，每当有黑暗袭击我时，我发现自己总会质疑，这会不会只是阿普唑仑所导致的疯狂，是我曾笃信即将出现的那条巨蟒的延续——这种药可能导致美国国家卫生研究院所谓的"可逆性短暂精神病发作"。（我后来在父亲眼前还发生过一次癫痫大发作，不过那并非我所经历过的最有意思的一次——被匆忙送往加州大学洛杉矶分校医疗中心那次也不是，那次我以为我进的是天使驿站。）但很快，我又一次见到了金光的真相。当我清醒的时候，我依然能看到它，记得它为我做了什么。有些人可能会认为这是一种濒死体验，但我亲身经历过，我见到的是上帝。而当我与之相连时，上帝向我显明了，那光是真实的，是一些小小的提示，就像洒在大海上，将海面变成美丽金色的阳光。或者就像树叶反射的阳光，就像当一个人走出黑暗重返清醒时，我在他眼中看到的光。当我帮助一个人戒瘾后，我就能感受到它，当人们向我表示感谢时，它照亮了我的心。人们还不知道，其实我应该感谢他们。

一年后，我遇到一个我将和她一起生活六年的女人。上帝无所不在——但你必须清空你的频道，否则你会错过信号。

1　《的士速递》（*Taxi*），上映于 1998 年，美国电影，吕克·贝松编剧，吉拉尔·皮雷执导，讲述一名快车高手卷入一场警匪战斗的故事。

2　比尔·威尔逊（Bill Wilson，1895—1971），他曾是一名酗酒者，后来通过自身努力戒掉酒瘾，于 1935 年在美国成立了酗酒者互戒协会。

3　天堂七分钟（seven minutes in heaven），美国青少年中流行的一种游戏，玩法是随机选出两个人，让他们一同进入一个密闭空间（如衣柜）共处七分钟。

7

朋友的益处

莫妮卡是第一个，她将钥匙放在清空的台面上。钱德勒第二。然后是乔伊——此时响起笑声，因为他其实不该有公寓的钥匙——接着是罗斯，接着是瑞秋，最后是菲比。现在，六把钥匙都在台面上了，你说接下来会怎样呢？

我们所有人站成长长的一排。菲比说："都结束了。"乔伊说："是啊。"他短暂地看了一眼观众，然后在几乎就要打破第四面墙的时候又说："应该是吧。"

但没有可供打破的第四面墙，事实上从来都没有。我们在人们的卧室和客厅里停留了十年；到最后，我们成了如此之多的人生活中不可或缺的一部分，我们没意识到的是，从一开始就不存在第四面墙。我们只是六个亲密的老友，待在一个看起来大得过分的公寓里，而实际上这个公寓只不过是一台客厅里的电视机那么大。

然后就到了最后一次离开那间公寓的时刻。不过这时候我们是八个人——六位主演，外加莫妮卡和钱德勒放在婴儿车里的双胞胎。

在最终集开拍前，我将玛尔塔·考夫曼拉到一边。"除了我，没有人在乎这个，"我说，"所以，能让我说最后一句台词吗？"就这样，我们一群人走出公寓，瑞秋提议最后再去喝杯咖啡，我为《老友记》拉下了帷幕。

"好啊，"钱德勒说，然后趁着这个完美时机，最后一次问了一句，"去哪儿喝？"

我喜欢我说那句词时休默脸上的表情——关爱与开心的完美结合，完全就是《老友记》这部剧一直以来传达给这个世界的东西。

就这样，它结束了。

事实上，我们所有人都做好了结束《老友记》的准备。首先，詹妮弗·安妮斯顿已经决定，她不想再继续参与这部剧，因为我们一直都是集体做决定，这就意味着所有人都必须停止。詹妮弗想去拍电影，而我一直在拍电影，《整十码》当时即将上映，而且一定会大受欢迎（此处插入驴的脑袋），尽管这是世界上最棒的工作，但不管怎样，莫妮卡、钱德勒、乔伊、罗斯、瑞秋和菲比的故事到2004年时差不多都已经演完了。最后，主要是根据詹妮弗的设计，

我妈妈和时任加拿大总理皮埃尔·特鲁多。

（下图）我十四岁生日那天，我爸爸为我请来一位名叫"波莉·达顿"的舞者。这太超现实了。

开始了。

我那飞快长大的妹妹。敬请诸君留意：如果我留着山羊胡，说明我在服用维柯丁或者其他阿片类药物。

（下图）爸爸和我在波士顿花园，参加名人冰球邀请赛。我爸爸玩得特开心。我是国王队的粉丝，但我没告诉任何人。

（上图）我和我的神奇祖母。我习惯闭着嘴笑，这样就不会露出不太整齐的门牙。你可以在电影《傻瓜跑进来》里看到我门牙的样子。但后来，为了拍一部电影，一家工作室为我矫正了牙齿。

在《三人探戈》片场，我和妹妹玛德琳在一起，我们俩都希望那会是一部更好的电影。

（上图）玛德琳和我。很显然，我们俩在一块很自在。

一张玛德琳没有趴我身上的照片。

瞧见了没？我从小就有一双舞者的腿。

（左上图）2002 年，我获得艾美奖喜剧类最佳男主角提名。我带了妈妈一起去。

（上图）《热血教师》让我赢得了一长串提名；罗伯特·杜瓦尔让我输掉了全部。简直了！

（左图）第一次出演电视剧。《第二次机会》。差得不能更差了。

（下图）就是这部剧让我差点错过《老友记》。

（上图）和迷人的瑞凡·菲尼克斯在一起。

我和前女友瑞秋。天哪，你美到了极致。

（下图）这是唯一一张拍到我的目光离开了瑞秋的照片。

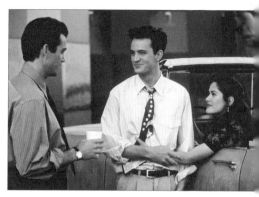

（上图）我和世界上最幽默的女人。

（右上图）我和萨尔玛·海耶克（以及乔恩·坦尼），在《傻瓜跑进来》中。这是我第一次担任主演。

（右中图）我和全宇宙最酷的男人。

（右图）《洛杉矶时报》说我在《重返十七岁》中有着"疲惫的表演"。但那就是重点啊——我要演的就是一个看起来很疲惫的人。

（上图）我和美丽的劳伦·格拉汉姆。

我假装自己没有爱上瓦莱丽·贝蒂内利。

（下图）我的好哥们儿，布拉德利·惠特福德。

全世界最好的工作。

我的第一张和最后一张见组照。

第十季是缩短的一季。不过到这个时候，所有角色基本也都获得了幸福，没有人想看一帮幸福的人做着快乐的事情——那有啥好玩的呢？

那是 2004 年 1 月 23 日。所有钥匙都放在了台面上，一个很像钱德勒·宾的家伙问"去哪儿喝？"，这时杰弗逊飞机乐队《胚胎之旅》[1] 的旋律响起，镜头摇向公寓门后，这时我们的第一副导演兼亲密好友本最后一次喊道"结束"，泪水几乎从每个人的眼中喷涌而出，宛如一汪汪间歇泉。我们制作了 237 集内容，而这最后一集也恰如其分地叫作《最终集》。安妮斯顿泣不成声——过了一会儿，我开始惊讶，她的身体里竟然还有水分，竟然还有眼泪。就连马特·勒布朗也在哭。但我什么也感受不到；我说不清是不是因为我在服用阿片丁丙诺啡，抑或因为我的内心已经一片空茫。（为准确起见，丁丙诺啡是一种脱瘾药，非常出色，其设计目的在于帮助你远离其他"更强效"的阿片类药物——它不会对你造成任何改变。不过，讽刺的是，它也是全世界最难戒除的药。丁丙诺啡，或曰舒倍生，使用时间不应超过七天。但我因为担心会有讨厌的脱瘾症状，已经使用超过八个月了。）

所以，我没有抽泣，而是和当时的女朋友（也很巧地叫作瑞秋）围着摄影棚慢慢绕了一圈——华纳兄弟在伯班克的 24 号摄影棚（剧集结束后将被更名为"老友记摄影棚"）。我们告别了又告别，像那些知道只是嘴上说说而已的人一样约好过阵子就再见面，然后走向了各自的车子。

我在停车场里坐了一会儿，回想过去的这十年。我想起《洛杉矶国际机场 2194》、22 500 美元的片酬和克雷格·比尔克；我想起我如何成为最后一个签约的演员，想起拉斯维加斯之旅，那时我们还能步行穿过拥挤的赌场，没有人知道我们是谁。我想起所有的笑料和所有的延迟惊讶，想起默里兄弟，想起我最有名也最接近真相的台词，比如："嗨，我是钱德勒，我一难受就开玩笑。""二十五岁以前，我都以为'我爱你'的唯一答复只可能是'哦，糟糕！'""我们得咽下自己的情绪，哪怕这样会痛苦一辈子。""我哪高攀得上她？"

我想起第八季和第九季之间的夏歇期，我是在康复中心度过的，而《人物》在封面上说我"快乐、健康、正当红！"。（"《老友记》中的这个有趣家伙谈论约会绯闻，"导语写道，"最终集，以及他为戒瘾所做的斗争。'太可怕了，'他说，'我不想死。'"）那年夏天我的确在戒瘾，而且经常打网球。我想起第四季开拍的第一天，那年夏天我非常公开地去了康复中心。第一次剧本围读时，显然所有人的目光都落在我身上。执行制片人之一、我的朋友凯文·布莱特开场说："有谁想谈谈他们的暑假吗？"我趁机打破僵局，相当大声且冷静地说："好啊！我先来！"由此消解了房间里的紧张气氛。所有人都爆发出笑声，为我鼓掌，因为我扭转了自己的人生，以得体的面貌出现在片场，准备投入工作。那可能是迄今为止，我开过的最聪明的玩笑。

我想起我不得不恳求制片人，请他允许我在最后几季中不再像钱德勒那样讲话（更不用提摆脱那些毛线背心）。那种特别的重音——还能再烦人点儿吗？（Could it *be* more annoying？）——已经被玩坏了，如果再要求我把重音落在错误的字词上，哪怕一次，我想我都会爆炸，于是在第六季大部分时间，以及随后的几季中，我就回归了正常的台词表演方式。

我想起我向莫妮卡求婚时的哭泣。

而我毕竟是我，因此也有过负面的想法。

现在，我不能再每天都从事这份无比好玩又能发挥创意的工作，那我会变成什么样？

《老友记》于我而言一直以来都是一个安全区，一个能让我平静下来的点金石；它给了我一个每天早上起床的理由，也给了我一个能让我比昨夜稍稍轻松些的理由。它是我们生命中最重要的时刻。就像是我们每天都会收到一些惊人的好消息。就连我都明白，只有疯子（而在许多时候，我的确是疯子）才会搞砸那样的工作。

那天晚上驾车回家的途中，我指着一块巨大的广告牌让瑞秋看，是《整十码》的宣传板。上面的我有五十英尺高，穿着深色西装和紫色衬衫，系着领带，眉头紧皱，而旁边的布鲁斯·威利斯穿着白 T 恤，围着围裙，脚踩一双有兔耳朵的拖鞋。**威利斯……派瑞**，上面用六英尺高的字母写着我们的名字，下面则是宣传语：**他们思念彼此。这一次，他们的目标瞄得更准。**我是电影明星。（你还记得我说过的驴头梗，对吧？）

即便没有了《老友记》，我的未来看起来也足够美好。我有一部大电影即将上映；我拍过两集《甜心俏佳人》和三集《白宫风云》，所以除喜剧外，我也在磨炼严肃题材的表演技巧（因为在那三集《白宫风云》中的演出，我获得了两次艾美奖提名）。此外，我刚刚杀青特纳电视网的一部名为《热血教师》的电影，讲述一个小镇教师在纽约哈莱姆区最难搞的学校之一得到工作的故事。[2] 影片根据真人真事改编，里面一个笑话也没有——其严肃程度之高，快把我逼疯了——所以在镜头以外，我创造了另一个"冷血教师"，他总是醉醺醺的，在学生面前脏话不断。尽管如此，电影在 2006 年 8 月上映后大受欢迎。我拿到演员工会奖、金球奖和艾美奖三项提名。(但都输给了罗伯特·杜瓦尔[3]。我简直难以置信——竟然被这样一个家伙打败了。)

但正如我所说,《整十码》将被证明是一场灾难——我不确定我最亲近的家人和朋友是否去看过。事实上,如果你观察得够仔细,你会发现,在首映礼上,人们都将目光从银幕上移开了。我想这部电影在烂番茄网的评分实际上是零。

就在那一刻,好莱坞决定不再邀请派瑞先生出演电影。

我早已做好安排,要在《老友记》最后一集拍摄完毕的第二天去参加一个十二步治疗法[4]的聚会,表达在正确的道路上开始新生活的意愿。但对我来说,一整天没工作,这种空白感实在太难熬了。第二天早上,我醒来后想到,我他妈的现在要做什么?

我他妈的能做什么?我迷上了丁丙诺啡,眼下又没有新工作。考虑到我才刚拍完电视史上最受欢迎的情景喜剧,这太荒谬了。除此以外,我与瑞秋的关系也岌岌可危——物理距离是一个问题,情感亲密度也是。分手会完蛋,不分也一样完蛋。

然后我又一次成了孤家寡人。

没有报酬高得离谱的、梦想成真的工作可做,生活中没有特别的人，情况急转直下——实际上就像从悬崖上急坠而下。我病态的大脑再一次开始发疯，想要使用其他效力更强的药物。没过多久，看似不可能的事再度发生。我又开始喝酒和服药了。

不管表面如何，我从未想过自杀，感谢上帝——我从未真正想要去死。事实上，在我脑海深处一直存有一丝希望。但是，如果我所需要的药物剂量将导致死亡，那么死就是我不得不接受的结果。这就证明了我的思维已变得多么扭曲——我的脑海里能同时容纳这两种想法：我不想死，但如果足量药物会致死，那我只能接受，乖乖地被毁灭。我清楚地记得，我手里握着药，心里想着这可能会杀死我，然后还是不管不顾地把药吃了下去。

这是一条非常纤细、非常可怕的分界线。我在喝酒和服药的过程中已经达到了这样一个临界点：我喝酒和服药是为了忘记我喝了多少酒、服了多少药。而要达到那种遗忘的程度，需要差不多致死的剂量。

此外，我也极为孤独，以至于感到痛；我能感到孤独渗入了我的骨头。外人看来，我是世上最幸运的人，所以我只能向少数几个人抱怨而不会被要求闭嘴，即便如此……任何东西都无法填满我内心的空洞。有一次我又买了一辆新车，兴奋感持续了大约五天。我还经常搬家——

拥有更好视野的新房子带来的兴奋感比保时捷和宾利给我的要久，但也久不了多少。我也过于内省，以至于几乎不可能和女人建立平衡恰当的关系；我更擅长做床伴，这样一来，不管和谁见面，她们都不会发现我的心里正在缓慢地冒出那种认为自己不够好的不可救药的想法。

我迷失了。我无处可去。无论躲到哪里，都无法摆脱自己的影子。酗酒者痛恨两件事：现状和改变。我知道有些事情必须改变——我没有自杀倾向，但我就要死了——可我太害怕了，以至于什么都不敢做。

我是一个需要金色光芒体验的人，所以我永远感激那天在我家里发生的事，因为它给予了我改变的机会。我再一次得到了清醒的礼物。唯一的问题是：我要拿这份礼物来做什么？以前没有任何东西可以长期有效。我必须用不同的方式来处理所有事情，否则我就完了。而我不想完蛋。在我学会生活、学会爱之前。在我更加理解这个世界之前。

如果我的习惯杀死了我，那它杀错了人。我还不是完全的我，我只是我的一些部分（而且还不是最好的那些部分）。新的生活方式必须从工作开始，因为那似乎是最容易的起点。拥抱努力是我唯一的希望。我努力清醒，再一次站了起来。我还是有一些床伴，不过其中的一段关系正开始慢慢转变，拥有了更多的意义。可能是多得多的意义。

我知道如何维持床伴关系——但这种？这种关系我不太明白。我开始希望她能在做爱以后留下来："你为什么不留下来？我们可以去看场电影。"

我这是在干什么？我正在打破所有规则。

我们第一次见面时，她二十三岁，我三十六岁。其实我知道她二十三岁，因为我偷偷混进了她的二十三岁生日派对。之后的第一次亲热是在一辆乱得出奇的丰田车的后座上（想想看，我花了那么多钱购买高级车，现在却要钻进一辆棕色卡罗拉的后座）。结束后，我说："我现在要下车了。主要是我已经三十六了。"

我们就这样开始了两年的性关系，次数可能打破了纪录，但没有任何附加条件，我们两个都完全遵守床伴原则。我们意见一致。我们从来没有一起吃过饭，我们从来没有谈论过彼此的家人。我们从不讨论彼此生活中的其他人。取而代之的是，我们只会发短信，问"周四晚七点如何？"之类的问题。

她一开始很强硬。我记得在很早的一次对话中，我告诉她，我穿的是一套西装，并且觉得自己看起来相当不错。

"我讨厌西装。"她说。

我打破了她的强硬，但这花了好几年时间。

演员手册中的某个地方——事实上，可能就写在爸爸给我的那本书里，那本他题写着"又一代人陷入绝境"的书——写着，你必须尝试做新的事情，拓展你自己。如果你已经在喜剧领域取得出色成绩，那你就应该直接右转，去当一个剧情片演员。所以这就成了我的计划。我不能退休，而且一个成年人能花在电子游戏上的时间也是有限的。正如我的床伴有一天对我说的："你的生活和那些酗酒、服药的人没区别，你只是不喝酒不服药罢了。"（她也是极聪明的人——我提过这点吗？）

我走到了十字路口。当你是一个有钱又有名的演员，却对财富和名气都不感兴趣的时候，你会做什么？

好吧，你要么退休（我还太年轻），要么改变。

我告诉经理人和经纪人，我现在只想拍剧情片。

我在《白宫风云》、《甜心俏佳人》和《热血教师》中的尝试都取得了很好的成绩，所以这个想法似乎并不疯狂。我参加了一些严肃题材电影的试镜，但没拿到任何一个角色。我拍过几部非常用心的独立电影，但也没能成功。

然后出现了一个关注度已达白热化的剧本。

我之前从未见过这么火热的项目——实在是不可思议。《日落大道 60 号》由艾伦·索金编剧，托马斯·施拉梅导演，是他们继名为《白宫风云》的小制作之后的作品。[5] 这两人已经获得了大约十五项艾美奖，因此他们的新项目在2005年秋季掀起了前所未有的热潮。我从没见过一个项目尚未开拍就拥有如此之多的拥趸。NBC 和 CBS 像角斗士一样为之争斗不休，最终 NBC 以每集三百万美元左右的价格胜出。整个秋季，无论我走到哪里，都有人在谈论《日落大道 7 号》（原剧名）。我当时正在纽约拍摄《热血教师》的收尾部分，住在全世界我最爱的酒店，三角地的格林威治酒店。我特别想读一读这个热门的剧本。因为我在东海岸，剧本要到晚上 10∶00 才能送到我的酒店，所以我一直没睡觉。

艾伦和汤米[6] 已经用《白宫风云》改变了美国人对电视连续剧的看法，而我则用钱德勒·宾的腔调改变了美国人说话的方式。看起来是个强大的组合。

到晚上 11∶30，我读完了剧本，决定重返电视剧领域。

该剧的主角是 7 号演播室的首席编剧马特·阿尔比（艾伦显然是照着我写的这个角色）和他的同事、电视制片人丹尼·特里普（将由亲切又有才的布拉德利·惠特福德[7] 扮演）。两人被请回来拯救一档名为《日落大道 60 号》的节目，与《周六夜现场》[8] 类似。

这部剧虽然尚未开机，但已写满了"艾美奖获奖巨作"

的字样。有索金、施拉梅和我，怎么可能有问题？

第一个问题是钱。我之前在《老友记》中的片酬极高，我意识到想再拿到那个金额会很难，尽管如此，这出讲述喜剧电视节目制作的群戏作品要求每个演员接受同样的片酬……我和经理人进行了如下对话（想象一下用索金的语气来说）：

　　　我：我真的想演这个戏。

　　　经理人：嗯，这种题材没人比得过索金。

　　　我：这将是我回归电视剧领域的作品——演这部戏不会错。

　　　经理人：唯一的问题在于出价。

　　　我：出价？是啥？

　　　经理人：就是你每一集的酬劳……

　　　我：我知道，谢谢你。我的意思是，金额是多少？

　　　经理人：每集五万美元。

　　　我：我在《老友记》中每集片酬超过一百万。不能拿到那个价吗？

　　　经理人：看样子不行。他们希望这是一部货真价实的群戏作品，他们给每个人开的都是这个价。

　　　我：难以置信，我只能拒掉有史以来我读过的最好的电视剧剧本。

我的经理人，上帝保佑，他没有放弃。他向制片人指出，尽管《日落大道 60 号》按照设计的确是一部群戏作品，但只要我一走进片场，那剧情一定会围绕我的角色展开，而事实也的确如此。将这个论点牢记于心，经过六周的谈判，我们说服他们放弃了群戏的想法。他们将宣布我是这部戏的主角，片酬也提高到了 175 000 美元。这个周薪显然已经很了不起，但在三个片场之外，勒布朗出演《乔伊》[9] 的周薪是 600 000 美元。最后，这部剧本赢了（每个演员都在寻找好的剧本），我接受了这个低片酬（他们还雇了我的好友阿曼达·皮特来充实演员阵容）。

我们拍了试播集，我认为那个试播集足以超越我看过的任何试播集——它就有那么好。它蕴含着一种能量，一种电视剧所罕见的尖锐，粉丝们也很喜欢。开播时的收视率很高。（我在《老友记》之后所有作品的首播收视率很高，然后就急转直下。）第二集吸引的观众只有第一集的一半。没有人在意这部剧。我用了好几年才弄清原因。

《日落大道 60 号》有一个致命缺陷，再好的编剧、导演和演员都无法弥补。《白宫风云》中有你所能想象的最高风险：一枚核弹正瞄准俄亥俄州，总统必须解决这个可怕的问题。俄亥俄人看那部剧就是想了解，如果一枚洲际弹道导弹正飞射而来，他们只能吻别这个世界，那么究竟会发生什么。

包括我在内的一小部分人知道，对于演艺界的一部分人来说，开对一个玩笑是生死攸关的事。这是些固执、古怪的人。但俄亥俄州坎顿市的人在观看《日落大道 60 号》时可能会想，不过是个玩笑而已，大家为什么不能冷静下来。又不是什么大事，你们这些人都怎么了？又不是巨蟒剧团创作的角色欧内斯特·斯克莱布勒，他写了个笑话，因为太过好笑，把纳粹党人都给笑死了。（英国人之所以能免疫，是因为他们不说德语。而笑话杀手所使用的德语实际上是胡言乱语，这也很好笑。）《日落大道 60 号》在洛克菲勒中心或日落大道的好莱坞喜剧商店门口可能有一批忠实的观众，但除此以外，剧本的基础设定并未达到让人激动得坐不住的水准。试图将《白宫风云》中的风险复制到喜剧作品中是永远都不可能行得通的。

在细微的层面，我还发现《日落大道 60 号》的工作环境令人沮丧，与《老友记》，甚至与《整九码》都不同。艾伦的要求非常严，他喜欢这样的管理方式，片场会有人拿着剧本核对台词，如果剧本写的是"他很生气"，但我或其他某个演员把它缩短为"他很气"，我们就必须重新拍摄整场戏——一定要和剧本一模一样。（我给干这份工作的制片助理起了个绰号叫"老鹰"，说实在的，她的工作太可怕了，要监控一帮正卖力演出的创意人士。）不幸的是，有些时候，台词稍有改动的那条表演才是最好的表演，但最终使用的仍是台词准确无误的那条，而非效果最好的那条。艾伦·索金编剧和托马斯·施拉梅导演的这个组合从来都不曾真正地以演员为中心，因此工作重心更多的是保证拍摄符合文本，仿佛是在拍摄莎士比亚的作品——事实上，我在片场的确听过有人说，这就是莎士比亚的作品……

我对总体的创作过程也有不同看法——我喜欢提出想法，但艾伦不曾接受任何一个。我对我的角色的人物弧光也有所思考，但也都不受欢迎。问题在于，我不只是一个会说台词的演员。我有脑子，尤其擅长喜剧思维。艾伦·索金在写作方面比我强很多，但他并不比我有趣（他曾友善地说过，《老友记》是他最爱的剧集）。而我在《日落大道60号》中扮演的正是一个喜剧作家。我认为我有一些有趣的点子，但艾伦百分百地否决了它们。那是他的权利，他喜欢这样管理片场，我无意批评。我只是感到失望而已。（汤姆·汉克斯告诉我，艾伦对他的态度也是一样。）

我猜我是幸运的，因为我已经吸取了教训，参演成功剧集并不能解决任何问题。这部剧一经播出就大获成功，试播集取得了一千三百万观众和 14% 的收视份额，表现十分强劲。评论也都是正面的。《综艺》杂志称："很难不支持《日落大道 60 号》，这部剧有艾伦·索金的精彩台词，愿意解决重大问题的决心，还有一流的卡司。"《芝加哥论坛报》甚至更进一步，给我写了一封情书，称："《日落大道 60 号》不仅是好这么简单，它还有潜力成为荧屏经典。"

但问题依然存在：它试图成为一部讨论喜剧与优质电视节目的严肃作品，仿佛这两个东西与世界政治同等重要。我最近在《洋葱报》的《A.V. 俱乐部》专栏中读到一篇有关《日落大道 60 号》的真正有指导意义的评论。作者内森·拉宾在这部剧播出几年后撰文表示，他也认为试播集是一个非常特别的作品：

　　2006 年 9 月 18 日首播当晚，我和大部分观众一样，怀着极大的期待观看了这部剧的试播集。结束后，我迫不及待想看到接下来的内容。我将试播集重看了一遍……几个月后，关于那次重看，我印象最深刻的是，这部剧拥有无限可能性。《日落大道 60 号》可以前往任何地方。它可能做任何事。而且，它可以同近期记忆中最出色的卡司一起做这件事。《日落大道 60

号》的试播集在第二次观看时依然蕴藏着潜力，尽管它最终注定要失败，无法实现其目标。

不过拉宾也指出，这部剧可能把自己弄得过于严肃了，它原本应该是搞笑的喜剧，索金的绝对控制却使得它没有给其他任何人留下可供呼吸的空间：

> 这部剧傲慢到让艾伦·索金撰写了每一集的剧本。当然，特约编剧得到了"故事创作"的署名，但《日落大道60号》最终只是一部独角戏。索金的声音占据着主导地位……《日落大道60号》以其独有的方式经受住了时间的考验，是一部断断续续有迷人佳章的史诗性讽刺剧，但不能算杰作。

时代也发生了改变。这部剧播出时，电视已经演变成了一种完全不同的生物。像《老友记》《白宫风云》这类观众会实时追看首播的电视节目开始衰落。人们开始录制节目留待稍后观看；这影响了收视率，进而影响了剧集的故事，而非剧集本身，而这部剧在其他方面的制作水平真的很棒。

到第一季——也是唯一一季——结束时，观众已经倾向于同意拉宾的评价，收看人数下降到四百万，播放该剧集的电视机的比例也只剩下 5%。

我们注定要失败。

我并不因这次失败而感到震惊——如我所说，我知道一部剧的热播不可能填满我的灵魂。而且无论如何，有别的东西正在填满我的灵魂。

两年的"床伴"关系已经变成了爱情。这是我人生中最"正常"的时期之一。诚然，我偶尔的确会犯些小错，可能会吃两粒奥施康定，然后不得不为此戒断六天时间。但我们的关系已经深入到这里，现在我迫切地需要问她一个问题。

有一天，我说"我认为我们应该停止自欺，我们爱着彼此"，她没有表示反对。我的确爱她，非常爱。也就是说，我们两个真的都太投入工作，这掩盖了我们的亲密关系。我对她会离开的恐惧依然深深地扎根在心中，谁知道呢，或许她也害怕我离开她。

不管怎样，这一刻还是到来了。

圣诞节，我花了一大笔钱请一位画家为我们两个人画了像。我们的关系之前一直是被性和短信所驱动的——至少在头四年中是这样——我从业务经理那里得知，我们互发了大概 1 780 条短信。因此，在画作的右下角，她像平常那般坐在那里，拿着一份《纽约时报》和一瓶水；左下角则是我，穿一件长袖 T 恤，外搭另一件 T 恤，这是我一贯的穿法，我手里拿着一罐红牛，正在阅读《体育画报》……我们也一直在给对方发短信。画家在画中添了 1 780 颗心，一颗心代表一条短信，将它们全部压缩在一起，组成了一颗巨大的心。我以前从未花过那么多钱来购买礼物。我爱这个女人，我希望她知道这一点。

我计划将这幅画送给她，然后问出那个问题。你知道是什么问题；我不需要告诉你事情的进展，尤其是因为……好吧，我从未问出口。我把礼物送给她后，她很感动，说："马蒂，我的小甜心……你对我的小心脏都做了些什么。"

是时候了。我只需要说："亲爱的，我爱你，你愿意……"但我没有说。我所有的恐惧都像蛇一般竖了起来，早在我遇到她的前一年，我所害怕的那条蛇就已经来抓我了，当时我看到了上帝，但没能从他那里学到足够多的智慧。

我立刻换到了该死的钱德勒·宾的模式。

"嘿！嘿！嘿！"我对一脸震惊的她说，"看这个！"我最后一次把钱德勒的该死腔调带了回来。

我错过了那个时机。或许她一直在期待，谁知道呢。我只差那么几秒，但几秒就是一辈子。我经常会想，如果我当时问出口了，那我们现在已经生了两个孩子，住进了一座看不见风景的房子，谁知道呢——我将不需要风景，因为我可以看着她，也可以看着孩子们。但取而代之的是，我是个五十三岁仍孤身一人待在自己房子里的笨蛋，只能俯瞰下方喧嚣的大海……

　　所以我没有问。我太害怕了，或者说太过崩溃，太过扭曲。我对她一直保持着完全的忠诚，包括过去的两年，那两年里出于某种原因，我不想再和她做爱，那两年里不管参加多少次伴侣治疗都无法解释我为什么没有问出那个该死的问题，我为什么现在只把她当作最好的朋友。我的伙伴，我最好的伙伴。而我不想失去我最好的伙伴，所以我努力让我们的关系维持了两年。

　　我那时也不知道我们为什么不再做爱。但现在我知道了：是因为那种缓缓加深、叫人不得安宁且永无休止的恐惧，如果我们继续靠近，她将会看到真实的我，进而离开我。你瞧，我当时并不喜欢真正的我。此外，我们的年龄差也已经开始成为一个问题。她总是想出门做各种事情，但我更渴望安定的生活。

　　但还存在其他问题。她对事业的专注也影响了我当时的生活方式，那时我差不多什么都不做。我基本上可以说是已经退休了——我真的认为我不会再工作了。我非常富有，所以每天就只是玩玩电子游戏，自己出去逛逛。

但现在呢，我该怎么办？

拥抱努力。

我创作了一部名为《阳光先生》[10]的电视剧。我赞同一条理论，即人生在于过程，而非目的地。写作是我尚未尝试过的事情，所以就成了我努力的第一个方向。把你真正想写的东西写成一部电视剧，这几乎是不可能做到的事。餐厅里的厨师如此之多——执行制片人和其他编剧全都坚持要有自己的发言权——因此只有索金这样的人物才能将心中所想搬上荧屏。

《阳光先生》这部剧围绕着我所扮演的角色展开，这个角色名叫本·多诺万，在圣迭戈管理一座体育馆；艾莉森·珍妮扮演我的老板。本的致命弱点之一是，他没有能力接近女人……我甚至设法在演员表之后插入了一个内幕笑话：我的制片公司名叫"快感缺乏制作"，我们精心制作的广告卡上有我在过山车上无聊地叹气的卡通形象。尽管我投入了全部心力，但这部剧的巨大成功只维持了两周，之后全世界每一个人都断定他们不想再看。

但这是一份非常宝贵的经验，因为我学会了如何从头开始制作一部电视剧。这是一件看起来可能很容易，实际上却非常艰难的事——有点像数学，或者与另一个人类展开真正的对话。我很开心，但这是一项马拉松式的任务，而我只是个短跑运动员。而且它很快就把一个清醒着玩视频游戏的有钱人变成了一个不可思议的大忙人，而这并不是什么好事。事实上，这部剧很快就变得比维持清醒状态更重要，于是我再一次重蹈覆辙。

生活向前冲，我将继续制作另外一部剧集（不，不，这部剧的名字就叫《生活向前冲》），讲述一个体育谈话类电台节目主持人试图走出妻子去世的阴霾的故事。[11]NBC一直在支持和推动——他们甚至在奥运会期间播出了这部剧，首播集收获了一千六百万名观众。但是，把悲伤治疗拍成喜剧？2013年4月播出的最终集只吸引了两百五十万名观众。于是再一次地，我主演的剧集盛大开播，最终却收获了被取消预订的结局。由于无事可做，无人可爱，我又一次重蹈覆辙。但这一次我很快就采取行动，入住了犹他州的一家康复中心。

在那里，我遇到了一个名叫伯顿的咨询师，他是一个尤达大师[12]般的人物，他告诉我，我喜欢成瘾症所制造的戏剧性和混乱。"你说啥？"我问，"它毁了我的人生。它夺走了我所拥有的所有美好事物。"

我真的被惹怒了。

但如果他说对了呢?

1　杰弗逊飞机乐队（Jefferson Airplane），美国著名迷幻摇滚乐
　　队，《胚胎之旅》（Embryonic Journey）收录于他们的第二张
　　专辑《超现实枕头》，是一首不到两分钟的吉他演奏曲目，曾
　　被用在诸多影视作品中。

2　《热血教师》（The Ron Clark Story），上映于 2006 年，影片
　　中，马修·派瑞饰演的中学教师试图以其独特的教学方法让
　　每一个孩子成才。

3　罗伯特·杜瓦尔（Robert Duvall），生于 1931 年，美国演员，
　　代表作有《教父》《教父 2》《现代启示录》等。

4　十二步治疗法（12 steps），酗酒者互戒协会提出的一套戒瘾
　　疗法，包含十二个步骤。这个治疗方法现今不只用于戒酒，也
　　用于戒除其他物质的成瘾。

5　《日落大道 60 号》（Studio 60 on the Sunset Strip），一部讲述

直播喜剧节目幕后故事的电视连续剧，于 2006—2007 年播出。编剧艾伦·索金（Aaron Sorkin）、导演托马斯·施拉梅（Thomas Schlamme）也是《白宫风云》的编剧和导演，艾伦·索金被认为是美国最成功的编剧之一，另有代表作《新闻编辑室》《社交网络》等。

6　汤米，托马斯·施拉梅的昵称。

7　布莱德利·惠特福德（Bradley Whitford），生于 1959 年，美国演员，他的代表作有《白宫风云》等。

8　《周六夜现场》（*Saturday Night Live*，简称 SNL），美国著名的电视直播喜剧节目，于 1975 年开始播出，收获诸多奖项，在《时代》周刊评选的百大电视节目中排名第七。

9　《乔伊》（*Joey*），《老友记》的衍生剧，讲述乔伊告别老友们之后在洛杉矶的生活，于 2004—2006 年播出两季。

10　《阳光先生》（*Mr. Sunshine*），2011 年播出的喜剧剧集，导演为托马斯·施拉梅，马修·派瑞既是编剧也是男主演，他饰演一个名为"阳光中心"的体育场的经理，故事围绕他的工作和情感展开。女主演是艾莉森·珍妮，她的代表作有《白宫风云》《极品老妈》等，2018 年凭借《我，花样女王》获颁奥斯卡最佳女配角奖。

11　《生活向前冲》（*Go On*），2012 年播出的喜剧剧集，马修·派瑞饰演男主人公，一名体育播音员，他为抚平心理创伤参加了团体治疗，故事就围绕这个小团体展开。

12　尤达大师，《星球大战》系列电影中的重要角色，原力深厚，德高望重。

插曲

口　袋

　　我坐在纽约治疗中心的房间里，对阿片类药物充满渴望。脱瘾治疗没有奏效，我的身体渴望药物。我告诉了医生，我告诉了咨询师，但我其实不需要告诉他们任何事情——我的思绪在翻搅，我的身体在发抖，显然产生了戒断反应。

　　他们什么都没做。我很迷茫。我很难受。是时候把局面掌握在自己手中了。

　　我拿起电话，做了一些安排。

　　规则是，如果离开康复中心，回来后必须立即接受尿检。于是我走到外面，找到那辆车，交了一些钱，拿到一些药，之后他们就离开了。我回到治疗中心，径直走向厕所，接受尿检后吞了三粒药。

　　天才之举，对吧？

别着急。

就在药片开始起作用时，就在我开始感到身体被温暖的蜂蜜充满时，差不多就在我停止颤抖的那一刻，有人敲响了我的门。

哦，该死。该死该死该死。

咨询师和一名护士走了进来。

"有人打电话来，说在我们机构门外发生了一笔药品交易，"咨询师宣称，"我得检查你的外套。"

该死！

"是吗？"我睁大眼睛假装惊奇地说，"好的，你们在我身上不会发现任何药物。我是清白的。"我说话时就已经知道，他们会在我身上搜到药物，我并不清白，完全算不上清白。

当然，我的口袋里有药（是我放进去的）。他们拿走药，告诉我等早上再处理这件事。这意味着我还能嗨大概四个小时，但第二天我将付出惨重代价。

第二天上午 10 : 00，这个可怕地方的所有管理人员围成了一个圈。他们传达的信息很简单：你出局了。

"你们要把我踢出去？"我说，"我无法相信我的耳朵。这里是戒药康复中心，对吧？那你们为什么还他妈的对有人在这里用药感到惊讶？我告诉过你们中的两个人，说我很难受，但你们毫无反应——那我他妈的该怎么办？拜托，看在上帝的分上，把你们脸上的震惊表情擦擦干净吧。我是个药物成瘾者，我用了一些药，我们这样的人忍不住！"

几通电话之后，我被送去了宾夕法尼亚州某个不知名的康复中心。

但到了那里，我就像弹球机里的弹子球一样，经过重新洗牌，变成了另一个状态。有什么好处？这地方允许抽烟。刚抵达没多久，我就抽了九个月以来的第一根烟，感觉好极了。

但有一个小问题：我当时对六毫克的安定文有瘾，而这个地方不提供安定文，纽约那家康复中心或许应该确认一下，但他们没有。我根据自身经验以及多年来同其他成瘾者的交谈，知道这类地方绝大多数都很烂。他们只想着利用有需求的患者换钱。整个体系都是腐烂的，完全不可救药。

相信我。我是专家。我往这个"体系"中倾注了数百万美元。

那些钱是在帮助我，还是伤害我？光靠服药或喝酒，我不可能耗尽钱财。这让事情变得更难了吗？

我很高兴我们永远都不可能知道答案。

8

奥德赛

拍完《老友记》，拍完那几部电影，结束那段六年的关系，起起伏伏，经过所有这些事情之后，接下来的六年里，我发现自己被困在一场如奥德赛般漫长而惊险的旅途之中。与表面看来相反的是，我并不是一个无事可做的有钱人，事实上，我做的事比以前更多了。是的，我是一个从山腰上摔落下来的人，在汹涌的河水中迷失了方向，希望能在岩石上找到避难所，只要是安全、干燥的岩石即可。

在拍摄《阳光先生》和《生活向前冲》这两部剧之间，我去了犹他州太阳谷的环谷小屋——如果你真的有在计数的话，这是我去过的第三家康复中心。环谷小屋位于落基山脉廷帕诺戈斯山的山脚。我不是一个热爱大自然的人——相比宁静的山间，我更爱大海，或者至少是能看到海景的地方——但这个地方迷人至极。这里的空气稀薄而真实，如剃刀般锋利，给人以澄净感。四处都是火鸡，咯咯叫个不停（偶尔还会飞——有谁知道，火鸡竟然会飞），还有金雕，有些日子能看到一头驼鹿漫步走过，脚步又重又慢（没开玩笑，那里真的有驼鹿）。

除了美景，环谷小屋还有一群出色的工作人员——他们知道自己在做什么。我的咨询师伯顿（如果他的脸是绿色，那我敢发誓他就是尤达大师）给了我很大的帮助——不管是对我的现实问题，还是我一直以来都没能摆脱的心理问题。（他也是我说过"我爱你"的男人之一。）我抵达那里时非常害怕（这是进入康复中心的先决条件，但让人很难受），但伯顿舒缓的声音几乎立刻就让我感觉好了一些。

"探索、发现和抛弃"是环谷的主要准则之一，我想到我至少能做到最后一点就很兴奋——是时候永远抛弃所有这些烂摊子了。到这个时候，我已经是十二步治疗法（以及康复中心关注的其他一切）的专家……我在环谷期间花了很多时间帮助新来的人，并且尝试着找些乐子。我带来了一张乒乓球桌，甚至发明了一个绕球转圈的游戏，我们会把一个红球来回投掷，这一切都让我的同伴们能一连数小时地保持热情，也给了我一个目标。我非常想要帮助他人，我在这方面很擅长。

我记得，在这次入住期间，我必须接受深层创伤治疗，回溯童年时代，拔除所有的旧日痛苦与孤独，由此展开非常痛苦的治愈过程，放下那些过往。我的想法是，如果我战胜了这些创伤事件，那我将不再需要用药物和酒精来掩盖它们。

但伯顿的观点不同。他判定我喜欢成瘾症所带来的戏剧性效果，问我既然能在环谷小屋过得这么快乐，那为什么会对现实世界发生的几乎每一件事都感到那么困扰。

这个问题立刻激怒了我。我喜欢这样？伯顿既然已经看到我这几十年来的经历，看到了我的成瘾症和恐惧，看到我缺乏自制力，看到我的内心显然饱受折磨，他为什么还会说我喜欢这些？

我们有个亲友探望周，所有人都可以邀请别人来访，但我坚决抵制。我的父亲去海瑟顿看过我，我母亲去过马利布的普罗米斯康复中心，我曾经的女朋友则花了无数时间，目睹我在多位家庭护士和戒瘾陪护帮助下进行脱瘾治疗，忍不住咆哮的场景。我不想让他们再经历这一切。这太痛苦，太艰难，太不公平。我想让他们喘口气，这一点我至少能做到。是我让自己陷入了这种困境，那我就要让自己逃脱出来。

但在亲友周前后的某一天，我发现自己独自坐在外面，希望能出现一头驼鹿，或者能看到一只火鸡扑扇翅膀飞进树林。那一天冷极了，气温降到了零下，但我依然需要吸烟，所以没有办法，只能穿上保暖衣物出门……我坐在那里抽万宝路时，下起了小雪，四周变得鸦雀无声，仿佛整个宇宙正耐心倾听我的思绪和心声。

我好奇宇宙都听到了什么。

我开始思考，为什么这次入住期间我不想邀请任何访客，于是一些深刻的东西击中了我……我为什么要替家人和爱人找借口，好让他们不必经历这种地狱式的体验，而不考虑我自己？

想到这里，我意识到伯顿的建议是对的——我的确喜欢混乱。是时候给我自己放个假了。长久以来，药物并不能给予我所需要的东西，我却一再求助于它们，不惜拿自己的生命冒险，就为了……为了什么？摆脱？摆脱什么？我必须逃离的最糟糕的东西，就是我的酒瘾和药瘾，可我竟然想用酒精和药物来达成这些目的……好吧，你看出其中的逻辑悖论了。整件事都说不通，完全没有意义。我的智商让我足以看懂这一点，但该怎么办……这是另一个层次的数学题，我还没弄清答案。改变依然可怕，即便你的生命正处于危险之中。

但至少我终于提出了好问题，哪怕答案尚不完全明确。

我深深地明白，生活是由简单的乐趣所构成的，比如来回投掷一只红球，比如观看一头驼鹿在林间空地上奔跑。我需要摆脱所有正在造成伤害的事物，比如我至今仍对父母感到愤怒，许多年前无人陪伴，觉得自己不够好，因为害怕承诺无法兑现而不敢承诺。

我需要记住的是，爸爸当年离开是因为他害怕，妈妈自己还是个孩子，但也尽了最大努力。她不得不花费如此之多的时间来为混蛋的加拿大总理工作，但那不是她的错——那从来都不是一份朝九晚五的工作，哪怕家里有小孩也无济于事。当时的我不明白，但现在终于明白了……

我需要向前走，向上走，意识到外面有一整个巨大的世界，但它不是来抓我的。事实上，它对我没有意见。它只不过就像是动物和冷冽的空气；宇宙是中立的、美丽的，有我没我都没有区别。

事实上，我活在这样的一个世界里，虽然它是中立的，但我依然设法为自己创造了一个重要的、有意义的空间。我需要明白，等我死后，我希望《老友记》在我成就清单的最后面。我需要提醒自己，善待他人——将与他人的邂逅当作一种快乐的体验，而不是一定要让自己充满恐惧，仿佛恐惧才是重要的事。我需要保持善良，好好去爱，更好地倾听，无条件地付出。是时候停止做一个充满恐惧的混蛋了，要相信，当情况发生时，我有能力解决。因为我很强大。

最后，雪落的速度放缓了，在即将降临的暮色中，一头驼鹿迈着大步，无声地走进了花园。是一头雌性驼鹿，长长的脸庞上写满宁静，仿佛所有的事情它都至少见识过一次，不会被任何东西吓倒。我想，其中蕴含着教益。在它的身后，有两个幼崽在齐步并进，充满了孩子才有的活力。它们都看着静坐在暮色中的我，然后转身离开。

或许这就是宇宙想要传达给我的教益。我并不重要，在任何宏观宇宙层面上都不重要。我不过是一个在无尽的循环中转圈子的普通人类而已。

了解到那一点就已足够。我踩灭烟头，回去重新组织一场红球投掷游戏。

从环谷小屋出来时，我瘦了，很开心，准备好迎接这个世界，准备好和女朋友永远生活在一起。但当时的女朋友不太喜欢这个全新的马蒂——我没以前那么需要她了，我感觉她并不喜欢这样的变化。或许是我的问题为她制造了一种安全感。这家伙永远都不会离开我，当他深陷在自身的问题中时，是不会离开我的。她不喜欢我变成了一个更好的人。而这个不幸的事实导致了我们最终的失败。我们努力过，想把所有碎片拼合起来，但最终，我们承认失败，分了手。我们都很难过。她是我在这个星球上最爱的人，但我们注定不能继续下去。分手是正确的，但并不意味着就不悲伤。

现在该怎么办，再一次重蹈覆辙？

我起初用行动主义来填补内心的空洞，但在这个过程中，我飞得离太阳过近，以至于失去了最后一丝纯真的表象。

2001年时，我在马利布一家名叫普罗米斯的康复中心住了一段时间（就在我于玛丽安德尔湾第一次拿起《酗酒者互戒协会大书》之后）。我在那里遇到了一个叫厄尔·海托华的人。他一直在康复中心主持一个课程，我很快就喜欢上了他。他很幽默，对于互戒协会的了解非常之深。他也有其他一些名人客户，大家的表现都不错，所以我认为他就是我要找的人，于是就请他做我的引领人。（他说他自1980年以来再未喝过酒。）一次喝咖啡时，我承认我有一个担忧，怕有一天他会拿出一部剧本让我看。他说："啊，的确有一部剧本，但我不会那样对你……"

我们的关系就这样开始了。我和他一起进行十二步治疗法——事实上，是我追着他做这件事。我如此急切地想要做这件事以保持清醒，甚至每天都会给他打电话，要求一起工作。他声称没有人比我追得更紧，接下来的十年里，他有两个身份——他是我的引领人，也是我最好的朋友。我尊敬他，听他的话。我们笑点一样，甚至连声音听起来也一样。我没有在意他在戒瘾康复领域的名气，在那个世界里，一切都应该是匿名的。

但我最大的失误在于，我有点像是把他当成了我的更高力量。如果遇上恋爱问题，或者有任何问题，我都会给他打电话，而他总能给出非常聪明的主意。我对他的依赖甚至到了这种地步，如果他说"抱歉，马修，你必须搬到阿拉斯加，然后倒立生活"，我会立刻订机票前往安克雷奇；如果他说"接下来的三个月，除了绿色的玛氏巧克力豆你什么都不能吃"，那你大可以放心，我只会拉绿色的屎。

但在内心深处，我清楚地知道，把引领人当作最好的朋友可不妙，但厄尔是我的一切。他已经变成了我的父亲、我的导师。我会去看他的演讲（他是个幽默的演讲者，影响力很大）；我们会一起看电影。我重蹈覆辙后，他会帮我找到治疗中心。不夸张地说，他可能有好几次都救了我的命。

然后，我们的关系发展到了生意上。是的，我和引领人一起做起了生意。这真是个致命的大错误。

厄尔注册了一家公司，准备在洛杉矶周边成立一些戒瘾生活空间，然后他会来管理。我为这家公司投资了五十万美元，并且将我在马利布的房子改造成了一个名为派瑞之家的戒瘾生活空间。期间，根据全国毒品法庭专业人员协会会长、了不起的韦斯特·赫德尔斯顿的要求，厄尔和我去了好几次华盛顿特区，与议员们见面，宣传毒品法庭的效能。毒品法庭旨在推动取消对不涉及暴力行为的成瘾者实施刑事惩罚，为他们提供照护和治疗，而非加以监禁。2013 年 5 月，奥巴马的"缉毒沙皇"吉尔·克里考斯科[1] 甚至让国家药品控制政策办公室为我颁发了"康复冠军奖"。我当时对《好莱坞报道》开玩笑说："我如果被捕了，那我会把这个奖文在脸上，坐在某个地方的监狱里。"

那个月，我还客串主持了《皮尔斯·摩根现场秀》，与丽莎·库卓和劳伦·格拉汉姆对谈，同时关注成瘾和康复问题。我开始努力寻找将来想做的事情，做这个节目让我感到很舒服。我一开场就说，我不是皮尔斯·摩根，你们当然能分辨得出，因为"我没有英国口音，而且我的名字听起来也没那么尖锐"，逗得丽莎哈哈大笑。[2] 我想，这或许是我未来的道路？我甚至还开玩笑说，我即将出版的自传将取名为《还是男孩》。

哎呀。

不管怎样，我现在是个脱口秀主持人，还是一个拿过大奖的成瘾者。这究竟是怎么发生的？

厄尔原本计划和我一同参加《皮尔斯·摩根现场秀》，但在最后一刻放弃了。不过我们后来还是去了欧洲，帮助推动那里的毒品法庭的发展，我还到英国广播公司（BBC）一档名为《新闻之夜》的深夜节目中为这个问题辩论了一番。主持人杰里米·帕克斯曼脾气古怪，以对嘉宾态度粗鲁而闻名。一同参与节目的还有英国全党议会药品政策改革小组时任主席米彻女男爵，她完全站在我这一边；此外还有完全是蠢人的彼得·希钦斯。[3]

我无法想象，当你是家中人人都厌恶的白痴弟弟，人人都宠爱你的哥哥时，你的心里该是怎样一种感觉，但我想彼得应该能就这个问题发表意见。彼得的哥哥是了不起的克里斯托弗·希钦斯[4]，他的离开至今让人难以释怀——他是一位无与伦比的讲故事好手、作家、辩论家和生活达人，在他因癌症不幸去世十多年后，全世界依然在哀悼他。可惜的是，弟弟彼得仍在自以为是地议论他根本不了解的事，将右翼意识形态与一种家长式的作风和道德指责混为一谈。

希钦斯在《新闻之夜》中阐述了他的怪诞观点，他认为服药只是道德感薄弱的表现（"当前有一种流行风尚，"

他嘲讽道，"即否定人们掌控自己生活的能力，并为自己寻找借口。"他的这番论调听起来简直像个喝了太多雪利酒的疯癫姑婆。）更怪诞的是他后来还"论证"，成瘾症甚至根本不是真实存在的东西。我认为，女男爵和我的论述都远远胜过他——不过说实在的，这并不难。我说我以为他会坐在婴儿车里来接受采访，但他显然没有，除此以外，我还多次指出，美国医学会早在 1976 年就已将成瘾症诊断为一种疾病，他是这个星球上唯一不同意这个评估的人。他无法接受，最终在访谈结束时，帕克斯曼和米彻女男爵都因为他愚蠢而残酷的观点笑出声来：

希钦斯：如果你们说的是真的，那人们怎样才能停止成瘾呢？

我：这个嘛，圣诞……

希钦斯：是，你的答案非常聪明，但这是一个非常严肃的话题。你的态度如此轻浮……

我想，这就证明了，他既不了解我，也不了解他正在大放厥词的话题。

与此同时，尽管我一边让彼得·希钦斯看起来像个傻瓜，一边在欧洲各地倡导建立毒品法庭，但在美国国内，派瑞之家陷入了困境。前来参与治疗的人并不多——价格实在过于昂贵，所以我只得卖掉这栋房子止损。

与厄尔共进午餐时，我要求拿回我的钱，但我至今仍没拿到。他当时谈论了一些很疯狂的事情，比如他或许可以成为演员。有些不对劲，我被这整件事吓坏了——所以我回到家就服了药。这不是谁的错，责任都在我自己，但关键问题在于，有两样东西永远失去了：我的纯真，以及我对厄尔·海托华的信任。

后来，厄尔甚至没告诉我就搬去了亚利桑那州，我们的友谊也结束了。因为分享生活、与他维持最好的朋友关系、推动毒品法庭的建设、打造戒瘾生活之家，我损失了五十万美元、我最亲密的盟友，以及这些年来我一直都很珍视的纯真。这让我心碎。

这些年来，我一直在写电视剧剧本，不过一般都是和一个搭档合作。海托华事件发生的第二天，我感觉特别不舒服，心里很不安，我想起有位智者曾经告诉我，在这样的时候我应该发挥创造力。所以，我打开了我的笔记本电脑，开始打字。我不知道自己在写些什么。我只是不停地打字。事实逐渐变得明显，我写的是一部剧本。

我需要这个；我的水准近来下降得很厉害，我决定一步步爬回去，直到我能够凝望镜中的自己。

为 CBS 拍摄《天生冤家》时发生的事，让我对自己耿耿于怀。很长时间以来，我一直都是尼尔·西蒙编剧的同名电影的超级影迷，一直都想改编一个新的电视剧版。[5]2013年，CBS 终于同意了这个想法，我的梦想实现了。我在《天生冤家》之前拍摄的剧集《生活向前冲》没能成功，但我对《天生冤家》更有信心。原始剧本堪称出色，卡司绝赞，一切都已准备就绪，只待一炮而红。但是，我被抑郁症所困扰，成瘾症又全面暴发了。因此，我对自己在拍摄这部剧时的表现感到非常尴尬。除了可怕的抑郁症，我还一直迟到，总是处于很嗨的状态，最终，我失去了我对这部剧所享有的所有权力，让位给了一个制作人。但是我对发生的事情负全责，我愿意向其他演员道歉，向所有牵涉的人道歉。

那场灾难已成往事，现在我手上至少有了一部剧本。每当感受到那种不舒服，那种从皮肤里渗出来的不适感时，我一般会服药来驱赶这种感觉，让自己好受些。但此时我很清醒，所以我知道我不能那么做——我必须找到其他应对方法。我每天写作十个小时，连续十天，直至完成那部剧本——我让少数几个人读过，根据他们的说法，写得真的不赖。我给那部剧本命名为《渴望的终结》，虽然草稿只写了十天，但我又花了一年来打磨完善。

我的灵感源于——当我说灵感时，我其实是想说，我想打败——《芝加哥的性变态》，我对我所取得的成就感到高兴。[6] 不管什么时候，我都愿意把它与那部出色的剧本放在一起比较。我这样向《好莱坞报道》描述我的目的："有一种非常流行的观念是，人不会变，但我每天都看到人们在改变，我想在逗笑观众的同时传达这条信息。"因此，剧本中的四个朋友才会聚在酒吧里试图寻找爱情——我的角色杰克在开场时是一个极端利己主义者，恰好也是个酗酒者，接着情况变得越来越糟。

我毕竟是演员，我并不满足于只是写出一部剧本——我决定将它搬上舞台，并且本人出演。几个月后，《渴望的终结》在神圣的伦敦西区[7]举行了首演。我喜欢同时身为编剧和主演的感觉——当事情行不通时我可以调整。尽管我知道我讨厌每晚都大醉的戏份——那肯定会是巨大的诱惑——但我也知道，我必须展现一个人能堕落到何种程度。

我们在剧场剧院[8]开演，那是一个有着八百个席位的场馆，但票很快就卖光了。事实上，我们还创下了很高的票房纪录，不过也收获了差评。为了确保记述准确，我得说七条重要评论中有六条都是差评。伦敦评论家不喜欢好莱坞的大男孩演员过来演戏。不过，这部戏取得了巨大成功，而我是一个剧作家，我喜欢这个身份。

但也有一个人不愿意来看这部戏，尽管我恳求过。

我约会过六年的那个女人，这时在和一个英国人约会，他们一年里有一半时间都待在伦敦，其余时间则生活在洛杉矶。我们依然是不错的朋友，还一起吃过两次午饭，发过几次短信。知道她在伦敦后，我便邀请她来观看《渴望的终结》，但她回短信说她太忙了。"我回美国再见你！"她说。我回复说，她不能来看这部戏，我有点受伤——看在上帝的分上，毕竟就在她的城市上演——片刻之后，她用邮件告诉我，说她就要结婚了，生活中没有空间再去维系朋友。

我没有回复那封邮件，我们从那以后再没说话。用那样一种方式通知婚讯实在残酷，我永远都不会对一个人做那样的事，但事情就是这样。即便如此，我仍将永远挂念着她。我很高兴她结婚了，并且过得幸福。我希望她一切都好，永远。

这部戏从伦敦演到了纽约。那可不是好玩的事。首先，我不得不缓一缓它的调门——英国人不在乎有脏话，但百老汇就是百老汇，我必须好好润色，而且不只是语言方面——我还不得不砍掉了大量的笑话。于是，这部戏在纽约既不卖座也未收获好评——《纽约时报》抨击其"不诚恳"，不管这条评论是什么意思，整个纽约演出结束后，我只赚了600

美元。我没有写错数字。（这部戏在伦敦演出时，我赚的钱是这个数字的一千倍以上——而且是用英镑、先令、便士计算的。）不过，至少《好莱坞报道》给出了好评："派瑞至少证明了，他丰富的电视喜剧经验开始开花结果。这个夜晚出现了许多有趣的一句话笑话（可以想见，绝大多数都出自作者本人）……派瑞展示了他在喜剧时机把握与台词功底上素有的专业水准。"但是，"至少"这个词让人相当沮丧，我意识到《渴望的终结》不会得到太多观众的喜爱，不足以保证我成为下一个戴维·马麦特。但我还有时间！

1　吉尔·克里考斯科（Gil Kerlikowske），生于1949年，前美国海关边境保护局局长（2014—2017）、前美国国家药品控制政策办公室主任（2009—2014）。

2　皮尔斯·摩根（Piers Morgan），生于1965年，英国电视主持人、前《每日镜报》主编，先后主持多档电视访谈类节目。《皮尔斯·摩根现场秀》（*Piers Morgan Live*）是CNN推出的节目，2011年开播。皮尔斯·摩根的访谈风格以尖锐、大胆著称，而Pier这个词的本义是指突出来的码头、堤岸等。

3　《新闻之夜》（*Newsnight*），BBC出品的一档时事类电视节目，1980年开播。杰里米·帕克斯曼（Jeremy Paxman）于1989—2014年担任主持人，采访过多位政要。帕克斯以直率、凌厉的访谈风格闻名，在被称赞头脑敏锐的同时，也曾被批评太具攻击性。米彻女男爵（Baroness Meacher），即莫莉·米彻（Molly Meacher），生于 1940 年，历任英国警察投诉局主席、英国行业安全局主席、东伦敦城市心理健康信托等，现任英国毒品政策改革小组主席、血友病协会主席、安宁疗护主席。彼得·希钦斯（Peter Hitchens），生于 1951 年，英国保守派媒体人、作家，为《观察家》《卫报》等撰稿，著有《向神之怒》等。

4　克里斯托弗·希钦斯（Christopher Hitchens，1949—2011），美国最负盛名的新闻媒体人之一，著作有《人之将死》等。

5　《天生冤家》（*The Odd Couple*），于 2015—2016 年播出的喜剧剧集，共三季，讲述一对昔日的大学同窗在各自的离婚风波后再次相逢的故事。在第一季中，马修·派瑞担当导演、编剧和主演，从第二季开始，导演更换为他人。尼尔·西蒙（Neil Simon，1927—2018），美国编剧、演员、制片人，曾多次获得奥斯卡提名，他最具影响力的作品之一是上映于 1988 年的电影《天生冤家》，讲述两位老友的爆笑故事，马修·派瑞的喜剧剧集正是在此片的基础上改编而成。尼尔·西蒙也参与了剧集《天生冤家》第二季、第三季的编剧。

6　《芝加哥的性变态》（*Sexual Perversity in Chicago*），美国著名剧作家戴维·马麦特（David Mamet）的经典作品之一，讲述四个年轻人的爱欲故事，于 20 世纪 70 年代首演，名震剧坛。《渴望的终结》（*The End of Longing*）则讲述四个中年人的感情故事。

7　伦敦西区，与纽约百老汇并称世界两大戏剧中心，遍布知名剧院，形形色色的文化演出在这里开展。

8　剧场剧院（Playhouse Theatre），伦敦西区的一家著名老牌剧院。

插曲

———

创伤营

有一个叫作创伤营的机构，是的，我去过，没错，那个名字是我自己起的。

它在佛罗里达州——还能是哪里？——我在那里待了九十天，袒露我人生中所遭受的心理创伤，一幕接一幕地重新体验。我和一个小组一起——其余人也都在回应自身的创伤，最后每个人都眩晕、呕吐和颤抖起来。一度，我被要求将我所受的全部创伤用简笔画的形式画出来，然后向每个人展示并描述我的画。当我想指向其中一幅画时，我的手指开始发抖，随后我的整个身体都跟着颤抖起来，并且抖了三十六天都不曾停止。我就像一只与熊有过近距离接触的山羊——熊离开后，山羊仍在发抖。

在创伤治疗的最后，一旦你重返创伤记忆，重新体验当时的情境，治疗师就应该将你"闭合"起来——大致说来就是你要感受一切，然后释放一切，学习如何让其成为一个故事而非你心灵中的活物，如此一来，它就不会再像从前那样控制你。

对了，你还要哭。

但他们闭合我的方式不对，我没有哭。我很害怕。我感觉自己回到了创伤现场。名人在康复中心所受的待遇并不像你所想的那样——那里的每一个人都有许多事要处理，所以谁在乎你是马修·派瑞？后来，我也去过宾夕法尼亚州的一个康复中心，住在那儿的另外六个人都七十多岁了，包括黛比，我人生的痛苦之源。黛比是除我以外唯一一个吸烟者，所以我在外面吸烟时总会碰到她。而黛比失去了所有的记忆。

"等等，我们见过吗？"她问。

"没有，黛比，我们没见过。不过我演过《老友记》。你或许认识我。"

"哦！我喜欢那部剧。"黛比会说。

五分钟后，黛比会停顿一下，吸一口烟，然后转身面向我。

"那么，我们是一起念的高中？"

"不是，黛比，"我用尽可能和善的语气说，"你比我大二十七岁。你可能在《老友记》那部剧中看过我……"

"哦！我喜欢那部剧。"黛比重复一遍，然后整个循环再度开始。

9

三人不成行，三毁灭一切

当一个男人或女人请我帮助戒酒而我照做，并看到他们的眼睛慢慢恢复光亮，我就感觉像是见到了上帝。尽管我与上帝有着联系，我也经常心存感激（即便经历了这一切），但有时我真的想让他滚蛋，因为他让我的道路如此艰难。

在不服药不喝酒的时候，仿佛有一束光出现在我眼前，一束我能和急需戒酒帮助的人分享的光。在阳光明媚的天气，也是那样的光落在海面上，将海水照成一片波光粼粼的金色。那就是上帝之于我的意义。（夜晚照在水面的月光也拥有同样的效力——砰！那月光几乎将我撞翻在地。就像那个独自飞越一片大陆，看到洛杉矶城市灯光的五岁男孩，他知道自己将受到父母的呵护……是的，这些场景对我来说都有同样的意义。）

我看到同伴们似乎很容易就能保持清醒状态，为什么我做起来就这么艰难？我的道路为什么有如此多的困难？我为什么要和生活搏斗得如此用力？现实为什么越品尝越有风味，而获得这份风味为什么对我而言就如此艰难？但是，当我帮助一个人戒除了瘾症，甚至用一个周末的时间在静修和会议中帮助数千人戒除了成瘾症之后，所有这些问题就都被冲走了。我就好像站在夏威夷的一座瀑布之下，被清澈温暖的水流浸润了。那里就是上帝的所在，在这一点上，你只需要相信我。

我不是圣人——我们没有人是——然而，一旦你去过死神的门口，却又没有死去，你就会觉得你从此将沐浴在解脱和感激之中。但事实根本不是这样——相反，你看着前方那条让你变好的道路上布满艰难险阻，你会火冒三丈。也会有别的事情发生。你百思不得其解，反复念叨着这样一个问题：我为什么会幸免？另外那四个上 ECMO 的人还是死了。这一定是有原因的。

对于我来说，答案的一部分在于，我有一万小时参与酗酒者互戒协会以及帮助其他人戒瘾的经验。这照亮了我，事实上，也借给了我一些金色光芒，就是那天我在厨房中看到的那种金光。

但是一定还有更多理由，上帝啊，你为什么会放过我呢？我已经准备好了——给我一个方向，我就会朝着它前进。伍迪·艾伦在电影《星辰往事》[1] 中问过外星人这个问题，得到的答案是："讲更好笑的笑话。"但真实的答案不可能是这样。

不管怎样，我都做好了准备。我每天都在寻找答案。我是一个探寻者。我在寻找上帝。

然而，我的爱情生活就是另一个故事了。我在爱情生活中犯的错比伊丽莎白·泰勒[2] 还要多。我是个热情的浪漫主义者。我一直向往爱情，这是我内心的一种渴望，我无法完全解释清楚。

但是年届四十之后，规则发生了改变。我曾经需要的是和别人睡觉，这种需求已经满足——现在我寻找的是一个伴侣，一个队友，一个能与我分享生活的人。此外，我一直都喜欢小孩子。我想这是因为我的妹妹凯特琳出生时我已经十岁了。后来埃米莉出生了，接着是威尔，最后是玛德琳。我喜欢和他们一起玩耍，照顾他们，和他们玩傻傻的游戏。在这个星球上，再没有比孩子的笑声更美妙的声音了。

所以，四十岁以后，我真的想要一个女朋友，一个我能依靠也能依靠我的人。有一天晚上，我和几个朋友在外面庆祝我再一次实现了一年的戒断。这时依然是我好友的戴维·普雷斯曼将我介绍给了他女朋友的妹妹劳拉。我们所有人一起去看了道奇队的比赛，但对我来说，那里没有比赛，没有体育场，没有卖热狗的小贩——整个世界缩小到只剩一张戴着棒球帽的美丽面庞。我试着拿出派瑞从前的魅力——做什么都好，只要能让她注意到我——可她正忙着给别人展示她耀眼的个性和智慧。她对我扮演过钱德勒这件事毫无反应，她绝对很友好，但我感觉她对我并无好感。

那天晚上开车回家的途中，我对自己做了一番演讲。

"是的，你很失望，但又不是每一个女孩都不喜欢你，马蒂。"我放下了这件事，但没有忘记她。我们的道路当然会再次交会。

事实的确如此。

这一次，我们一群人决定到洛杉矶市区的斯坦得尔德酒店打乒乓球。我不是阿甘，但我知道我在乒乓球台上还说得过去——实际上，如果你看过《老友记》第九季的最终集，你就知道我的水平至少能打败保罗·路德[3]。我听说劳拉可能会来，所以我一边打着乒乓球，一边瞄着门口。

她终于来了。她像是被龙卷风扔进来的——她浑身洋溢着活力，笑话讲不完。

"这里的每个人都应该杀死自己。"劳拉说，然后砰的一声，就像有一块砖砸到了我的脸上，她对我产生了兴趣。但这一次我准备好了。于是，这天晚上就像是械斗之夜，只不过我们的武器是笑话。其实，我这位新的爱慕对象是个脱口秀演员，也是一位成功的电视剧编剧。从一开始就很明显，我们两个永远都不可能无话可说。

我们第一次约会是在新年前夜。一个朋友办了个睡衣派对，我邀请劳拉陪我一同参加。在那过后，我们的关系发展得很慢；她很谨慎，而我愿意做任何事情。但我们的感情在加深。一切都很好……但是，在我的世界里，没有什么是十全十美的，记得吗？

这时，罗梅出现了。我已经维持清醒状态两年了，在互戒协会也很活跃，我身体健康，引领他人，而且正在写一部电视剧剧本。我过得很开心，甚至敢说长出了漂亮的肌肉。（我当然敢说：我一直在去健身房，做各种运动！）我受邀去西好莱坞的一次互戒会议上分享我的故事，协会的邀请你是不能拒绝的。当时会场挤得水泄不通，人们都只能站着听（我想应该是我要来演讲的消息传了出去）。我那段时间的故事没有之前几年的波谲云诡，所以在详细讲述自身经历的同时，也能分享一些笑料。我看了一眼厨房区域，那里有个像是用来传菜的小窗口，有个女人靠在那里，手肘放在桌上，用手撑着头往外看。她就像一个美丽的陶瓷娃娃，美得令人惊艳。突然间，房间里就只剩下我们两个人了。我的分享只对着罗梅一个人。最后，这成了我有史以来最出色的分享之一，因为这个史诗级的美人如此迷人，我希望她了解我的一切。我希望她了解一切。

会后，我们所有人都在门外抽烟，我们开始交谈和调笑。

"那么，你接下来要做什么呢？"她问。

"我准备回家写作。突然间，我已变身为一个作家。"我说。

"好吧，"罗梅说，"那我可是个出色的缪斯。"

"我敢肯定你是。"我说完转身离开，我完全被这个神秘的女人征服了。

回家路上，我训了自己一顿。

那劳拉怎么办？是的，当然了，还有了不起的劳拉，每一天我对她的爱都在加深。可现在又来了个罗梅。男人遇到这种情况该怎么办？忘掉罗梅，继续对劳拉用心，毕竟这段关系进行得如此顺利。不是吗？遇到这种情况，正常人都会这么做。

但罗梅对我施了魔法。

虽然我的这番自我训诫很积极，但也就在这个时候，我犯了一个关键且致命的错。当时我并不知道我是在犯错——有谁在犯错的时候知道自己在犯错吗？如果我们知道，那我们或许就不会犯错？

我犯的错是这样的，我错得非常明显：我开始和两个女人约会。

在任何情境下，我都不建议这么做，而如果你是我，那我就更不建议。

我告诉自己，因为我不曾对劳拉和罗梅说过我们在谈恋爱，所以我不是混蛋，但我内心里些许知道自己在做一些不恰当的事，因为我在乎她们两个。尽管做了这样的事，但我真心不希望伤害任何人，包括我自己在内。所以，劳拉和我会去看国王队的比赛，笑着度过一段快乐时光，尽管稍显拘谨。向这两个女人求爱的过程都很缓慢，但最终她们都取消了性爱禁令，我现在同时与两个女人建立了完整的恋爱关系。这不可思议，也毫无道理，十分疯狂。

我有没有提过我已经发疯般地爱上了她们两个？我认为这是根本不可能发生的事。我甚至上网读了一些文章，了解到这种事的确有可能发生。根据我所读到的东西，我对这两个女人的感觉都是真实的。然后，劳拉和我宣布过男女朋友关系，罗梅和我则不曾——但我还是遇到了麻烦。

我打算怎么办？和她们两个在一起的时光，我都同样享受。我爱她们。这样的情况持续了大约六个月，然后我回过神来，意识到我必须选一个。我必须停止这种胡闹，选择一个。罗梅热情、性感、有趣、聪明，但她似乎对死亡有一种迷恋，这让我感到困惑。劳拉会谈论电影和更轻松的事情，和她在一起有家的感觉，而这是我在罗梅身上不曾感受到的。

我选了劳拉。

我非常艰难地给罗梅打了电话。一开始，她表现得很冷淡，后来在圣莫妮卡大道巴尼素食店的停车场，我试图做出补偿，她激动起来，吼了我两个小时。你很难找到一个比那天冲我吼叫的她更愤怒的人。

不过，到这里你已经了解我了，你知道我没办法和一个人走得越来越近，而那就是我与劳拉遇到的问题。恐惧钻进了我的内心。和劳拉分手简直是发疯——她拥有一切。我们拥有一切。我们是彼此最好的朋友。但这份亲密让我感到害怕。我再一次发现，如果她对我的了解再加深一分，那她就会看到我已经确信的事：我像从前一样，依然不够好。我并不重要。很快，她自己就会发现这一点，然后她就会离开我。而那将毁灭我，我将再也无法恢复。

还有另一个选择。我可以维持这段关系，但重新求助于药物，试着将用量维持在很低的水平。这将保护我，让我远离那种恐惧，让我能够放下心防，与她更加亲密。

对我来说，求助于药物不会有任何结果，只会导致混乱。但难以置信的是，我为了应对与劳拉的关系，再一次选择了药物。我开始每天服用一粒，以便维持这段关系。一开始效果很好，但服药的结果总是一样，药物总会胜出。六个月后，我们就迎来了一场混战。我陷入泥潭。劳拉与我分了手，我只得再一次选择舒倍生，住进了一家戒瘾生活之家。我害怕我会再死一次。罗梅一有机会还是会对我大吼大叫，劳拉受了伤，忧伤难安，而且，离开了我。

对了，关于同时爱上两个人的情况，杂志上还说了其他一些东西。这种事往往都有同样的结局。

你会失去她们两个。

所以，这就是我的结局，住在马利布的戒瘾生活之家，每天服用 8 毫克的舒倍生。尽管这是一种可靠的——最好的——戒瘾药，我已经说过多次，但这也是这个星球上最难戒除的药物。事实上，它甚至让我想要用自杀的方式来戒除。这么说并不准确——我是有过自杀的念头，但我也知道这只是服用这种药物所致，所以如果你能明白的话，我并没有真正尝试自杀。我所需要做的，就是在有自杀念头的日子里避免做任何事，并且在心里记住，到了某个时候我的感觉会好起来，不再想要自杀。

为了戒除舒倍生，你必须每周减少 1 毫克用量，直至最后降到零。每减少 1 毫克用量会让你有两天时间感到极度不适，然后你适应了新的剂量——也就是 7 毫克——一旦状态稳定下来，你就再次减量。当你降至 2 毫克时，想要自杀的感觉会再度出现。

所以，到了 2 毫克时，我做了或许是我一生中做过的最自私的事。我对即将出现的感觉非常恐惧，我不想独自一人经受。于是，我买了 300 美元的花，开车去了劳拉的家，恳求她重新接受我。我们坐在她客厅里的沙发上，详细讨论这么做将意味着什么。我完全被恐惧驱使着，告诉她我想和她结婚，甚至想和她生个孩子。

接着，发生了一件不可能发生的事。我们坐在那里，我听到她家的前门上有一把钥匙在缓慢转动……进来的是罗梅。

进来的是谁？

这两个女人怎么可能站在同一个房间里？我愿意付出一切代价换得一台时间机器，重返那个时刻，然后问一句："来场三人行如何？"但这不是开玩笑的时候。我惊得下巴都快掉在地板上了。

"我来给植物浇水。"罗梅说着走向后面的楼梯，消失了。

"我想我得去招呼一下她。"劳拉说着也离开了，只剩我还在客厅。我意识到她不会回来了，于是带着我 2 毫克的药瘾返回了马利布。

原来，罗梅和劳拉在酗酒者互戒协会的一次互戒会议上认识了彼此，她们很快就意识到了对方的身份，然后成了朋友。我敢肯定你能想象得出，她们谈话的大部分内容，都是在骂我多么混蛋。

至于我呢，我不能待在洛杉矶，于是跳上私人飞机去了科罗拉多州的一个康复中心，那里的人表示，他们认为自己有能力帮我戒除舒倍生，而且不会让我产生自杀的念头。

然而，那只是个设想而已。一连三十六天，我都想要自杀，之后我飞去纽约上了莱特曼的节目，试图掩饰我是靠胶水糊着才勉强站得住的事实。

不知为何，我成功了。

七年后，当我对自己有了全面认识之后，我真心实意地向罗梅和劳拉道了歉，她们两个都接受了我的道歉。不管你信不信，我们三个现在是朋友。劳拉嫁给了一个名叫乔登的可爱家伙，罗梅和同样可爱的埃里克住在一起。

最近我们五个人还在我家一起吃了饭，大家都玩得很开心。然后，到了晚上 10：00 左右，两对爱侣驾车离开了，沿着峡谷开往城市，我听到引擎声逐渐减弱。

我再度走到门外，等待着某种东西向我靠近，任何能让事情变好的东西都行，但取而代之的是，我又一次听到了土狼的声音。

不，那是我发出的声音，我孤身一人，又一次在夜里抵御恶魔的侵袭。它们赢了。我知道我已经输了，于是独自回到卧室，抵御那些恶魔，与它们协商，以求能再安睡一晚。

1　《星辰往事》(*Stardust Memories*)，上映于 1980 年，美国喜剧片，伍迪·艾伦担任导演、编剧和主演，讲述一个知名导演突然遭遇事业和人生挫折的故事。

2　伊丽莎白·泰勒 (Elizabeth Taylor, 1932—2011)，出生于英国，在美国发展演艺事业，并取得巨大成功。她的代表作有《埃及艳后》《朱门巧妇》等。在个人生活方面，她有过八次婚姻，留下一段段爱情传奇。

3　保罗·路德 (Paul Rudd)，生于 1969 年，美国演员、编剧，他所塑造的最知名的角色当数"蚁人"。路德多次客串《老友记》，饰演菲比的伴侣迈克·汉尼根。

插曲

好莱坞的暴力

我不是一个有暴力倾向的人，但在我的人生中，暴力行为的受害者与实施者，我各做过一次。

几年前，就在卡梅隆·迪亚兹放弃与贾斯汀·汀布莱克交往之后，我经人安排与她约会过一次。[1]

那时我经常锻炼，手臂练得很粗。为了这次约会，我做了相应准备，把袖子卷到肩膀上走了很长一段路，这样一来我的手臂就被晒成了刚刚好的棕褐色（专业提示：这样能显得肌肉更大）。是的，我为了这次约会把手臂晒成了棕褐色。

约会是在一个晚宴上，和一帮人一起，但是卡梅隆一看到我，几乎立刻就石化了——她显然对我毫无兴趣。但派对还在进行，后来我们所有人开始玩一个游戏——我想应该是画图猜词。卡梅隆画图时，我对她说了些搞笑的话，她回了句"哦，拜托"，然后一拳向我肩膀捶来。

或者，至少她是想捶我的肩膀。但她错失了目标，一拳击中了我的脸颊。

"你他妈的是在跟我开玩笑吗？"我意识到我刚刚被卡梅隆·迪亚兹一拳打在脸上，而我粗壮的手臂根本派不上用场。

那大概是十五年前的事了。不过她可能会给我打电话。你不觉得吗？

然后还有一次。

2004年，我飞去克里斯·埃弗特在佛罗里达州的网球学院，参加一个慈善活动，也就是克里斯·埃弗特/美国银行明星网球精英赛。那可谓名副其实的好莱坞名人聚会。不过我最感兴趣的是切维·切斯。[2]

切维从很早以前就成了我的偶像。事实上，他在电影《古灵侦探》中的表演永远地改变了我的人生。在洛杉矶的一个寒冷夜晚，我和最好的朋友马特·昂德雷去看了《古灵侦探》的试映，毫不夸张地说，中途有一段我们真的笑得在过道上打滚。切维在那部电影中一定讲了三百个笑话，而且每一个的效果都堪称完美。后来，马特和我在公交车站等车回家，我清楚地记得我转过身，非常认真地对他说："马特，我余生都将使用那种方式讲话。"而我的确是这么做的。这也就使得接下来的故事对切维和我来说都非常痛苦。

可能切维会更加痛苦。

总之，在那场网球赛事前一晚的慈善晚会上，切维走到我面前说："我只是想让你知道，我是你的超级影迷。"这太难以置信了。

我说："我的天哪，我所有的一切都是从你那里窃取的。"接下来，我们开始互相赞美，聊得非常愉快。

第二天，到了打网球的时间。

到这个时候，应当承认，我的网球技能已经有所生疏。我已经多年没打球，打落地球的技巧有待大量练习。不过，我发球的力量依然很猛——事实上，那场比赛用了计速器，我的发球速度达到了每小时111英里。唯一的问题在于我无法确定球会落在哪里。如果是日常在大众球场，这当然不碍事，但在两千名观众的面前就不那么好看了。甚至前总统乔治·H. W. 布什也在场……

比赛开始了。我第一个发球。我的搭档站在第二发球区，而在另一边，切维也站在网子附近的第二发球区，他的搭档站在后方底线位置，我将把球直接发给他。我把球抛起，将球拍绕到背后，用尽全力击球，却惊恐地发现，球没有飞向对面切维的搭档，而是直接朝切维本人飞了过去。他这时正站在发球线上，离我击球的地方正好有六十英尺。这段距离恰好是棒球比赛中投手丘到本垒的距离，所以我可以自信地告诉你，如果我击球时的速度是每小时大约 100 英里，那么这就意味着，球的飞行速度为每秒 146.7 英尺，也就是说，切斯先生只有 0.412 秒的时间来躲避。

切斯先生没有躲开。

更确切地说，是他的睾丸没有躲开——我刚刚发了一个接近专业速度的球，而且是直冲他的睾丸。如果你明白我的意思。

接下来的事情如下：切维做了一个滑稽的表情——就像《古灵侦探》中医生为他做前列腺检查时他的表情一样——接着他便倒在了地上。（记住，这一切发生在两千名观众的眼前。）

比赛当即结束，四名医务人员冲进球场，将他固定在轮床上，急速送去了最近的医院。

如果这是我对待偶像的方式，那么迈克尔·基顿和史蒂夫·马丁最好还是快躲起来。[3]

本书的暴力内容就此告终。

1　　卡梅隆·迪亚兹（Cameron Diaz），生于 1972 年，美国演员，她因出演《变相怪杰》一炮而红。贾斯汀·汀布莱克（Justin Timberlake），生于 1981 年，美国音乐人、演员，演唱组合"超级男孩"（'N Sync）成员之一，多次获得格莱美奖，曾出演《社交网络》等影视作品。

2　　克里斯汀·埃弗特（Christine Evert），昵称为克里斯·埃弗特（Chris Evert），生于 1954 年，美国女子网球运动员，已退役。她曾 18 次夺得网球大满贯女子单打冠军，多次创纪录。切维·切斯（Chevy Chase），生于 1943 年，美国演员、编剧，原名科尼利厄斯·克瑞·切斯（Cornelius Crane Chase）。他因在《周六夜现场》中的出色表现而走红，后出演《废柴联盟》等大热影视作品。《古灵侦探》（*Fletch*）上映于 1985 年，切维·切斯主演，讲述一个关于谋杀与金钱的爆笑故事。

3　　迈克尔·基顿（Michael Keaton），生于 1951 年，美国演员，代表作有《鸟人》《成瘾剂量》《聚焦》等。2015 年凭借《鸟人》获得奥斯卡最佳男主角奖提名。史蒂夫·马丁（Steve Martin），生于 1945 年，美国演员，代表作有《大楼里只有谋杀》《骗徒臭事多》等，2014 年获得奥斯卡终身成就奖。

10

大麻烦

　　想象一下，你必须回到这样一个场景，在那里，你已经连着几周几乎都在床上拉屎。你一直迷迷糊糊，口齿不清，做着错误的决定。你在纽约，虽然有不止一个而是两个戒瘾陪护，但你还是给酒店的客房服务部打了电话，你的声音因为脱瘾治疗而颤抖，你说："请在我房间的浴缸里放一瓶伏特加。是的，放在浴缸里。藏在里面。"

　　然后，一天结束，你回到那个该死的酒店房间，喝掉那瓶伏特加，终于感觉一切都恢复了正常，这样的状态或许能维持三小时，然后到了第二天，一切从头再来一遍。你在发抖，每次和别人说话，你都要假装你的麻烦并不大。你用同样颤抖的声音给酒店打电话，让他们再在浴缸里藏一瓶伏特加。

　　这或许是"正常人"——我们成瘾者对你们这些幸运

的非酗酒者的称呼——永远难以理解的事情。让我来试着解释一下：当你喝完一整瓶伏特加后，第二天你会极度难受。早晨喝上几杯可能会有帮助，但我当时在主演一部大制片厂的电影，所以早上不能喝酒。你难受到浑身发抖，感觉体内的每一个部分都想要从你的躯壳中挤出来。一整天都是这样——整整十四小时的白日时间。

唯一能缓解不适的方法是在随后的晚间喝掉同样分量，或者更多一些的酒。"那就别喝了啊。"正常人会说。但我们酗酒者的感觉是，如果不喝，那我们真的会疯掉——更不用说如果不喝掉一整瓶，酗酒者会更加难受，而且看起来也更憔悴。

"那电影怎么办？"

顾不上了——我必须喝酒。

"就停一晚如何？"

不可能。

下一个问题？

所以，我在达拉斯——我在服用美沙酮，每天要喝一夸脱的伏特加，外加可卡因和阿普唑仑。我每天都会去片场，在我的椅子上昏睡，到了拍摄时间才醒来，跌跌撞撞地走向片场，然后基本上只需要对着摄像机尖叫两分钟。接着又回到椅子上，继续打盹。

到了人生的这个阶段，我是世界上最有名的人物之一——事实上，我的名望之火已经烧到了白热化状态。因此，没有人敢对我这种可怕的行径发表任何意见。制作团队只想拍完这部电影，将我的名字印在海报上，赚上六千万美元。至于《老友记》……好吧，《老友记》甚至更惨——没有人想跟那台赚钱机器过不去。

在拍摄《拜金妙搭档》期间，我想着吃些安定[1]也许能对我有些许帮助。一个医生来到我的复式酒店房间，给我开了一些。他来访的前一晚，我喝干了一整只派对酒瓶那么多的伏特加，上面带手柄的那种酒瓶。医生环顾房间，看到了那只酒瓶，他不安地说："你把那一整瓶都喝光了？"

"是的，"我说，"或许能让我每四小时吃一次安定，而不是六小时？"

听到这话，他掉过头，以最快的速度冲下螺旋楼梯跑了出去，可能是不希望马修·派瑞死的时候他还在房间里。

在杰米·塔瑟斯说感觉我正在消失之后，我去了康复中心，最后回来拍完了这部电影。

这就是我在拍摄《拜金妙搭档》期间的状态。我当时一团糟。我愧疚极了，我向每个人都道了歉，我想我在最后十三天的拍摄中表现得很好。每个人都试着友善待我，他们尽了最大努力，但还是很生气；导演很生气——我毁了他的电影；我的搭档伊丽莎白·赫利 [2] 很生气（她再也没有机会拍摄下一部电影了）。

我需要做出真正的补偿——那正是酗酒者互戒协会教会你的事情之一。因此，我为整部电影中我吐字不清的部分重新配了音，这意味着我要待在录音棚里日复一日地循环观看整部电影。录音棚里传来三声嘟嘟声，我就要配合影片中我的嘴型，说出我的台词。我碰巧很擅长配音，于是我们至少补救了影片中台词不清的部分。接下来，我投入全部心力，接受了可能是传媒史上最多的访问，竭尽全力把事情做好。我上了所有的报刊封面，上了你所能想到的每一档脱口秀。

当然，这部电影最终还是失败了。拍摄这部电影，我拿到的片酬是三百五十万美元，却因为停工而遭到起诉，尽管停工是因为健康问题。在调解桌上，一个保险团队制服了我，所以我只好给他们开了一张六十五万美元的支票。

我记得当时我心里想的是，老天，没有人教过我人生的法则。我简直是一团混乱——自私又自恋。每件事都必须围着我打转，除此以外，我还有一种用起来简直得心应手的自卑情结，这两样特质搭配在一起，堪称致命组合。我从十岁起就只关心自己，那一刻我环顾四周，说：人各为己。为了让自己振作，我只能将注意力都放在自己身上。

但互戒协会将告诉你，生活不该如此。

在参与十二步治疗时，你要做的一件事是创建一份个人道德清单（这是第四步）。在清单中，你要写下所有令你生气的人的名字，并标记原因。（我写下了六十八个名字——六十八个！）然后你要写下，这些人对你造成了怎样的影响，并读给旁人听（这是第五步）。

我从这个过程中学到的是——通过一个伟大引领人的关照和爱护（我把清单读给了他）——我并非宇宙的中心。了解到这一点，我多少感到宽慰。周围还有其他人，他们有自己的需求和在意的事，他们与我同等重要。

（如果你看到这里摇起了头，那么继续摇吧。让无罪的人来投第一块石头。）

保持清醒现在成了我人生中最重要的事。因为我吸取了教训：如果你把任何事情放在保持清醒之前，那么只要你喝酒，你就会失去这个所谓的"任何事情"。

一个美丽的春日，我在洛杉矶一个名为"自我实现团契湖圣祠"的神奇冥想中心，向我的引领人宣读了我的清单。这个地方位于一座能俯瞰太平洋的小山上，着实很宁静——那里有一个湖，有花园和神庙，甚至还有一个罐子，里面装着圣雄甘地的骨灰，是印度以外唯一保存有甘地遗物的场所。

读完清单后，我注意到花园里正在举办一场婚礼。我看着那对新人冲彼此微笑，观礼的家人们都穿着最好的衣服，司仪也在微笑，等待着念叨那套关于疾病与健康的誓词，说什么直至死亡将他们分开。我已经很久没有与任何人相伴了，成瘾症是我最好的朋友，我的邪恶朋友，我的惩罚者，也是我的爱人。我的大麻烦。但那一天，在山顶观赏风景——当然一定要有美丽的风景——之时，看着那对即将成为夫妇的新人，有甘地在侧，我产生了一种觉醒的感觉，我身在此地并不只是为了解决这个大麻烦。我可以帮助他人，爱护他人，因为不管我曾经堕落到何种地步，我都有故事可讲，我的故事切切实实地能帮助他人。而帮助他人已经成为我的答案。

2019 年 7 月 19 日，《纽约时报》的头版新闻包括唐纳德·特朗普、斯托米·丹尼尔斯[3]、京都一家动画工作室发生致命纵火案，此外还有一个标题表示，波多黎各人早已"受够了"。

但我一无所知。接下来的两周，我也不可能知道任何事情。不知道墨西哥大毒枭"矮子"被判终身监禁外加三十年刑期，不知道某个十九岁的少年在加州吉尔罗伊的大蒜节上枪杀了三个人（以及他自己），不知道鲍里斯·约翰逊成了英国首相。[4]

我尖叫着从昏迷中醒来。我的母亲在场。我问她发生了什么。她说，我的结肠破裂了。

"你能活下来，真是太神奇了。"她说，"你的康复能力让人难以置信。改改生活习惯，你会好起来的。差不多九个月后，他们就会拿掉结肠造瘘袋。"

我想，我装了结肠造瘘袋？太棒了。女孩们绝对会因为那玩意而兴奋。

我说："非常感谢。"

说完，我翻了个身，然后整整两周都没有说话，也没有动弹。因为我所做的一些事，我一度距死亡咫尺之遥。我的身体连着五十台机器，我还必须重新学习走路。

我恨我自己。我差一点杀死我自己。羞愧、孤独、悔恨，这些情绪太过强烈，我无法承受。我只能躺在那里，试图面对这一切，但我根本无法面对。事情已然发生。我害怕死，但我的所作所为的直接后果就是死。

好在都过去了。《马修·派瑞秀》因为阿片类药物而取消了。

有的时候，我能模模糊糊意识到房间里发生的事，但也仅此而已。我当然无法参与任何活动。我最好的朋友，默里家的两兄弟会来探望。到了第三周，爸爸那边后来出生的妹妹玛莉亚也会来看我。

"你准备好了吗，要听听发生了什么吗？"她说。

我（勉强）点了点头。

"你的结肠破裂后，他们给你上了人工呼吸器，但你吐在了里面。所以，胆汁和呕吐物什么的都呛进了你的肺。他们给你上了ECMO——你总算是挺了过来。你昏迷了十四天。"

在那之后，我想我又有一周时间没能说话，因为我意识到我最大的恐惧业已成真：这一切都是我自己造成的。不过也有一个好处。十四天的昏迷让我轻轻松松就戒了烟。

这些年，我服用阿片类药物，然后停用，然后重新换上不同的阿片类药物，历史极长，以至于遭受了只有少数人才会遇到的难题。阿片类药物会导致便秘。说起来算得上有诗意。我的体内积满了屎，我差一点儿被屎杀死。

此外，我的肠道现在也出了状况。

在昏迷之前，当我痛得在地上打滚时，就在我失去意识之前，我对埃琳说的最后一句话是："别离开我。"我指的是昏迷的当时，但她和我其余的亲友一样，对那句话非常认真。埃琳在那家医院值了五个月的夜班。

我经常回忆那段时间，非常感激那一切发生在新冠病毒肆虐之前，因为如果是在病毒肆虐期间，我就要在那个病房里独自待上五个月。但事实上，我从未在那个病房里独处，一次也不曾。那是上帝之爱，以人类的形式，道成肉身。

妈妈和我现在都是危机专家。我一直想要告诉她，那部名为《老友记》的小小剧集，以及其他所有剧集和电影，我基本上都是为了吸引她的注意才拍的。但我拍摄《老友记》并未得到她的关注。她偶尔会提到这部作品，但从没有为儿子的成绩感到骄傲。

不过我想，不管她有多么骄傲，都不可能满足我的需求。如果你要为不好的事情责备你的父母，那你也必须为好的事情感谢他们。所有的好东西。如果我没有她这个母亲，那我永远都不可能扮演钱德勒这个角色。如果我没有她这个母亲，那我永远都不可能赚到八千万美元。因为钱德勒也恰好是一个会隐藏真正痛苦的人。还有比他更好的情景喜剧角色吗？面对所有的事情，都只需要开一个玩笑，如此一来，我们就无须谈论任何真正的问题——钱德勒就是这样上场的。根据剧集最早的设计，钱德勒应该是"他人生活的观察者"。所以，他将是那个在一场戏结束时开开玩笑，点评一下所有事情的人——类似《李尔王》中的弄人，在不存在真相的地方说出实情。但是最后每个人都那么喜欢钱德勒，以至于他变成了他自己的主角。他最终替我完成了我在现实生活中应该做的事情——结婚、生子——是的……在这些事情上，我没办法谈论太多。

最重要的是，我抛弃了我的母亲，在我十五岁时，就像我的父亲那样。我不是个容易打发的孩子，而她自己那时也还是个孩子。她总是倾尽全力，在我昏迷之后，她在我的病房里陪了我五个月。

当你因为过度使用阿片类药物而结肠破裂时，谨慎的做法是，不要再使用阿片类药物来解决问题……而这，好吧，就是我干的事。

可他们给了我药。

我当时无比沮丧，而且一如往常那样想让自己感觉好一些。再加上肚子上的那个洞，足以放进一只保龄球的那个洞，它让我有充分的借口索求止痛药。这么跟你说吧，我因为阿片类药物差一点死去，而我却要求医生用……阿片类药物来解决那个问题！所以，是的，即便在发生了那样的灾难性事件之后，我也还是没长记性。我没有学到任何东西。我依然想要用药。

结肠破裂治疗结束后，我出院了，状态看起来很不错。

我瘦了许多，不过让我受伤的是，至少要再等九个月，他们才能动手术帮我更换造瘘袋。所以，我回到自己的公寓，向每个人撒谎，谎称疼痛太过严重，以获取止痛药。但我其实并不痛。与其说是疼痛，不如说只是不太舒服罢了。但医生信了我的话，给我开了大量阿片类药物，而我显然又开始抽烟了。

而那差不多就是我的生活模式。

别忘了，那个结肠造瘘袋一直破裂，至少破了五十次，我经常满身是屎。

制造结肠造瘘袋的亲爱的朋友们，造个不会破的袋子吧，你们这群该死的白痴。我在《老友记》中让你们笑了吧？如果让你们笑了，那就别把屎糊得我满脸都是。

成瘾者服药后会感到极度兴奋。但很快，药物就无法再让他们兴奋，因为产生了耐药性。但成瘾者依然特别想要再次体验到兴奋的感觉，所以他们会增加药量，服下两粒药，以达到一开始一粒药就能让他们产生的感觉。

然后，两粒的药效也不够了，他们增加到三粒。

以前，我会把这个小游戏一直玩到，每天需要服用的药量增加到五十五粒。（看看《老友记》第三季的后半部分就知道。我那么虚弱，那么瘦削，病恹恹的。绝对很明显，但没有人对此发表过任何意见。）

加州大学洛杉矶分校医疗中心给我开了阿片类药物，以缓解我伪装的胃痛，但我需要更多，所以我给药贩打了电话。但我当时住在世纪城那栋大楼的四十楼，意味着我必须想办法下楼，把钱装在空烟盒中交给药贩，换取我的药物。然后我还得返回四十楼而不被人发现，把药吃下，这样才能舒服一阵子。

现在，我和一名戒瘾陪护、一名护士以及埃琳同住。事实证明，要在这样的情况下买药非常艰难——我试过四次，但四次都被抓了个正着。分校医疗中心的医生们对此很不满，说我必须去康复中心。

我别无选择——我对他们开的每一种药物都上瘾。我刚说了句"不去，滚蛋"，这可能是个很帅气的时刻，但接下来他们就会停药，我会难受到发疯。我陷入了一个非常奇怪的境地，我要被关上几个月，但我需要自己选择关在哪儿——选项有纽约和休斯敦。或许应该找比我更有能力的人来做这个决定？我作为一个最没有资格做任何决定的人，选择了纽约。

抵达纽约那家康复中心时，我已经嗨上了天，还假意捂着肚子。那地方像个监狱，里面的人却都在微笑。

"你们这些家伙究竟为什么这么高兴？"我问。（我有轻微的脾气暴躁倾向。）我当时服用了14毫克的安定文和

60毫克的奥施康定。我身上带着一个结肠造瘘袋。我问哪里能抽烟，却被告知这里不能抽烟。

"不能抽烟的话，我没办法待在这儿。"我说。

"好的，但你不能在这里抽烟。"

"行，我听到你们说的话了。问题这么多，我怎么做得到先戒烟？"

"我们会给你一段缓冲时间。"

"那如果我在这段该死的缓冲期内抽烟，别怪我。"我说。

他们同意继续让我服用安定文和舒倍生，戒瘾期间我可以抽烟，但等我入住了主楼，就不能再抽。这意味着，我可以再抽四天。当我想抽烟时，工作人员会将我护送到门外，站在我旁边看着我吞吐烟雾。

那真放松。

三个夜晚过去了。然后我遇到了一个非常漂亮、极其聪明的护士。她把我照顾得非常好，定期为我更换结肠造瘘袋，我经常和她调笑。必须戒烟的可怕日子即将到来，所以我被允许和这个出色的护士一同外出喝咖啡。我的情绪因此改善了些。我开玩笑，说调情的话，用一种"我们都在康复中心所以不可能真有什么"的态度，然后我们返回了。

回到中心，这个护士说："我需要你为我做些事。"

"有什么需要尽管说。"我说。

"我需要你停止勾搭性感护士。"

她指的是她自己。

天哪。

"我以为我们两个是在以一种安全的，知道什么都不会发生的方式调情。"我说。

我在那里又待了四个月，再也没和她调笑过，她也如此待我，或许是因为她已多次见识我浑身糊满大便的样子。

我搬去楼上的单元，见了咨询师，名叫布鲁斯或者温迪，不管叫什么，我都不想和他们有任何来往。我只想抽烟。或者谈论抽烟。或者一边抽烟一边谈论抽烟。

每个人看上去都像一根巨大的香烟。

我很少离开房间。造瘘袋不停地破裂。我给妈妈打电话，让她来救我。她说我离开康复中心就会抽烟，而抽烟对接下来的手术有害。我给咨询师打电话，恳求她把我弄出去。她说了和我妈一样的话。

我完蛋了，我被困住了。

我开始恐慌。我的造瘘袋满了。我无法嗨。没有任何东西能将我与我自己分开。我感觉自己像个小孩子，害怕黑暗中的怪物。但那个怪物是我自己吗？

我找到了那个楼梯间。那个护士呢？我遍寻不着她的踪影。治疗？去他的治疗。我用脑袋撞墙，就像吉米·康纳斯打正手直线球那样用力。许许多多的上旋球。直得不能再直的直线。

楼梯间。

每一天，我离死亡都如此之近。

我没有再一次清醒。如果我出去，我将再也不可能回来。如果我出去，我的成瘾症依然非常严重。我会在症状非常严重的情况下出去，因为我的耐药性已如此之强。

这不是艾米·怀恩豪斯的故事，她维持了一段时间的戒瘾状态，然后一喝酒就死了。[5]她在那部纪录片里说的话，有些对我也适用。那时她刚获得格莱美奖，对一个朋友说："我体会不到获奖的快乐，除非我喝醉。"

成名，有钱，我如今的地位——想到这些我毫无享受的感觉，除非我达到那种嗨的状态。我一想到爱情，就没办法不想到嗨。我缺乏一种屏蔽此类感受的精神机制。这就是为什么我是一个探寻者。

第一次抵达每天要吃五十五粒药的程度时，我就像《成瘾剂量》[6]中的贝琪·马勒姆，我不知道发生了什么。我不知道自己上瘾了。我是最早一批去康复中心的名人之一，人们都知道这事。1997年，我在演美国排名第一的电视剧，同时也进了康复中心，这件事登上了各大杂志的封面。但我其实并不知道自己身上发生了什么。《成瘾剂量》中的贝琪·马勒姆一步步吸到了海洛因，而那代表着永别——你看到她不省人事，微笑着死去了。那个微笑就是我一直以来所渴望获得的感觉。她一定感觉爽透了，但这感觉杀死了她。而那幸福时刻却是我至今仍在寻求的东西，只不过死亡的部分除外。我渴望的是一种联系。我渴望与某种比我更大的东西建立联系，因为我相信，这是唯一能真正拯救我生命的东西。

我不想死。我害怕死。

我甚至完全不擅长寻找药物。有一段时间，一起工作的人给我介绍了一个心术不正的医生。我会宣称有偏头痛——实际上，我为了自己编造出来的偏头痛应该已经看过八个医生——然后心甘情愿地坐在那里做四十五分钟的核磁共振检查，只为获得药物。有的时候，情况特别糟，我就会去药贩的家里。那个医生死后，护士接替了他的工作。她有所有种类的药，她就住在洛杉矶山谷，每当需要药物，我都会去找她。整个过程我都很害怕。

她会说："进来！"

"不！"我大叫，"我们会被捕的。把钱收了，我这就走。"

过后，她还想让我坐下来和她一起吸食可卡因。因为太过害怕，拿到药之后我会当即吃下三粒，然后驾车回家，嗑嗨的感觉能消除恐惧，而这就意味着，我更容易被捕。

很久以后，我住在世纪城时，会找借口从四十楼下到地面去买药。这个时候，我难受得要死，伤势很重——肚子上的伤口尚未愈合，新冠病毒肆虐期间我孤身一人……有个注册护士为我分发药物，但我再也无法从中感受到兴奋。所以我会给一个药贩打电话，获取更多的奥施康定。就这样，除了处方规定剂量的药物，我又得到了额外的补充，如此一来，我就能真正感受到药物所带来的兴奋。找街头药贩买药的价格大约是每粒 75 美元，所以我一次要给他 3 000 美元，每周要交易很多次。

但我被抓的次数多于成功的次数。我在加州大学洛杉矶分校医疗中心的主治医生已经厌烦了我，说他再也不会帮我。我其实没法怪他——每个人都害怕药里掺了芬太尼，导致我死亡。（当我前往治疗中心时，果然，我的芬太尼药检结果是阳性。）

这种疾病……这个可怕的大麻烦。成瘾症已经毁掉了我生命中如此之多的东西，这一点都不好玩。它摧毁了各种关系。它毁掉了我的日常生活。我有个完全没钱的朋友，他住在租金受管制[7]的公寓，一直没能如愿成为演员，还患有糖尿病，一直为钱发愁，没工作。如果有可能，我会毫不犹豫地选择与他交换身份。事实上，我愿意放弃所有金钱，全部名望，所有财产，住在租金受管制的公寓——我宁愿一直为钱发愁，也不想患上这种疾病，这种成瘾症。

我不仅患上了这种病，还病得非常严重。说实在的，严重得无以复加。严重得没有退路。这种病会将我杀死（我猜一定会有某种东西将我杀死）。小罗伯特·唐尼在谈论自己的成瘾症时曾说过这样的话："这就像我的嘴里含着一把枪，我的手指正扣在扳机上，我喜欢金属的味道。"我懂，我能理解他的意思。即便是在正常的日子，在我清醒着并向前看时，那种感觉也仍然一直伴随着我。那把枪依然在我嘴里。

我想，我幸运的地方在于，世界上没有足够的阿片类药物能让我再感到嗨。我的底线非常非常非常低。必须等到情况真的很糟糕时——必须等到麻烦变得很大很可怕时——我才会戒除。在拍《阳光先生》时，基本上是我在主导——编剧、主演。回到家后我还要在剧本上做笔记，以供其他编剧查看。我的身边放着一瓶伏特加。我让自己喝十三杯、十四杯——但毕竟是家庭自制饮品，所以每杯的分量是酒吧的三倍。喝完第十四杯后，我就不再喝了。就这样，我戒了酒。

我想，在阿片类药物上，我现在也处于相同的处境。剂量怎么都不够。在瑞士期间，我每天服用1 800毫克的阿片类药物都嗨不起来。那我该怎么办？给药贩打电话，购买全部药品？现在，每当想到奥施康定时，我的脑海中都会直接闪现终身携带结肠造瘘袋的画面。那样的结局我无法应对。所以我觉得继续戒除阿片类药物对我会容易许多——它们已不再有效。下一次手术醒来——第一次手术之后，我又做了十四次手术——我的结肠造瘘袋可能就是无法拆除的那种了。

是时候找些别的东西了。（如之前所说，下一个层级就是海洛因，我不能落到那一步。）顺便说一下，于我而言，戒除饮酒和阿片类药物，已经与酒或药的浓度完全无关——再浓都没用。如果此刻有人冲进我家，说他有100毫克的奥施康定，我会说："不够。"

但问题依然存在：不管我去哪里，都不可能摆脱我自己。我自带问题、阴影和各种烂摊子，所以每次离开一家康复中心，我都会换个新地方，买一栋该死的新房子，然后住进去。

我过去参观房屋时会做的第一件事——这是我的一个爱好——就是翻主人的药柜，看看有没有我能偷的药。不过你不能干得太离谱——只能拿恰当的分量。不能拿太多，否则人们就会发现。所以，你得检查药瓶上的有效期——你在找的是过期的那种。如果已经过期很久，你能吃一大把。如果日期还很新，只能吃一两粒。一个周日，我能去五栋开放参观的房子——那将花费我一整天的时间。

一度，在我每天需要服用五十五粒药物期间，每天早上醒来第一件事就是想方设法弄到五十五粒药。那就像一份全职工作。我的整个生活就是数学题。我需要八粒药才能回家，之后我会在家里待上三个小时，所以我还需要四粒。接着我得去参加晚宴派对，需要七粒……这一切行为都只是为了维持精神，为了抵御不适感，为了避免那不可避免的戒瘾治疗。

我想象着开放参观日结束后，那些房主回到家中，终于在某个时间打开了他们的药柜。

“可能是钱德勒……不，不是钱德勒，肯定不是钱德勒·宾干的！”

现在，我不再探访开放参观的房屋，而是自己建了一栋。我之所以自建房屋，是因为大约在十八个月前，我连一个句子也说不完整了。我提不起精神，一切都很糟糕。医生来了，我的母亲来了，每个人都来了，来照顾我，因为我不能说话。我的状态如此之差。我必须做些什么。

我当时在世纪城拥有一套价值两千万美元的顶层公寓，

我在那里吃药，看电视，和处了几个月的女朋友做爱。

有天晚上，我晕倒了，女朋友也晕倒了，醒来时，我的母亲和基斯·莫里森坐在我的床尾。我心想，我这是在录《日界线》吗？如果是，那为什么我母亲也在现场？

母亲看着我的女朋友，说："我想你该离开了。"

这救了我的命。

父亲也救过我好几次。

他帮我住进玛丽安德尔湾的康复中心时（就在杰米·塔瑟斯说我正从她眼前消失之后），我怕得要命，害怕余生再也不会有任何乐趣。但大约三周后，我就给玛尔塔·考夫曼和戴维·克拉尼打电话，告诉他们我已经戒瘾，可以回归《老友记》了。

"你什么时候回来？"他们问，"我们需要你回来。工作量会非常大。我们必须在两周内开拍，否则就赶不上开播了。"

但我其实依然病得很重。父亲听懂了我们谈话的大致内容，给玛尔塔和戴维打了电话。

"如果你们继续围着他做这些，"父亲说，"我就让他退出你们这部剧。"

我非常感激有这样一位父亲，感激他做了父亲应该做的事，但我也不想给大家造成麻烦。他们只是在做他们的工作，他们在拍排名第一的热门电视剧，其中的两大主角即将结婚。我不可能就这样消失。我只想让一切好起来。所以，接下来我就从玛丽安德尔湾搬去了马利布的普罗米斯康复中心，到了那里，我被告知还需要二十八天以上——这一次，我需要几个月时间才能好转。

两周之后，马利布的一个技师驾车将我送去了《老友记》的片场。抵达后，詹妮弗·安妮斯顿说："我一直在生你的气。"

"亲爱的，"我说，"如果你知道我经历了什么，你就不会生我的气了。"

说完我们拥抱在一起，然后我完成了工作。我和莫妮卡结了婚，然后又被送回了治疗中心。在《老友记》中我的角色的高光时刻，在我的职业生涯的巅峰时刻，在这部标志性剧集的标志性时刻，我坐着一辆由冷静的技师驾驶的皮卡车，回到了治疗中心。

我来告诉你，那天晚上，日落大道上并不都是绿灯。

我在恋爱关系中总是不争气，因为我一方面想要坚持下去，另一方面又非常害怕被人抛弃。而那种恐惧甚至并不真实存在，因为在我五十三年的人生历程中，在我交过的那些出色的女朋友中，只有一个抛弃了我，而且事情发生在很多年以前。你会觉得，既然其余的时候都是我主动选择离开，那么那次被抛弃的经历所造成的影响应该已经被抵消了……但那个女朋友当时是我的一切。不过，我心中体聪明的那一面看得很清楚：那个女孩只有二十五岁，只想快快乐乐谈一场恋爱。我们约会了几个月，但我卸下了全部心防。我决定彻底做回我自己。

接着，她甩了我。

她从不曾对我有过任何承诺。我当时也喝酒喝得像个疯子，所以我并不怪她。

几年前，我还不得不在一个剧本围读会上和她见了面，她演我的妻子。

"你好吗？"围读会开始前，她问我。我假装自己很好，但其实正身处地狱。我心想，离开那里，不要参演，假装一切正常。

"我现在和伴侣生了两个孩子，"她说，"过得很好。你和谁在一起吗？"

"没有，"我说，"还在找。"

我真希望我没有说那句话，因为那显得我好像自从被她甩了以后就一直在寻找。不过这也是真话。我仍在寻找。

接着围读会结束，她不再是我的妻子，我终于离开了那里，她看起来一点儿都没变。

这些日子，我相信上帝，但这份信念似乎经常会受阻。不过话说回来，我所服用的药物会阻挡一切。

这些天，我也经常问这样一个问题：服用舒倍生是否阻碍了我与更高力量建立联系？

我的大问题之一，也是多年来我在戒瘾方面困难重重的原因，在于我从未任由自己长时间体验不适感，因此不足以建立一种精神联系。也就是说，在上帝介入进来治愈我之前，我先一步用药物和酒精解决了不适感。

我最近参加了一个呼吸训练班。用一种非常剧烈、非常不舒服的方式，呼吸半个小时。你会哭泣，你会看到一些东西，有些像嗨了的感觉。对我来说，这是一种没有代价的嗨，是最好的那种。但是舒倍生甚至连那种感觉都会阻碍……我见过的一半的医生都说，我至少应该服用舒倍生一年时间，也可能余生都无法停药。也有医生告诉我，从严格意义上说，服用舒倍生期间我不算处于戒瘾状态。（不管是哪种说法，我都很难完全摆脱这种药，因为它是一种帮你戒除其他药物的药。最近，我在接受静脉注射时所用的剂量比原本应有的剂量减少了 0.5 毫克，这让我非常难受和恐惧，只得恢复了用量。停止注射这种药的话，你会感觉很糟糕。）

吸食海洛因时，药物会击中你的阿片受体，然后你会嗨，当兴奋感消退后，你的阿片受体不会再被击中，于是你就能清醒一阵子。然后，可能是第二天，你再度刺激你的阿片受体，再度嗨，由此重复再重复。但舒倍生的作用原理并不相同，它会将你的受体包裹起来，而且它不会消失，这就意味着，它基本上是在全天候不停地损坏你的受体。

所以，我对于自己与幸福的斗争形成了一套理论，其中的一条是，我已经破坏了这些受体。我的多巴胺被舒倍生替换了。当你在享受某件事情，比如欣赏夕阳，打网球时杀了一个好球，听一首你喜欢的歌曲，你的感受就是多巴胺所赋予的。但我非常确信，我的阿片受体严重受损，可能已无法挽回。所以我总是有些沮丧。

或许就像胰腺炎一样，如果我长时间不去打扰我的阿片受体，那它们可能会自我修复，而我也将重新快乐起来。

世界上有那么多地方，但我偏偏在厨房里见到了上帝，所以我知道有比我更大的东西存在。（首先，我知道我没有能力创造一种植物。）我知道这是一种无所不在的爱与接纳，意味着一切都会好起来。我知道当你死后会发生一些事情。我知道你会向着美好的事物前进。

像我这样的酗酒者和成瘾者，喝酒的唯一目的就是想要感觉好受些。好吧，至少对我来说是这样：我想要的，从来就只是能感觉好受些。我感觉不好——喝两杯酒后，感觉会好一些。但随着疾病的发展，我需要更多更多更多更多更多更多更多的东西才能感觉好受起来。如果刺破了清醒的薄膜，酒瘾就会发作，说："嘿，记得我吗？很高兴再次见到你。好了，给我和上次一样多的酒，否则我就杀了你，或者让你发疯。"接着我心中的执念开始起作用，我控制不住地想要感觉好受些，一股说不清的冲动涌上来，而最后留下的是一道伤，只会朝一个方向发展，永远不可能好转。一个酗酒的人不可能轻松戒酒，然后正正常常地喝酒社交。这种病只会越来越重。

《酗酒者互戒协会大书》上说，酒精是狡猾的、令人困惑的、力量强大的……但我还想说，它也是耐心的。只要你举手说"我有一个问题"，那酒瘾就会说："哎呀，如果你傻到要对此大发评论，那我就离开一阵子……"我会在戒瘾中心住上三个月，心想：嗯，等我从这儿出去，我就吃药，不过我可以再等上九天。疾病只是在弹着手指等待而已。互戒协会常说，在你参加互戒会议时，你的疾病正在外面做单手俯卧撑，等待你出门。

我有好几次都差点儿死掉，你在等级表上落得越低（死是最低位的，供你参考），你能帮的人就越多。所以，当我的生活火力全开时，我会引领他人，人们打电话来让我帮助他们好好生活。2001 年到 2003 年这两年是我人生中最快乐的一段时间——我在帮助人们，帮他们变得清醒和坚强。

戒瘾也有其他良性的副作用。这期间的某些时间，我是单身状态。所以我会去俱乐部，但我不想喝酒——奇迹已经为我发生。我告诉你，在凌晨 2：00 的俱乐部，最受欢迎的就是清醒着对女人说"嗨，你好吗？"的男人。我想，那两年是我人生中上床机会最多的一段时间。

但疾病是耐心的。慢慢地，你不再参加本该参加的互戒会议。我其实不是非要去参加周五晚上的那个会议……然后，当那样的想法根深蒂固后，酒精就会找上门来，令人困惑，力量强大，富有耐心。突然间，你就再也不去参加任何互戒会议了。你已经说服自己，以为你已掌握一切道理。我现在没必要再去参加会议了。我已了然于心。

成瘾者不是坏人。我们只是想要感觉好受些，但我们染上了这种疾病。当我感觉不好时，我会想，给我些能让我好受的东西。就这么简单。我现在依然想要喝酒和吃药，但由于它们所导致的后果，我不会做，因为我已到了疾病晚期，那样做会杀死我。

近来，母亲告诉我，她为我感到骄傲。我写了一部电影剧本，她读了。我一辈子都在等她的这句话。

当我指出这一点后，她说："小小地原谅我一下怎么样？"

"我真的原谅你了，"我说，"真的。"

我想知道，她能否原谅我让她所经历的每一件事……

如果像我这样一个自私、懒惰的混蛋都能够改变，那么任何人都可以。没有哪个秘密会因为被公之于众就变得更糟。到了人生的这个阶段，我经常表达感激之情，因为我原本应该已经死了，但不知何故我活了下来。这一定是有原因的。如果没有，那对我来说就太难理解。

我不再相信那些浅薄的东西。阻力最小的道路是无聊的，伤疤是有趣的——它们讲述着诚实的故事，它们是战斗的证明，对我来说，它们来之不易。

我现在有许多伤疤。

第一次手术后从医院回家，我在浴室里第一次脱掉衣服，放声大哭起来。我吓着了。我觉得我的人生完了。大约半小时后，我振作起来，给我的药贩打电话，他问我怎么了，好像他是个护工或者神职人员，而不是药贩。

三天前，我做了第十四次手术——时间已经过去了四年。我又一次哭了。我应该学会适应，因为还会有更多手术——我永远都做不完。我的内脏将永远和九旬老人的无异。事实上，我没有一次做完手术不哭的。一次都没有。

但我已不再给药贩打电话。

我的肚子上有如此之多的伤疤，我只需要低头看一眼就能知道，我经历了一场战争，一场自作自受的战争。有一次，在某场好莱坞典礼上——允许穿衬衫，不对，是必须穿，真的要感谢上帝——马丁·辛转身对我说："你知道圣彼得会对每个试图进入天堂的人说什么吗？"看到我一脸茫然，这个曾扮演过总统的男人又说："彼得会说：'你没有任何伤疤吗？'大多数人都会骄傲地回答：'对，没有，我没有。'彼得会问：'为什么？世上就没有任何事情值得你为之奋斗的吗？'"

（马丁·辛、帕西诺、西恩·潘、艾伦·德杰尼勒斯、凯文·贝肯、切维·切斯、罗伯特·德尼罗——他们都是我遇到过的"名人俱乐部"成员，当你在机场或参加典礼时，其他名人走上前来，像熟人一样打招呼，你就会加入

这个非正式的小小团体。⁸）

但是伤疤，那些伤疤……我的肚子看起来就像中国的地形图。而且它们疼得要命。可悲的是，这些天我的身体对 30 毫克的奥施康定简直嗤之以鼻。口服药根本不管用，唯一能帮上点忙的是静脉注射药物，但我显然无法在家中进行静脉注射，所以我又回到了医院。

2022 年 1 月，我多了一条用金属钉缝合的六英寸长的切口。这就是一个被上天赐予了大麻烦的人的生活。他们还不允许我抽烟。如果哪一天我不抽烟也没发生疯狂的事，那就是一个好日子。我不抽烟时，体重却会增加——事实上，我最近长胖了很多，照镜子时会以为有人在跟着我。

戒瘾时，你的体重会增加。戒烟时，你的体重会增加。这些都是规则。

至于我呢，我愿意和每一个朋友交换身份——普雷斯曼、比尔克，任何一个都可以——因为他们谁都没有需要解决的大麻烦。他们谁都不必将全部人生都用来与一个生来就是为了杀死他们的大脑战斗。我愿意放弃所有，以免除那样的命运。没有人相信，但我说的是真话。

不过，我的生活已不再是从前烈火熊熊的模样了。历经所有这些动荡之后，我可以说，我已经长大了。我变得更坦然，更真诚。我不需要让房间里的人尖声大笑。我只需要站直身体，离开那里。

而且有望不是直接走进储藏室躲起来。

现在的我更加平静，更加真诚，能力更强。当然，如果我想在电影中扮演一个好角色，我现在只能自己动手来写剧本。不过我有能力去写。我已经有足够的能力。我的能力不只是足够而已。我已不再需要大张旗鼓地演戏。我已经留下了我的成绩。现在是时候坐下来享受了。并且寻找真爱，以及真正的生活，而非活在恐惧之中。

我就是我。而那应该就已足够，其实一直都足够。只是我自己不曾明白。现在我明白了。我是一个演员，我是一个作家。我是一个人。而且是个出色的人。我希望我自己，我希望他人都能获得美好的回报，我依然能为此而努力。我之所以还能活着是有原因的。弄清这个原因就是摆在我面前的任务。

答案将会揭晓。不必急于求成，无须绝望失意。我在这里，我关心人们，这就是答案。现在每天醒来的时候，我都充满了好奇，我想知道世界为我准备了什么，我又为世界准备了什么。这足够让我继续前行。

我想继续学习。我想继续教别人。这些就是我为自己树立的宏图大志，但与此同时，我也想和朋友们一起欢笑，享受快乐时光。我想和我疯狂爱着的女人做爱。我想成为父亲，想让我的母亲和父亲骄傲。

我也热爱艺术，已经开始收藏艺术作品。我在纽约的一场拍卖会上拍下了一幅班克西的作品。我是通过电话拍得的。我从没见过班克西，但我想告诉他，如果家里发生火灾，那我会抢救那幅画。我不知道他是否在意。（其实，他可能会自己放火把画烧掉。）

我这一生已经取得了许多成绩，但仍有如此之多的事情要做，我每一天都为此而受到鼓舞。我是一个所有梦想俱已实现的加拿大小孩——只是那些都是错误的梦想。我并没有放弃，而是改变方向，找到了新的梦想。

我一直都在寻找。它们就在房前的那片风景之中，在山谷之中，在阳光下海浪的边缘以及海面上弹跳的光芒之中……就是这样。

当有人为他人做了一件好事时，我就看到了上帝。但不曾拥有的事物，你是无法放弃的。所以我每天都在努力提高自己。当那样的时刻到来，有人需要我时，我已解决了我自己的烂摊子，有能力去做我们所有人降生于世该做的事，就是帮助他人。

1　安定（Valium），镇静催眠药地西泮的商品名。

2　伊丽莎白·赫利（Elizabeth Hurley），生于 1965 年，英国演员，她进军好莱坞的第一部影片是《乘客 57》，代表作有《风雨人生》等。

3　斯托米·丹尼尔斯（Stormy Daniels），生于 1979 年，美国演员、模特，她于 2018 年公开谈及自己与唐纳德·特朗普的情感关系，引起风波。

4　"矮子"（El Chapo），本名华金·古兹曼（Joaquin Guzman），前墨西哥贩毒集团锡那罗亚的头目，曾制造无数血腥暴力事件。在两度越狱后，2016 年，他再次被捕，并被墨西哥政府引渡至美国。2019 年，他被判处终身监禁，现关押于科罗拉多州的联邦监狱。大蒜节（Gilroy Garlic Festival），加州小镇吉尔罗伊举办的美食节，以大蒜为主题，一年一度，为期三天。2019 年，第 41 届大蒜节期间发生大规模枪击案，受此影响，2022 年，大蒜节宣布永久停办。吉尔罗伊是知名的大蒜产地，被称为"大蒜之乡"。

5　艾米・怀恩豪斯（Amy Winehouse, 1983—2011），英国音乐人，20 岁出道，五年后成为第一位同时获得五项格莱美奖的英国歌手。她被誉为天才，但也困于毒瘾、酒瘾、暴食症，2011 年死于酒精中毒。

6　《成瘾剂量》（Dopesick），美国电视剧，2021 年播出，共八集。根据同名畅销书改编，讲述一家制药公司如何将本应谨慎使用的阿片类药物奥施康定推广为普通止痛药，导致大范围药物成瘾问题。主演有迈克尔・基顿、彼得・萨斯加德等。

7　租金受管制是指美国为保护低收入者，在特定区域实施房租管制政策，房东不得随意调高租金。

8　马丁・辛（Martin Sheen），生于 1940 年，美国演员，他的代表作有《现代启示录》《白宫风云》等，多次获得艾美奖、金球奖的认可。艾伦・德杰尼勒斯（Ellen DeGeneres），生于 1958 年，美国演员、主持人，她以主持《艾伦秀》而广为人知，2020 年获金球奖电视类终身成就奖。凯文・贝肯（Kevin Bacon），生于 1958 年，美国演员，他的代表作有《护送钱斯》《我爱迪克》《X 战警：第一战》等，多次获得金球奖的肯定。罗伯特・德尼罗（Robert De Niro），生于 1943 年，美国演员，他最著名的角色是《教父 2》中年轻时的唐・科莱昂，其他主演作品有《爱尔兰人》《美国往事》《出租车司机》等。

插曲

吸烟区

有一天，上帝和我的治疗师联合起来，决定奇迹般地消除我对药物的渴望，从 1996 年以来就一直困扰着我的那种渴望。

治疗师对我说："下次想起奥施康定时，我希望你能想想余生都带着结肠造瘘袋过活的滋味。"

上帝一言未发，不过话说回来，他不必发言，因为他是上帝。但他就在那里。

带着结肠造瘘袋生活了漫长的九个月后，治疗师的话狠狠击中了我。既然被他的话狠狠击中了要害，那么谨慎的做法便是立即付诸行动。他的话打开了一扇非常小的窗，我爬了出去。而在窗外，是没有奥施康定的生活。

服用奥施康定如继续升级就是吸食海洛因。这个名字一直让我感到恐惧。这种恐惧毫无疑问拯救了我的性命。

我恐惧的当然是，我会无法自拔地爱上那种毒品，我会再也停不下来，继而被它杀死。我不知道如何吸食它，我也不想学会。即便是在最暗无天日的日子里，那也从来不是一个选项。

所以，既然我不可能吸食海洛因，而奥施康定又是我唯一想要的选择，那么就可以说，我对药物的渴望已经消逝了——努力找也找不到，而且我没有努力寻找。我感觉脚下变轻松了。我感受到一种自由。难题已经得到解决。大脑中想要杀死我的那一部分已经消失了。嗯，速度当然没那么快。

我最近做了第十四次腹部手术，这一次是为切除从腹壁突伸出来的一个疝气。手术非常疼，他们给我服了奥施康定。我们成瘾者并非殉道者——如果有严重疼痛，我们是可以使用止痛药的，只是必须非常小心。这就意味着，药瓶从来不在我手上，药物一直由他人管理，而且要按处方使用。这还意味着，我的肚子上又多了一道伤疤，这次是一道六英寸的切口。认真的吗，伙计们？我的结肠破裂了，你们切开我的肚子，切到能把一个保龄球放进去的程度，现在却给我留了一道最长的伤疤？

手术结束后，从我服药的那一刻起，疼痛就消散了，但发生了另一件事：我能感觉到，我的消化道再一次锁闭了起来。看到这里，有人产生创伤后应激障碍了吗？事情发生后，我被直接送进了急诊室，我知道他们要么会给我一些帮助上厕所的东西，要么就会告诉我，需要立即手术。而每次做完手术醒来后，我都有可能装上了结肠造瘘袋。这样的情况已经发生过两次，很容易重演。

你知道怎么样才能确保，手术醒来后我不会被安上不可拆除的结肠造瘘袋吗？那就是停止使用奥施康定止痛片。我已经做到了。我是自由的。没有语言能描述这是一个多么重大的消息。从那以后，我再也没有服药的兴趣。所以，我将盗用记者阿尔·迈克尔斯的那句不朽名言，1980年普莱西德湖冬奥会的冰球比赛上，一群大学生击败俄罗斯人后，他这样说过：

"你相信奇迹吗？当然！！！"

如今，再看那场比赛，我依然会激动得浑身震颤。是的，这是我的主场，我的奇迹。

我一直相信这样一条理论：上帝不会把你无法处理的难题放在你面前。这一次，上帝给了我三周时间。三周的自由。接着，他把一个巨大的新挑战放在我的面前。

我之前一直在忽视它。假装它并未真正发生，或者它将突然消失。

那段时间，每当我躺下准备睡觉，都能听到一阵哼鸣。

有时声音大到让我无法入睡，有时轻一些，但持续时间更长。但当我决定去做检查时（因为上帝认为我已准备停当），我开始担心起来。我希望那是支气管炎，或者某种用抗生素就能治愈的疾病，但我担心，可能会是最坏的情况。

我的肺病医生有一周的候诊名单，所以有七天的时间，在最脆弱和孤独的夜晚，我躺在那里，听着这可怕的声音。那一周过得很慢。有时我会坐起身，抽上一根烟，希望能让那哮鸣消失。我不是火箭科学家。

终于，约定的看诊时间到了，我和一直陪在身边的埃琳一起去做了呼吸测试。我对着一根管子用尽全力呼吸了两分钟，然后被告知到医生办公室等待结果。我让埃琳陪我一起等，害怕听到坏消息。记住，伙计们，我们希望听到的是支气管感染。而由于三周之前发生的奇迹，如果是坏消息，那我将无处可躲。

过了很长时间，医生轻快地走进门，坐下来宣布（鉴于种种情况，我认为他的语气相当冷漠），多年的抽烟史已对我的肺部造成很大损害，如果不立即——从今天起——戒烟，我到六十岁就会死亡。换句话说就是，哪怕是支气管感染，也他妈的根本就不重要。

"不，比那要严重得多，"他说，"但我们发现得早，如果你真能戒烟，你完全可以活到八十岁。"

我震惊、恐惧又感激，我们及时发现了问题——我们离开医院上了车，这些情绪在我脑海中盘旋。我们在车上坐了片刻，我希望开的是一辆德劳瑞恩[1]，这样我们就能重返 1988 年，而我永远都不会尝试任何一种有毒的、吞噬生命的东西。

　　我设法保持乐观的心态。

　　"好了，"我最后说，"我们现在的问题是明摆着的。今天剩下的时间，我继续抽烟。明早 7 : 00 开始，我这辈子永远戒烟。"

　　我之前也戒过烟，坚持了九个月，当时的过程堪称灾难。埃琳——因为她仍是世界上最好的人——说她会和我一起戒。

　　我起初允许自己抽电子烟，但最后电子烟也必须戒掉。

　　第二天早上 7 : 00 很快就到了。我扔掉了家里所有的香烟，却紧紧抓住电子烟不放。我记得之前戒烟时，第三天和第四天是最难受的，但如果能坚持到第七天，那我就大功告成了。

　　这个过程就跟你能想象到的一样糟糕。我基本上待在我的房间里，抽电子烟，等待可怕的感觉消散。但我很勇敢。我能做到。

　　但第七天来了又走，我依然感觉很糟糕。我对香烟的渴望强烈到我自己都无法相信。到第九天时，我再也无法忍受——我走出我的房间，说："我想抽根烟。"护理人员留在我家是为了确保我不服药，他们不会禁止我抽烟，所以他们就给了我一根。当我告诉你，我因为那根烟而吸嗨了时，我想说的是非常嗨——是那种在拉斯维加斯驾驶红色野马回家的嗨。

但那晚后来抽的八根烟就没有那样的感觉了。它们只让我感觉像要死了一样，同时也把我吓得要死。（"死"字用了两次，显得词汇贫乏，但我是有意为之。）

我当时五十二岁，除非我这本书你只看了当前这一页，否则你已经知晓，我的计划是，让我的余生过得既漫长又美好。所以，我努力过！我躺在床上，九天没有抽烟。

我有能力戒掉我吃过的每一种药，戒烟反倒最难？大家在开玩笑吗？

我们认为，从一天抽六十根突然降到零，对我来说过于艰难，我应该逐渐减少抽烟量，直至找到更好的办法。接下来的日子里，我设法从六十减到了十。虽然是很不错的成绩，但我们不要忘记：我现在命悬一线，我需要将那个数字降到零，而且得尽快。但任何把这个数字降到十以下的努力都成了徒劳。

这时非凡的催眠师克里·盖纳[2]上场了。我以前也曾和他一起尝试戒烟，但没能成功。事实证明，这次的情况大为不同。那天坐在克里·盖纳面前的是一个想要戒烟的绝望男人。我真的想要戒烟——该死，我需要戒掉。我还没遇见真爱，还没看过我的孩子们的蓝眼睛。此外，肺气肿是一种可怕的疾病，要用到氧气罐和呼吸管："你好，我是马修·派瑞，你已经见过我的呼吸管。"

但像我这样的头脑能被催眠吗？我的思绪从不停歇，我还有幻听……所以，如果我无法控制我的思绪，催眠师又怎么能做到？我爱抽烟——有时候抽烟是我活着的唯一理由——事实上，我熬夜只是为了能继续抽烟。而且，烟是我所剩的最后一样东西了。没有了它，就没有任何东西能将我与自己分隔开来。上帝到我的厨房探望我后，我就永远地戒了酒。最近被结肠造瘘袋吓坏后，我也永远地戒了药。我刚才真的是这么说的吗？我怎么可能做得到？如果不能抽烟，那我做任何事情又有什么意义？

事情一开始并不顺利。我到了地方，按了门铃，一个极为和善的人开了门，我说："你好，克里在吗？我能见见他吗？"

克里不在，因为我走错了门。我在想，那个人看到钱德勒·宾按门铃该是怎样的感觉呢……

继续往前，走过五栋房子，我看见克里站在他家门口，正在等我。我很害怕——他是我的最后一根拐杖，更别提我已命悬一线。

克里的办公室不同于我对世界上最贵的催眠师的想象——里面到处都是文件和图片，还有反尼古丁的标志。我们坐下来，他开始介绍"抽烟极为有害"的理论——是的，是的，我知道。让我们来谈些有用的东西。

我解释了事情的严重性，他告诉我，我们需要见三次——我显然是个特例。谈话结束后，我躺下来，他对我进行了十分钟的催眠。

当然，我没有任何感觉。

每次会面之间的间歇期，我可以继续抽烟，对此我很感激，但为了减轻我肺叶的压力，也为了克里考虑，我坚持只抽十根。（任何人都能像以前的我那样每天抽三包烟，但其实你只需要十根烟就能满足身体对尼古丁的渴望。其余的五十根都只是因为习惯。）

第二次治疗中，克里拿出了他所能动用的每一种恐吓战术。我天真地以为，再抽一根不会杀死我。（但我没有。）我现在就可以抽一根，然后心脏病发作，如果身边没有人打911，那我就死定了。下一根烟就有可能让我的肺永远丧失功能，我余生只能带着氧气罐，只能用鼻子呼吸。（我觉得那比结肠造瘘袋还糟，但我没有大声说出来。）我是宁愿抽烟呢，还是希望明天早上能继续呼吸呢？（这个问题，我知道答案。）

在他对我进行第二次催眠之前，我先试着向他解释了我狂奔的思绪。

"我不确定，你能不能催眠我。"我说。

克里露出了然于心的微笑——我想，这样的话他可能已经听过上千次了——他再次让我躺下。

我是支持他的。我希望这次治疗能成功。但我还是不确定能不能行得通。我离开他的办公室，回到了每天十根烟的生活，但有些事情发生了改变：每根烟都比上一根更让我害怕。至少，克里成功地将恐惧灌输进了我所抽的每一口烟中。有些事情真的不一样了。

接着就到了我们最后一次治疗。就是这样——这次治疗结束后，我就该永远戒烟了。我向他解释过，我每次戒烟都经历过一段痛苦时期——戒烟比戒药更难。在戒烟期间，我做过一些非常疯狂的事（关键词：脑袋、墙）。我很害怕戒断反应。

克里耐心地听着，然后平静地指出，他已经帮助成千上万的人戒掉了烟瘾，他收到的所有反馈都是相同的说法，开始的一两天会稍有不适，然后就什么都没有了。但你不能碰尼古丁——也不能再抽电子烟。

但这绝对不是我之前的戒烟经验，我这样告诉他。

"你之前从来没想过戒烟，你从来没有采取正确的方式，同我一起。"他说。他是对的，我现在的确想要戒烟。这一点毫无疑问。

就这样，我再一次躺下来，他对我进行催眠。但这一次感觉不一样——我非常放松和困倦。我意识到克里在同我的潜意识直接交谈，我的大脑停止了飞速运转。

然后，结束了。

我站起来，询问能否给他一个拥抱，他答应了。然后我走出他的办公室，成了一个不吸烟的人。永永远远——无论如何。回到家中，这个地方已经清除了所有尼古丁制品和电子烟（根据克里的说法，电子烟的致死速度和香烟一样快）。

现在大约是下午 6 : 00，我的任务是坚持到 9 : 30，不抽一根烟。

但有些事情已经改变——我不想抽烟。

第一天稍有不适，第二天也一样。然后糟糕的感觉就消失了，正如克里告诉我的那样。我没有任何戒断症状。什么都没有。我不想再抽烟。

成功了。他是如何消除我的戒断症状的，如何通过催眠手法实现医学意义上的治愈的，这对我来说是个谜。但我不打算再问任何问题。

当然，我每天至少要伸手够烟五十次，但那只是因为习惯。我还注意到另一件事——哮鸣消失了。克里·盖纳救了我的命。我成了一个不抽烟的人。

这是又一桩奇迹。事实上，奇迹正飞来飞去——躲着点儿，不然你可能会被砸中。我不想吃药，而且我已经不再抽烟。

我当时有十五天没抽烟。我看起来更阳光了，感觉更好了，打匹克球时休息的次数也减少了。我的眼睛里开始有了活力。

但接着发生了一件事。我咬了一口涂有花生酱的吐司，结果上牙全部掉了。是的，全部掉了。我立刻去看了牙医——我毕竟是个演员，所有的牙齿都应该长在嘴里，而不是装在垃圾袋里塞在牛仔裤的口袋中。但灾难发生了，需要进行大手术。牙医只能拔掉我的每一颗牙齿——包括之前钉进下颌的种植牙——然后全部换成新的牙齿。我被告知，疼痛会持续一两天，可以吃艾德维尔和泰诺缓解。但这仿佛梦回《异形奇花》，让人想起那个虐待狂似的牙医（史蒂夫·马丁演得过于好了）。

疼痛实际上持续了多久？

十七天。

艾德维尔和泰诺能止住痛吗？

完全不能。

我坚持了多久才被打败，然后抽了烟？

三天。

我只是没有办法在不抽烟的情况下忍受那种程度的疼痛。我感觉像是一个奇迹被递到了我的手中，我却把它轻轻扔了回去，并说："不了，谢谢，不适合我。"

我想趁此机会对负责这一切的口腔外科医生说几句："滚蛋，你这个一无是处的废物。该死的混蛋，该死的白痴。"

现在我感觉好多了。

从那以后，我差不多可以说是在跟踪克里·盖纳。我一有机会就会找他，然后买一包烟，抽一根，把剩下的都放到水龙头下淋湿。我从不对克里撒谎——我会告诉他发生了什么，谢天谢地，他不向伤员开枪。我念了所有的口号，对抽烟产生了相当严重的恐惧——每抽一口都会感到一丝恐惧。

但我依然在抽。

不想抽烟的状态没有回来。我不得不转移注意力，每次想抽烟时就吃冰冻葡萄，在跑步机上跑二十分钟。我想象自己是个一百磅的人，在跑步机上行走，用非常高的音调说："上帝啊，真希望我有一根烟！"

电子烟不是我的选择。找补不是我的选择。撒谎不是我的选择。（那样做有什么好处？）我会熬过四天，我会抽烟，然后不得不从头来过。

但我不会放弃——我不能放弃。我的生活一直如此艰难，我有权抽烟。我写了一部电影剧本，我有权抽烟。这些想法必须立刻打消，因为它们给了成瘾者希望。

然后我会明智地想到，要连着两天上午预约克里——无疑，知道第二天要去见他，我就不能抽烟。那一晚很难挨，但我之前有过类似的经历，第二天我信步走进他那间看起来很奇怪的办公室，我做到了，而且已经为我们的简短谈话和催眠治疗做好了准备。

我现在可以扮演他的角色——我们可以交换位置。我来为他提供一个模样奇怪的儿童款蓝色塑料杯，里面装着温水。但这是第二天（我取得了小小胜利）。他对我进行了催眠，又一次吓坏了我，然后送我出门，约定一周后再见。我回到家，保持着非常忙碌的日程安排，因为我不能让自己感到无聊，因为无聊是恶魔的游乐场。

是的，无聊，还有那个在我三十岁时让我心碎的女孩。

我以前每天要吃五十五粒维柯丁，但我戒掉了，所以我不能让这个恶心、恶臭但绝对让人镇静的美妙习惯把我打倒。我是愿意抽烟，还是愿意呼吸？呼吸——多么美好的一件事，我们却都视之为理所当然。

香烟已经让我非常难受了。而且，它们还对你有害。我听起来像在开玩笑，但这些事情你必须记住。我需要考虑回归演艺职业（出了事故后我就没有演过戏）；我有一本书要写，要宣传，手里拿着烟是没办法好好宣传的。我也没办法靠吃东西来摆脱这种困境。"戒酒，吃药，抽烟！方法是：每天晚上都吃六块巧克力蛋糕！"这不是我想要传达的信息。

我有一项纪录必须打破：十五天。随后而来的将是不想抽烟的清凉舒适。我以前感受过，我想要再次体验：完全重塑一个人。我不认识这个人，但他似乎是个好人，而且看样子他终于不再需要用棒球棍把自己揍得屁滚尿流了。

我渴望看到这个人是谁！

<hr>

1　德劳瑞恩（DeLorean），美国的一家汽车公司，1975 年由约翰·德劳瑞恩创立，1982 年破产。该公司仅推出了一款车型，即 DMC-12 跑车，以鸥翼车门和不锈钢车体为特色。因其极具科技感和未来感的造型，被电影《回到未来》采用，主角驾驶德劳瑞恩穿梭时空。

2　克里·盖纳（Kerry Gaynor），美国的一名催眠治疗师，开创了一套用于戒烟的方法。

11

蝙蝠侠

五十二岁，依然单身，周围没有小孩子在跑来跑去，那种非常小的可爱的小孩子，不能和他们玩有趣的愚蠢游戏，不能听到他们念叨我教给他们的逗我美丽妻子欢笑的无意义的话语。我从没想过会是这样。

有许多年，我都觉得自己不够好，但现在我不再有这样的感觉。我认为我刚刚好。但每天早上醒来，总有那么一小会儿，我迷迷糊糊地迷失在梦境和睡意之中，不知自己身在何处，我记得肚子上的伤疤和随后形成的瘢痕组织。（我终于有了坚硬的腹肌，却并非来自仰卧起坐。）接下来，我会下床，轻手轻脚走进浴室，那样一来就不会吵醒……呃，没有人。是的，我万年单身。我看向浴室的镜子，希望看到某些能解释一切的事物。我试着不去思念我错过的那些不可思议的女人，我是因为恐惧，我花了太长时间才明白这个道理。我尽量不想太多——如果长时间看着后视镜，你会撞车的。但我发现自己依然渴望一个伴侣，一个浪漫的伴侣。我不挑剔——身高大概五英尺二、深褐色头发、绝顶聪明、有趣，大部分时间能保持理智就行。喜欢孩子。能容忍曲棍球。愿意学习匹克球。

这就是我的全部要求。

一个队友。

最后，如果我看镜子时间太长，我的脸就会消失，我知道是时候去露台上欣赏风景了。

外面，在悬崖、高速公路和我曾向我的引领人宣读名单的静修中心的下方，在加利福尼亚海鸥飞旋和俯冲的地方，我看到海面上泛起了涟漪，是一种青灰色，边缘是蓝色。我一直认为，大海能映照潜意识思维。那风景中有美——珊瑚礁、色彩鲜艳的鱼群、泡沫、折射的阳光——但也有较为黑暗的东西，鲨鱼、虎鱼、随时可能吞噬摇晃渔船的无尽深海。

它无垠的尺度是最能让我平静的东西；它的尺度，它的力量。大到足以让人永远迷失在其中；强到足以承载巨型油轮。与它的浩瀚相比，我们实在是微不足道。你有没有过伫立在海边试图拦截海浪的经历？不管我们怎么做，海浪都会继续前进；不管我们怎样努力，大海都会提醒我们，在它面前，我们无能为力。

在观看大海的时候，我发现绝大多数日子里我的内心不仅充满渴望，也充满了平静与感激，而我对一直以来的经历以及当下的处境，也有了更为深刻的理解。

首先，我已经投降了，但是向胜者，而非向败者。我不再困于同药物和酒精的艰难战斗。我不再觉得有必要无意识地点燃一根烟，来搭配早间咖啡。我注意到，我感觉自己清爽多了，充沛多了。朋友和家人也都提到了这一点——我身上出现了一种他们以前从未见过的活力。

在《酗酒者互戒协会大书》最后附录的《精神体验》中，我读到这样一句话：

> 很多时候，新来者的朋友们意识到这一变化的时间会比他本人早很多。

今天早上，以及在露台上的每一个早上，我都像是新来者。我被那些"变化"所充满，被那些"变化"所激励——不喝酒，不吃药，不抽烟……当我站在那里，一只手捧着咖啡，另一只手什么也不拿，观望海上远处的波浪，我意识到，我正在感受一道属于我自己的浪涛，在我的体内。

是感激。

日光逐渐明亮，大海也从银色变成最淡的浅绿色，感激的浪涛不断高涨，直至我在其中看到我多事人生中的许多面孔、事件以及零零碎碎的漂浮物。

我非常感激我还能活着，能拥有一个充满关爱的家庭——这是最重要的事，事实上，这或许是最好的一件事。在那里，在海浪薄薄的飞沫中，我看到了母亲的脸，想起她在危机中挺身而出、掌控局面、扭转局势的惊人能力。（基斯·莫里森曾对我说："在我与你母亲共同生活的四十年里，她对你所怀有的不可思议的依恋，一直是她生活的中心。她无时无刻不在想着你。早在1980年，我们开始认真交往时，她说过一句我永远都无法忘记的话：'永远都不可能有男人介入马修和我——马修永远都是我生命中最重要的人。你必须接受这件事。'"是真的——她的那份爱，没有一刻我感觉不到。即便是在我们最黑暗的时刻。如果现在真的发生了什么问题，那我依然会第一个打电话告诉她。）我也看到了父亲那英俊得近乎不可思议的面庞，我眼中的他既是我的父亲，也是欧什派广告中的那个海员，这似乎很合理，尽管后一个形象早已褪去，变成了海平线上一个遥远的小点。我想到在我病重之际，他们不计前嫌，走进了同一间病房，那是多么深刻的爱。他们并不属于彼此。我现在明白了。所以，我想收回丢进井里的所有硬币，许愿他们能重归于好时丢的那些硬币。他们两个都很幸运，都和应该在一起的人结了婚。

妹妹们的脸，还有弟弟的脸，覆盖了母亲父亲的脸，他们都在朝我微笑，那是他们在医院病床边的脸，也是他们在加拿大和洛杉矶时的脸，我试图用机灵言语逗他们开心时他们的脸。他们从未放弃过我，他们中任何一个人都从未放弃过我一次，从未背过身去不理我，从未。如果可能，想象一下，那是怎样的一种爱。

没那么深刻但同样令人激动的画面从汹涌的浪潮中涌出：2012 年，洛杉矶国王队赢得斯坦利杯[1]冰球赛冠军，我当时坐在第七排，冲第二锋线组的球员大喊，要他们持续施压。我相当自私地希望，上帝能让他们横扫季后赛，结果他们真的在最后几天进入了季后赛。我那时刚结束一段很长的恋爱关系，非常确信国王队之所以能一路走到冠军，是因为上帝说过："嘿，马蒂，我知道这段时间对你来说会很艰难，所以会安排一些事情，让它们持续三个月，给你带去巨大的乐趣，让你分分心，能过得轻松些。"砰，的确如此——国王队像复仇的死亡天使一样横扫了季后赛，之后又在决赛第六场战胜了新泽西魔鬼队。在斯台普斯中心举行的那场决赛中，国王队大获全胜，这与斯坦利杯二十年来的任何一场比赛都不同，国王队在第二节开场仅一分钟后就拿到了四比零的领先成绩。我看了每一场比赛，甚至还和一些朋友飞去看了客场比赛。

冰场没入水下之后，出现了更多的脸：默里兄弟，我最好的老友，我和他们一起创造了一种好玩的讲话方式，最终触动了数百万人的心灵。克雷格·比尔克、汉克·阿扎利亚、戴维·普雷斯曼……他们的笑声曾经是我需要的唯一解药。但如果不是格雷格·辛普森选中我，让我演出了我的第一部校园戏剧，我永远也不可能遇见他们，取得任何成绩。你永远不可能知道，一件事会将你引向何方……我猜我从中得到的教益是，把握每一个机会，因为可能会有所收获。

那次校园戏剧演出最终为我带来了巨大收获。我闭上眼睛，然后深吸一口气，当我睁眼时，我被拍摄《老友记》时结识的朋友们包围了（没有他们，我可能只能演《无友记》之类的东西）：休默，在原本可以单干并且比其余所有人都获利更多的情况下，他却让我们团结一致，结成一个团队，最后让我们拿到了百万周薪，丽莎·库卓——从来没有一个女人能让我笑得那么开怀；柯特妮·考克斯，她让美国人相信，一个如此美丽的人竟然会嫁给我这样的家伙；詹妮[2]，她让我每天都能多看她的脸两秒钟；马特·勒布朗，他把剧中唯一一个有点模式化的角色变成了最有趣的人物。直至今日，我和他们每一个人都只隔一通电话的距离。重聚时，我比谁都哭得厉害，因为我知道我所拥有的是什么，我当时的感激直到今天仍丝毫未减。除这些主要角色外，还有全部工作人员、制片人、编剧、演员以及观众，如此多的面孔汇成了一张欢乐笑脸。玛尔塔·考夫曼、戴维·克拉尼、凯文·布莱特，没有他们，《老友记》将是一部默片。（"还能有比这更沉默的默片吗？"）还有粉丝，那么多坚持下来并且至今仍在观看的粉丝——他们的面孔此刻回望着我，像上帝一样沉默不语，仿佛我还在伯班克的 24 号摄影棚。他们的笑声，长久以来给予了我目标，至今仍在峡谷中回荡，这么多年过去我仍依稀听见……

我想起所有的引领人、戒瘾陪护，还有那些帮助我不搞砸世上最伟大的工作的医生……

我眺望着海面，非常轻声地说："话说回来，我可能也没那么糟。"然后我回到室内继续喝咖啡。

回到室内，我找到了埃琳——当我需要她的时候，她总是在那里。我没有告诉她，我在外面时想了些什么，但我从她的眼神中看得出来，她或许有所察觉。她什么都没有说，因为那正是最好的朋友会做的。埃琳，埃琳，埃琳……当我在康复中心内脏破裂时，她救了我的命，直到现在，她仍在日日救我。天知道，没有她我会做什么；我希望永远都不会弄清这个答案。我看得出来，她很想抽烟，但她没有破戒。找个朋友跟你一起戒除某种习惯吧——然后你会为这件事对友谊所造成的影响而感到震惊。

这会儿，太阳升得更高了，南加州的完美一天差不多到了最好的时候。我能看见远处的船只，如果眯起眼睛，我发誓我看到有冲浪手在平静的海面上消磨时间。感激之情依然环绕着我，越来越多的脸庞浮现出来，让这份感激愈加强烈：我爱的伍迪·艾伦的电影以及电视剧《迷失》中的角色，彼得·加布埃尔，迈克尔·基顿，约翰·格里森姆，史蒂夫·马丁，斯汀，让我第一次上节目的大卫·莱特曼，我交谈过的最聪明的人巴拉克·奥巴马。在微风中，我听到了瑞恩·亚当斯用钢琴弹奏的《纽约，纽约》的旋律，是 2014 年 11 月 17 日在卡内基音乐厅录制的版本。我再一次意识到，我如此幸运，竟然能进入这个行业，不仅接触到了许多不平凡的人，还能如彼得·加布埃尔用《不要放弃》那首歌影响我一般去影响他人（我们还是不要讨论他和凯特·布什拥抱的那段录像了，实在是让人无力承受）。回顾过所有愿意冒险的演员之后，我的眼前闪过了厄尔·海托华的脸，不过是他和善而非糟糕的那一面，然后很快就被我现在的引领人克莱所取代了，克莱经常能说服我。我想起加州大学洛杉矶分校医疗中心拯救我生命的全体医生和护士。由于上次在那里抽烟被抓，那家医院已不再欢迎我。还要感谢克里·盖纳，他保证永远不会有最后一次机会。而在他们所有人的背后，是比尔·威尔逊的幽灵，他建立的酗酒者互戒协会每天都能拯救数百万人的性命，而且他的组织依然拒绝向伤员开枪，总是让光芒洒在我身上。

我想感谢牙医……不，等等，我恨牙医。

在我身后的某处，在山上的远处，能隐隐听到儿童的欢笑声，那是我最爱的声音。我从露台的桌子上拿起匹克球的球拍，练了几次挥拍。我最近才听说匹克球这个东西，从没想过我的身体还能恢复到做任何运动。我早已不再挥舞网球拍，但现在这个全新的马蒂正在期盼着里维埃拉的午后，想去那里击打亮黄色的塑料匹克球。

埃琳打断了我的遐思。

"嘿，马蒂，"她从厨房门口对我说，"道格来电话了。"道格·查平从1992年起就一直是我的经理人，和这一行的许多人一样，他经常也在耐心地等待，等着我把自己从深陷的困境中拔出来。我终于能再工作了吗？能写作了？谁知道这些事情的可能性。

此刻我的眼眶蓄满了泪水，大海似乎变得更加遥远，像一个梦。于是，我闭上眼睛，对我这一生所学会的所有东西感到如此感激；感谢肚子上的瘢痕，它们只不过证明，我这一生的奋斗是值得的。感谢我能在同伴们陷入纷争与挣扎时出手相助，那是一项多么了不起的天赋啊。

女性的美丽脸庞闪过了我的视网膜，曾在我的生命中出现过的出色女性，再次感谢她们对我的激励，是她们推动着我，让我成为我所能成为的最好的男人。我的第一个女朋友加布里埃勒·博伯，是她指出了我的一些问题，最早将我送去了康复中心。还有美丽、神奇的杰米·塔瑟斯，感谢她没有任由我消失。

感谢特里西娅·费希尔，感谢她开启了这一切；感谢瑞秋的脸；感谢纽约的那个护士，在我最黑暗的岁月，她是一盏明灯。我甚至想感谢那个在我敞开心扉后甩掉我的女人。我还非常感谢所有那些我仅仅因为害怕就分了手的优秀女性——我感激，且抱歉。

对了，我还是单身可约。

我不会再将基于恐惧而犯的错带入下一段恋爱，不管那将是在什么时候……我确定这一点。

太阳升到了最高点，是时候回到室内的阴凉中了。我讨厌离开那片风景；我不确定是否有人能完全明白，那片风景对我意味着什么，我已不再是从前那个飘浮在世界之上的无陪儿童，等待着再一次获得父母的关爱。

生活一直在前进；现在，每一天都是一个机会，一个带来奇迹、希望、工作和前进的机会。我想知道，那个对我的新剧本表达过强烈兴趣的一线女演员是否已经答应……

进屋时，我在门口停下了脚步。我的人生是由一系列这样的入口组成的，入口的两边是加拿大和洛杉矶、妈妈和爸爸、《洛杉矶国际机场2194》和《老友记》、清醒和成瘾、绝望和感激、爱和失去爱。但我正在学习保持耐心，慢慢学会品尝现实的风味。我坐在厨房桌旁，打开手机查看谁来过电话。那位一线女演员没有来电，但还有时间。

这就是我现在的生活，这样很好。

我望向埃琳，她在对我微笑。

身处厨房，总让我想到上帝。他在一个厨房里向我现了身，当然，在那个过程中，也救了我的命。现在，上帝总是在我身边，无论何时清理我的思绪，我都能感受到他的伟大。考虑到这一切，很难相信他依然会为我们这些凡人现身，但他的确出现了，那就是意义所在：爱总能取得胜利。

爱与勇气，老兄——这是最重要的两样事物。我前行途中不再感到恐惧——我前行时心怀好奇。我身边有一群了不起的人支持着我，他们每天都在拯救我，因为我已见识过地狱。地狱有可定义的特征，而我不想参与其中。但我至少有勇气去面对。

我将会成为谁？不管成为谁，我都会作为一个终于学会品尝现实的风味的人去承担。我为此斗争过，老兄，我付出了很大的努力。但最后，承认失败就是胜利。对于任何人来说，成瘾症都是一个可怕的大麻烦，力量过于强大，无法单独取胜。但只要携手一起，一天一点，我们就能打败它。

有一件事我做对了，那便是我从未放弃，我从未举起双手说："够了，我再也无法忍受，你赢。"正因为如此，我现在依然站得笔直，准备好迎接接下来发生的一切。

总有一天，你也可能受到召唤，要去做一件重要之事，所以你要做好准备。

不管那件事是什么，当它发生时，只需要想想看，蝙蝠侠会怎么做？然后放手去做即可。
. . . . . .

1   斯坦利杯（Stanley Cup），美国国家冰球联盟的最高奖项，在每个赛季的季后赛后颁给获得冠军的队伍。

2   詹妮（Jenny），詹妮弗的昵称。

致　谢

　　感谢威廉·里克特、戴维·克拉尼、玛尔塔·考夫曼、凯文·布莱特、梅根·林奇、凯特·霍伊特、道格·查平、丽莎·凯斯特勒、丽莎·库卓、艾莉·舒斯特、加布里埃勒·艾伦，尤其要感谢才华横溢的马克·马洛博士。还有杰米，善良、神奇的杰米，我会思念你、怀念你，直至我死去的那一天。

图书在版编目（CIP）数据

老友、爱人和大麻烦：马修·派瑞回忆录 ／（加）马修·派瑞（Matthew Perry）
著；陈磊译 . —南京：译林出版社，2024.1
书名原文：Friends, Lovers, and the Big Terrible Thing
ISBN 978-7-5447-9850-1

Ⅰ.①老…　Ⅱ.①马…　②陈…　Ⅲ.①马修·派瑞-自传　Ⅳ.①K837.115.78

中国国家版本馆 CIP 数据核字（2023）第 142082 号

著作权合同登记号　图字：10-2022-128号

老友、爱人和大麻烦：马修·派瑞回忆录　［加拿大］马修·派瑞 ／ 著　陈　磊 ／ 译

责任编辑　黄　洁
装帧设计　朱俊彪
校　　对　戴小娥　王笑红
责任印制　单　莉

原文出版　Flatiron Books, 2022
出版发行　译林出版社
地　　址　南京市湖南路 1 号 A 楼
邮　　箱　yilin@yilin.com
网　　址　www.yilin.com
市场热线　025-86633278
排　　版　南京展望文化发展有限公司
印　　刷　苏州市越洋印刷有限公司
开　　本　880 毫米 ×1168 毫米　1/32
印　　张　11.875
插　　页　12
版　　次　2024 年 1 月第 1 版
印　　次　2024 年 1 月第 1 次印刷
书　　号　ISBN 978-7-5447-9850-1
定　　价　78.00 元